基层社会治理调查研究

——首都大学生暑期优秀社会实践论文集

王鲁娜　江　燕　主编

气象出版社
China Meteorological Press

内容简介

2021年是中国共产党成立100周年，也是第二个百年奋斗目标开启、“十四五”开局之年。中国共产党成立以来的百年，既是中国共产党自身建设理论与实践不断创新和发展的一百年，更是中国共产党领导中华民族和中国人民加快推进社会主义现代化强国建设、致力于实现中华民族伟大复兴的一百年。中国共产党的百年历史蕴含着丰富的治国理政经验，是探索国家治理取之不尽、用之不竭的宝库。

北京工商大学以“百年大党与中国之治”为主题组织在校大学生开展暑期社会实践调研，内容包括基层党建、城市治理、农村治理、网络治理、生态治理、社会治理、首都建设等方面。共完成调研报告200余篇，组织评审后，30余篇报告获评优秀调研报告。本论文集中所收录的33篇调研论文，均为此次调研的获奖成果，展现了当代大学生对“百年大党与中国之治”的深入调研和思考。

图书在版编目（CIP）数据

基层社会治理调查研究 ： 首都大学生暑期优秀社会实践论文集 / 王鲁娜，江燕主编. -- 北京 ： 气象出版社，2022.12
ISBN 978-7-5029-7877-8

Ⅰ. ①基… Ⅱ. ①王… ②江… Ⅲ. ①大学生－社会实践－北京－文集 Ⅳ. ①G642.45-53

中国版本图书馆CIP数据核字(2022)第236682号

基层社会治理调查研究——首都大学生暑期优秀社会实践论文集

Jiceng Shehui Zhili Diaocha Yanjiu——Shoudu Daxuesheng Shuqi Youxiu Shehui Shijian Lunwenji

出版发行：气象出版社
地　　址：北京市海淀区中关村南大街46号　　**邮政编码**：100081
电　　话：010-68407112(总编室)　010-68408042(发行部)
网　　址：http://www.qxcbs.com　　**E-mail**：qxcbs@cma.gov.cn
责任编辑：张锐锐　孔思瑶　　**终　　审**：张　斌
责任校对：张硕杰　　**责任技编**：赵相宁
封面设计：楠竹文化
印　　刷：北京中石油彩色印刷有限责任公司
开　　本：710 mm×1000 mm　1/16　　**印　　张**：15.25
字　　数：330千字
版　　次：2022年12月第1版　　**印　　次**：2022年12月第1次印刷
定　　价：58.00元

目　录

新时代中国乡村治理的实践与经验研究——以北京市平谷区数字乡村建设为例…………………………………………… 张宏伟　吕慧鑫（1）

关于大连市海边垃圾的治理情况调研…………………………… 王鲁娜　胡书源（10）

精准扶贫之易地扶贫搬迁的实施及成效——基于贵州遵义务川县、广西南宁上林县、云南曲靖会泽县的实地考察 ……………… 魏海香　周　燕（17）

北京市卫生健康问题的调查研究………………………………… 李永梅　许淑芳（24）

城市治理背景下老北京胡同治理问题的研究…………………… 葛学彬　贾翀寒（31）

北京市郊区盲道建设调查研究——以房山区为例……………… 袁　雷　陆丽娜（39）

当代中国网络治理实践与经验——基于“清朗·‘饭圈’乱象整治”专项行动的调查研究…………………………………………… 张彦琛　段瑜萌（46）

生态治理视域下中国新能源发展的调研………………………… 孟繁宾　陈诺楠（54）

我国乡村治理的实践与经验——以大凉山“悬崖村”为例……… 姚洪越　高亚辉（62）

关于我国近年来乡村振兴的现状分析——以闽宁镇为例……… 赵春丽　邬子怡（69）

关于网络文娱问题的调查研究…………………………………… 班高杰　黄叶诗（76）

北京市垃圾分类实施情况调查研究——以朝阳区东风乡和大兴区黄村镇为例……………………………………………………… 马　静　王振尚（83）

百年乡村生态环境治理实践与经验调研………………………… 段旭颖　朱亚男（91）

河南极端暴雨天气的应对与分析 ……………………………… 姜茹茹　张文泽（98）

改革开放后化妆品原料安全监管的实践经验调研……………… 杨春花　周秀玲（105）

乡村振兴战略背景下首都垃圾治理对生态环境的影响——以北京市朝阳区孙河乡为例……………………………………… 赵婧怡　赵四源（112）

“双减”政策背景下校外培训机构发展状况的调研——以北京教培市场为例……………………………………………… 王艳春　葛世泽（120）

关于网络治理的研究——以青年群体为主导的调查分析……… 张印举　李成蹊（129）

北京地区高校食堂粮食浪费情况的调研………………………… 陆丽琼　罗美玉（134）

新冠疫情背景下，中国共产党社会动员实践与经验探究 ……… 王　悦　冯兰轩（141）

关于北京市民热线解决问题与市民满意度的调查研究………… 王俊峰　曾　晨（148）

北京市垃圾分类困境及其应对路径——以首都功能核心区为例…………………………………………… 陈晋文　范嘉川（153）

宁夏北部地区农村垃圾处理情况调研…………………………… 朱　倩　常乐泉(160)
关于城市共享单车治理的调研………………………………… 张　娜　周佳慧(166)
近年来我国秸秆露天焚烧的原因、危害及对策研究 …………… 李　金　朱　雪(173)
网络短视频侵权治理调查研究………………………………… 余金城　谭立佳(179)
法治建设推动革命老区红色旅游产业高质量发展研究
——以《福建省促进革命老区发展条例》的实施为例 ………… 吴　穹　王雅茜(185)
网络治理的实践与经验——以网络空间治理为主要
研究对象……………………………………………………… 徐秀春　刘斯怡(191)
北京城市交通治理的实践与经验调研 ………………………… 王鲁娜　呼　瑞(198)
新时代生态治理的实践与经验——以垃圾分类为例…………… 王　东　宋晓宇(206)
"绿"——西海固生态治理分析………………………………… 张彦琛　姚　楠(213)
无"污"不"治"——以山东省烟台市水污染治理为例………… 杜　凡　王阳阳(225)
京西佳境——门头沟区二十年生态治理实践与经验…………… 赵慧杰　王华雷(230)

新时代中国乡村治理的实践与经验研究

——以北京市平谷区数字乡村建设为例

张宏伟　吕慧鑫[①]

【摘　要】 数字乡村建设是促进农村改革的重要举措，也是加快“三农”发展的重要平台，民族要复兴，乡村必振兴。实施数字乡村建设有利于完善乡村网络基础设施，促进农村群众增收，实现农业产业转型，从而进一步加快乡村现代化建设。本文以国家数字乡村试点，全力推进农业科技创新示范区建设，打造一流的“农业中关村”的北京市平谷区为例，通过介绍数字化乡村的概念，并结合其发展历程，分析现阶段我国数字乡村建设过程中存在的问题，提出了加快推进数字化乡村、建设全面助力乡村振兴有效途径的建议。

【关键词】 数字乡村；乡村振兴；PEST 分析法

一、新时代数字乡村建设的意义和机遇

近年来，我国出台了大量数字乡村相关政策，推动动能转型升级，促进有效配置资源，新时代数字乡村建设已上升到国家层面，数字经济与乡村产业融合发展的步伐明显加快。实践证明，数字经济与实体产业的融合发展能推动经济的提档升级，数字乡村建设也将进入一个崭新的发展阶段。

（一）数字乡村建设的意义

数字乡村涵盖乡村基础设施、农村经济、特色产业、人口卫生、文化教育、基层组织等多个方面，其推广将建立起覆盖全域、连接各级行政区的信息网络平台，切实惠及百姓生活，推进农业农村现代化发展和转型进程。

1. 缩小城乡间的“数字鸿沟”

我国幅员辽阔，城乡之间信息流动缓慢，乡村发展受信息闭塞、教育滞后等因素影响较大。数字乡村的发展将缩小城乡间的数字鸿沟，为乡村社会发展提供前所未有的支撑，为乡村居民获取最新的信息变革和发展经验提供便利，为“人的现代化”创造基础。同时，普及数字服务、提升公共信息服务水平、开展网络扶贫等举措，能切实让广大乡村居民共享互联网发展成果[1]。

2. 有力化解农村金融短板

资金短缺也是乡村振兴面临的难点。数字乡村建设能促使大中型商业银行以乡村

---

① 本课题指导教师：张宏伟（北京工商大学马克思主义学院）；课题组组长：吕慧鑫（注会 194）；课题组成员：朱静怡（注会 191）、王子翱（注会 191）、李璐（注会 194）。

服务为重点，为农村居民提供网络支付、移动支付、网络信贷等数字金融服务，有力化解乡村金融短板。当前，宜农科技与40多家银行业金融机构合作，在全国17个省（自治区、直辖市）3万多个乡村建设了农村普惠金融服务站乡邻小站，服务村民过亿。数字普惠金融，使金融机构深入乡村，为居民提供足不出村的金融服务。

3. 深度构建乡村治理体系

随着数字乡村振兴战略的不断深化，人们认识到，不能将数字乡村简单理解为信息化技术在乡村治理中的应用，更应该对乡村社会关系、社会结构进行重塑[2]。新时代乡村要培育发展新动能，就要注重创新驱动，拥抱数字化浪潮。乡村治理数字化助力实现“自治、共治、他治、民治、智治”，既响应了国家的号召，也为村居环境、农业经营、乡村治理等多方面带来积极改变，引领基层治理模式变革。

4. 为乡村产业振兴提供新型电子商务平台

长期以来，影响乡村经济发展的一个重要因素，是农产品从生产到销售的产业链不够完善。以往农民单一地依靠实体市场作为农产品销售渠道，但数字乡村将提供不受时间和地域限制的“24小时市场”。采用物联网、大数据、人工智能、5G、机器人等信息技术的无人农场进入大众视野，电商也成为解决生鲜农产品“卖难”的重要方式。

5. 提高农业产业的能级和效率

数字经济能够推动涉农产业系统重组，提高农业产业能效。数字经济以数字技术创新为核心驱动力，具有天然的渗透性、融合性和赋能性。作为一种融合性经济，其通过新的生产力要素嵌入，借助数字技术赋能传统实体行业，促进生产效率提高，提高资源利用率，推动高质量发展。

数字乡村意义重大，必须紧紧把握数字经济赋能传统农业的历史性机遇，积极发现和挖掘其中蕴含的发展潜力。

（二）新时代数字乡村建设的机遇

1. 数字经济迅速发展

统计显示，截至2019年底，我国数字经济增加值规模达35.8万亿元，占GDP比重36.2%。但当前，农业农村现代化发展仍然滞后于工业化、城镇化和信息化，而四者之间相互关联、不可分割。加快数字乡村建设，推动信化与农业农村现代化全面深度融合，是新发展格局下推进农业农村现代化的重要突破口。

调研结果（表1）显示，有55%的居民认为，数字化技术使家庭收入显著提高，而40%的居民认为，家庭收入有所提高但不显著，说明在能够合理运用数字化技术的居民群体中，95%的居民认为数字化对家庭经济条件改善有正面影响。科技的发展无疑为农业生产的标准化、高效化和农产品的销售带来了巨大的帮助。

表1 数字化技术对家庭经济条件的影响

项目	收入下降	基本没有提高	有所提高但不显著	有显著提高	其他
占比/%	0.0	2.5	40.0	55.0	2.5

根据调查问卷结果(表2),19.19%的居民表示,自己非常频繁使用数字化平台,54.55%的居民表示自己经常使用,20.71%的居民表示使用频率一般。由此可见,平谷区居民对数字化平台接受度较高,数字化平台普及程度较高,已经深入居民的日常生活。

表2 使用数字化平台的频率

项目	非常频繁	经常	一般	偶尔	不使用
占比/%	19.19	54.55	20.71	4.55	1.00

2. 市场推动乡村发展

政府引导、市场协同、社会参与的数字乡村建设推进机制开始发挥作用,企业主动投入、农民和新型农业经营主体广泛参与的共建格局正在形成,市场主体正在成为数字农业农村建设的重要力量。2019年全国县域农业农村信息化财政投入超过180亿元,而社会资本投入接近480亿元,为财政总投入的2.6倍,财政撬动作用显现。

当前,农业农村数据资源最为丰富,农民对数字技术的需求最为迫切,农业农村数字经济发展潜力最为巨大,数字乡村无疑是当今时代的重大机遇。

二、北京市平谷区数字乡村的现状分析

(一)数字乡村建设初见成效

根据中共中央办公厅、国务院办公厅印发的《数字乡村发展战略纲要》,数字乡村建设的实际发展态势以及本次问卷调查,其发展现状主要有以下几点:

1. 基础信息设施建设基本落成

信息基础设施包括通信网络和新技术基础设施等,是分析、处理以及传播各类信息的物质基础和数字化乡村建设的基本环节,对提高农民收入水平、促进农村经济发展具有重要意义。近年来,北京市加大了光纤通信、移动通信等网络基础设施的建设力度,农村信息化基础设施建设取得了一定成效。

以本次对平谷区村镇的调查为例,由表3可知,40.91%的受访者表示相关网络设施建设完善,10.61%的受访者表示非常完善。目前农村的网络覆盖率和电子平台的利用率已经普遍提升,自2016年起,平谷区启动了"智慧镇罗营"试点项目建设,已实现多个村宽带、Wi-Fi全覆盖,为农村的经济发展、民生保障、信息交流提供了极大的便利。

表3 信息基础设施完善程度

项目	非常完善	完善	一般	不太完善	非常不完善
占比/%	10.61	40.91	37.88	10.10	0.50

2. 乡村数字经济发展稳步推进

2016年中央一号文件指出，大力推进"互联网+"现代农业，应用物联网、云计算、大数据、移动互联等现代信息技术，推动农业全产业链改造升级。"互联网+农业"是一种生产方式、产业模式与经营手段的创新，有效提高了农业生产效益和农村经济发展水平(表4)。

表4　农产品生产销售过程中使用的数字化技术

项目	农产品培养	农作物管理	农产品采摘	农产品销售	其他
占比/%	12	26	28	33	1

调查中，平谷区的数字化技术在农业中应用广泛，特别体现在销售层面，例如电商平台的使用、物流配套设施的完善等。同时，数字技术促进了农民收入水平的提升，问卷结果显示，95%的受访者表示在使用数字技术后，其收入有了不同程度的提高(表5)。"互联网+农业"使其摆脱消息闭塞、流通受限、农民分散经营、服务体系滞后等难点，激发了农业农村发展、数字乡村建设新活力。

表5　运用数字化技术后家庭收入的变化

项目	收入下降	基本没有提高	有所提高但不显著	有显著提高	其他
占比/%	0.0	2.5	40.0	55.0	2.5

3. 民生保障惠民服务日趋完善

农民既是推动乡村振兴的主力军，也是乡村振兴成果的直接受益者。在"互联网+"的背景下，数字乡村服务体系逐渐形成，教育资源共享、医疗条件改善等目标逐步实现。

由表6可知，数字化在消费、娱乐、教育、医疗等领域均有广泛应用，在对部分村民的采访中，大家表示数字化技术对民生改善起到了积极作用。例如：平谷区档案局开展的"互联网+政务民生"服务，为百姓提供了方便快捷的数字化档案查询服务，相较于数字化前，服务质量和效率得到了明显提升。

表6　生活中接触的数字化技术

项目	生活消费	医疗保障	文化教育	休闲娱乐	其他
占比/%	28	26	23	21	2

4. 乡村治理数字化多元发展

《数字乡村发展战略纲要》指出，数字乡村要注重构建现代化社会治理体系，发挥信息化的基础支撑作用，着力弥合城乡"数字鸿沟"。通过应用新媒体技术和数字平台，促进参与主体多元化、治理内容透明化、治理方式数字化。

通过对平谷区村镇的走访调查，了解到，作为全国乡村治理体系建设的首批试点单位，平谷区从生态、民生等多方面探索"互联网+"治理模式，例如使用"生态桥APP"管理信息平台解决环境问题、办理“电子通行证”监督管控疫情期间人员流动情况等，促进了乡村治理体系、治理能力现代化目标的实现。

（二）北京市平谷区数字乡村建设中存在的问题

根据问卷第13题的数据分析（图1），北京市数字乡村建设存在的问题主要有以下4点：（1）政策推动力不够强；（2）基础设施薄弱；（3）村民数字化意识不强；（4）知识人才缺乏。针对以上存在的问题，我们采用了PEST分析方法，对政治、经济、社会和技术四大类外部环境因素进行分析。

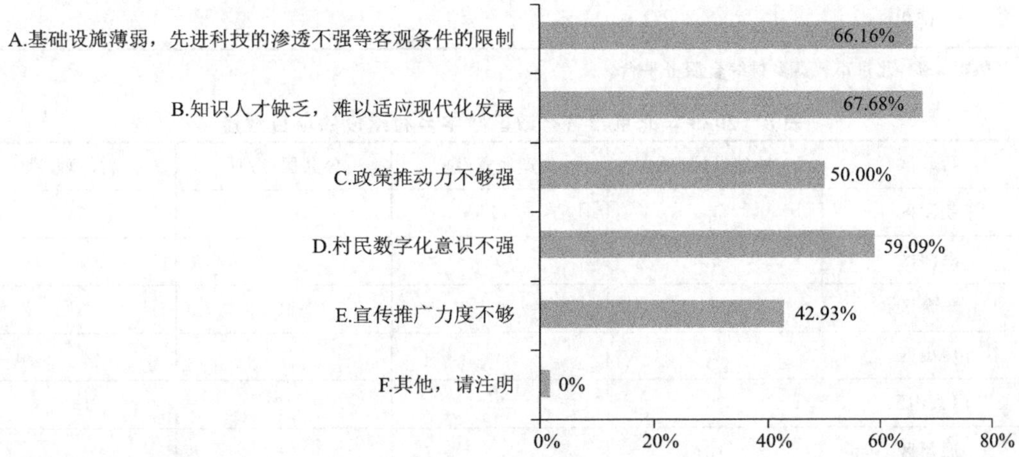

图1　村中数字化发展存在的问题

1. 区域间发展数量不均衡

结合问卷数据和实地走访，发现仍存在相当一部分受访者认为乡村网络基础设施建设还有待完善，其数量虽有明显增长，但分布不均，更新缓慢，一定程度上制约了数字经济发展。

从整体建设数量角度分析，如表7所示，其存在区域间发展不平衡问题。东部地区明显多于西部，近郊多于远郊。由于数字乡村的发展离不开硬件和软件两方面的建设，而目前，北京市部分乡村的信息化硬件设施配置还不够齐全，区域间呈现出相对不平衡的发展趋势。

2. 建设项目数量差距大

北京市数字乡村建设领域分为基础设施、生产经营、公共服务、乡村治理4个方面，由表8可以看出，海淀、丰台、延庆在生产经营方面的数量为零，朝阳在公共服务建设方面的数量为零，表明其还未向数字化乡村全领域进行延伸和拓展。截至2020年，北京市数字乡村建设领域发展较为全面且数量较多的行政区为昌平、顺义和大兴，但仍存在建设项目数量差距较大、发展不均衡的问题。

表 7　2020 年北京市智慧乡村建设行政区数量

行政区	数量/个	行政区	数量/个
朝阳区	5	顺义区	39
海淀区	10	昌平区	48
丰台区	7	大兴区	36
房山区	3	怀柔区	12
门头沟区	14	密云区	13
通州区	22	平谷区	15
延庆区	9		

数据来源：北京市智慧乡村综合服务平台。

表 8　2020 年北京市各行政区数字乡村建设的项目数量

行政区	基础设施/项	生产经营/项	公共服务/项	乡村治理/项
朝阳区	1	15	0	0
海淀区	5	0	1	1
丰台区	6	0	15	3
房山区	7	4	4	1
门头沟区	26	9	12	13
通州区	18	2	3	5
延庆区	18	0	9	9
顺义区	35	49	10	20
昌平区	78	5	50	48
大兴区	26	29	52	22
怀柔区	26	2	14	16
密云区	11	8	15	11
平谷区	11	7	5	1
合计	268	130	190	150

数据来源：北京市智慧乡村综合服务平台。

3. 村民对信息化认知程度低

根据调查，虽然数字化给部分能够充分利用它的居民带来了实惠，但通过对问卷第 6 题、第 7 题的数据分析（表 9、表 10），务农人群中依然有接近一半比例的人群对数字乡村不太了解，且超过半数居民没听说过本地出台的数字乡村相关政策措施。大部分村民上网目的依然停留在日常的生活娱乐，对利用信息化帮助农业生产认知程度很低。

表 9　村民了解数字乡村程度

了解程度	非常了解	了解	不太了解	没听说过，不了解
占比/%	3.27	29.80	47.76	19.17

表 10　村民对本地出台的促进数字乡村发展的相关政策和措施的了解

了解程度	听说过	没听说过
占比/%	48.48	51.52

近年来，随着农业现代化及互联网技术在农村的普及发展，北京市的数字乡村建设逐渐完善。然而，村民科学素质较低，农户现代经营理念及信息技术知识更新较慢，甚至还出现对智能软件使用的抵触心理。可以看出，北京市村民对农业信息化缺乏正确认识，很难配合完成“互联网＋农业”的执行。

4. 网络和数字化设备建设不完善

信息化时代，智能设备的普及和电商平台的出现，有利于拓展农产品销售市场，解决农产品流通问题。但由于缺乏完善的专业培训机制和管理机制，对于没有接受过培训的村民来说，物联网设备操作复杂烦琐、数字化学习平台构建数量不足，导致无法满足学习使用的需要。北京市涉及数字乡村的平台数量不多，主要有北京数字乡村综合服务网站和微信公众号“乡慧”，虽然具备为公众提供相关信息的功能，但是数据精确程度不高，平台功能不够齐全。同时，部分村民没有智能设备、不会上网也限制了对数字化学习平台的使用。而且通过问卷第 8 题的分析（表 11），发现生活消费是村民在生活中接触最多的数字化技术。

表 11　生活中接触的数字化技术

项目	生活消费	医疗保障	文化教育	休闲娱乐	其他
在总受访人群中的占比/%	82.83	77.27	70.71	63.64	7.07

注：该调查项目为多选题。

三、数字乡村建设的对策建议

（一）市政府出台相关政策，将数字乡村上升为一把手工程

政府支持力度决定了行业的发展速度。因此，要想推动数字乡村健康快速发展，北京市政府应积极宣传数字乡村，整合社会各界资源，政策上、经济上给予相关支持。北京各个校企要继续与平谷开展深度合作，积极推进重点项目建设，结合中关村平谷园，探索建立“政府＋科研机构＋企业”合作模式。

同时，把乡村空间作为载体，搭建数字乡村综合服务平台，创建数字乡村的新机制。围绕北京数字乡村建设成立领导小组或专班，上升到区域的一把手工程的定位，北京网信办、农业农村部门等相关部门联通配合，通过组织保障来拉高数字乡村建设的高度、重视程度和效率。

(二)改善北京乡村数字环境,加大宣传

调查问卷结果和访谈显示,北京市目前多数农民对农村数字化相关知识知之甚少,其重要原因就是缺乏宣传。目前数字乡村虽处于发展起步阶段,但不乏优质的产品项目。因此目前不仅要思考如何做出更好的产品,更要着眼于数字乡村的宣传推广。

(1)利用数字技术扩大信息传播对农户、合作社、农业企业等不同种类的经营主体的影响,通过数字化服务与治理体系提升北京乡村政务的效率、乡村生活的便捷性、乡村治理的有效性,其有助于快速提高宣传深度与广度。

(2)加强北京乡村新型职业农民培训。科技在农业中大有可为,要推动农业科技迭代更新,加强新型职业农民培训,在提升农业产业竞争力的同时实现农民生产生活方式转变。

(三)深度融合,加快北京产业链数字化转型

数字经济需要数字产业化与产业数字化相互结合,共同促进。从“互联网+农业”到数字乡村的实践看,脱离群众往往无法生存,所以新科技的普及关键是融合创新。北京乡村应将数字技术贯通农业全产业链体系。同时以成熟的数字应用与乡村治理体系相结合,在发展集体经济、民主监督等方面发挥积极作用,应是北京数字乡村发展重点探索的内容。

(四)完善基础前提,健全北京农村信息服务体系

从实地访谈记录可以看出,北京农村电商、社交娱乐在农村普及较快,就是因为简单实用。淘宝村、微商的出现,也是因为好应用进而推广。应着眼农业农村实际,开发更接地气、简单实用的数字应用。

北京市应注重乡村数字环境基础设施的建设,如从 4G 到 5G 网络的全面升级,提高农产品质量安全、农情监测等领域的大数据应用等。同时,应提高数据安全与监管机制,保证农村居民的数据隐私安全。

(五)重视北京数字人才培育

现在北京农村的重要问题之一是人才缺乏。特别是初期的示范引领者缺失,这是导致北京数字乡村发展瓶颈难以突破的重要原因。应通过产学研用结合的方式,提高北京乡村发展相关人才的培养力度,培育其数字化思维、专业技能和综合素质,推动数字乡村发展。

1. 政府方面

北京市政府应当建设人才管理中心,多组织培训学习,促进人才交流,增加其社会的认可度。规范北京数字乡村服务平台、乡村工作者的工作环境及薪资补贴。

2. 学校方面

北京市各级学校应当加强相关专业的乡村振兴教育,鼓励学生亲近乡村、拥抱土

地，培养高质应用型的数字乡村服务人才。例如，北京市农林科学院桃产业技术研究院核心示范基地鼓励其农业科研人员把实验室搬到田间地头，使农业科技创新成果体现在农民鼓起来的“钱袋子”上。

培养高素质应用型人才要立足于北京市经济发展的需求，将教育与行业发展紧密联系在一起，不断提高数字乡村服务满意度，吸引更多的学术研究人员，使得更多的人才投身于北京数字乡村产业。

3. 农村方面

调查问卷显示，北京市平谷区大多数村民都认为数字科技的应用使自己的家庭收入有所上升，说明科技在农业中大有可为。应当推动农业科技迭代更新，加强新型职业农民培训，在提升农业产业竞争力的同时实现农民生产生活方式的转变。

四、结语

总体来说，数字乡村是在数字经济与乡村产业相融合的大背景下产生的，在国家、经济和市场机遇的推动下，中央进行了数字乡村建设发展工程的部署[3][4]，目前来看，乡村数字化基础信息设施建设、乡村数字经济发展和民生保障惠民服务方面有了一定进展，但仍然存在农村信息化基础设施建设发展不平衡、数字乡村信息化软件不完善、村民对信息化认知程度低等问题，未来应加大基础设施建设、加大数字乡村的财政投入、提高村民对信息化的认知、注重新技术的利用，形成规范的数字乡村，是我国乡村振兴发展必经之路[5]。

参考文献

[1]陈一明，温涛．数字经济与乡村产业融合发展的机制创新[J].农业经济问题，2021(12)：81-91.

[2]沈费伟，袁欢．大数据时代的数字乡村治理：实践逻辑与优化策略[J].农业经济问题，2020(10)：80-88.

[3]国务院．关于促进乡村产业振兴的指导意见(国发〔2019〕12号).

[4]中共中央　国务院．关于实施乡村振兴战略的意见(2018).

[5]赵春苗．加快数字乡村建设助力乡村振兴[J].农家参谋，2021(17)：1-2.

关于大连市海边垃圾的治理情况调研

王鲁娜　胡书源[①]

【摘　要】 大连是我国著名的海滨城市，海岸线长达2211千米，海域面积约2.9万平方千米。近年来，海洋垃圾问题在全球范围内引起了广泛关注，随着科技进步和我国港口贸易的发展，大连市的海滨治理也引起了大家的重视。本研究通过问卷发放与走访调查的方式对大连市海边垃圾治理情况进行深入调查，分析了海边垃圾治理的现状和问题，并给出了相应的对策建议，以期为海边垃圾的治理工作提供政策借鉴和实践依据。

【关键词】 大连市；海边垃圾治理；调查与分析

本次调查主要采取问卷调查与实地调研两种形式，问卷调查在辽宁省大连市西岗区付家庄和金州区金海滩的海滩区域向市民以及工作人员发放问卷并当场收回。共发放问卷300份，收回300份，回收率100%；有效问卷296份，有效率98.7%。本课题根据当前海边垃圾治理的情况，对不同地区、不同职业的市民和具备专业知识的工作人员进行调查，保证了问卷的有效性与全面性。问卷主要通过调研海边垃圾治理的相关内容，深入了解海边垃圾的治理现状，分析问题存在的原因，并提出可行性建议，提高居民的生活及娱乐环境，为社会贡献一份力量。

一、大连市海边垃圾的治理现状

（一）大连市关于海边垃圾的治理经验

第一，坚持党的领导是治理取得成效的绝对基础。在环境保护领域，党和国家始终高度重视生态文明建设和环境保护。改革开放初期，将保护环境确立为基本国策；党的十八大，习近平总书记提出要保护海洋生态环境，把海洋生态文明建设纳入到海洋开发总布局中；党的十九届五中全会提出，要推动绿色发展，促进人与自然和谐共生。

大连市高度重视海洋生态环境的保护，并出台了相关的政策和法规。2020年4月，大连市政府发布了《大连市加快建设海洋中心城市的指导意见》，提出要加强海洋生态文明建设，完善海洋规划体系，建立常态化的海洋生态环境保护和协调合作机制，加强海洋污染的综合防治和生态修复。地方政府不断强化各相关部门之间的协作，健全制度保障。大连市海洋治理同住建、水利、海洋渔业等12个相关部门建立健全机制，综

① 本课题指导教师：王鲁娜（北京工商大学马克思主义学院）；课题组组长：胡书源（应化192）；课题组成员：霍阳阳（应化192）、陈馨梅（应化192）、邹维（应化192）。

合采取考核、通报等措施，将海边垃圾相关治理列入党政目标责任书，逐级落实海洋垃圾治理属地责任，保障海边垃圾综合治理成效。在建设海洋生态文明的过程中，大连市政府深入贯彻落实党和国家的各项决策部署，持续推进河长制工作，有序进行海洋河湖的保护工作。在国家各种有关环境保护与海洋保护方案的落实下，大连市主要河流水质优良比例达到85%左右，近岸海域水质优良比例在全国53个沿海城市中位列第12名；公民的环境保护意识也得到了提升，海边随意丢弃垃圾的行为有所减少。

第二，始终坚持实事求是的思想路线是治理取得成效的重要保障。实事求是作为党的思想路线，始终是马克思主义中国化理论成果的精髓和灵魂。我国根据环境问题的现实状况，制定了一系列符合中国环境问题实际的环境保护体系，颁布了一系列政策措施，致力于保护各个海域的生态环境。国家根据大连市所处的渤海海域的实际情况发布了《渤海综合治理攻坚战行动计划》，以更具针对性地治理大连市海滨垃圾问题，改善渤海生态环境，确保渤海生态环境不再恶化。大连市生态环境局也与国家海洋环境检测中心合作，签订了战略合作框架协议，运用国家海洋监测中心的各项技术，加强对海洋垃圾的治理；各行业主管部门协同管治，加强行业垃圾管控治理和源头减量，加强海上垃圾的接收和监管，加强海边垃圾的巡查管护及日常清理，取得了突出成效。

第三，始终坚定以人为本的理念是治理取得成效的根本动力。海边垃圾治理问题关系民生，影响着人们的日常生活环境。党和国家始终坚持以人民为中心，以保护人民利益为前提，切实做到发展为了人民，发展造福人民。为推动城市生态治理工作扎实开展，大连市生态环境治理的相关部门从群众最直接、最关心、最现实的身边环境问题入手，扎实开展海边垃圾综合治理活动，用心用力倾情解决基层困难，目前已取得积极成效。

（二）大连市海边垃圾治理目前存在的问题

总体而言，我国海边垃圾的治理正在有序进行，但通过调研发现，大连市海滨线的垃圾治理还存在着一些问题。

一是市民对于海边垃圾治理的参与程度低。从表1中能看出选择“从不参与海边垃圾治理”选项的受访者占到了50.00%，经常参与的也只有11.54%。大连是全国著名的旅游城市，尤其是夏季旅游旺季，天气炎热，处理海边垃圾是一项十分必要的工作。但根据调查结果来看，大家参与到志愿活动中来的积极性与参与度都不高，只有少数受访者会付诸实际行动经常参与。调查显示，选择因时间问题无法参加海边垃圾治理的受访者达73%。

表1　您对于海边垃圾治理的参与情况

参与情况	经常参与	偶尔参与	从不参与
占比/%	11.54	38.46	50.00

二是海滩上缺少专业的管理人员。近年来，国家越来越重视海洋环境的保护与治理，工作项目逐渐增多，内容繁杂。海洋垃圾防治的管理工作需要更多专业的管理人

员，但现在还存在着专业人员紧缺的一个状态。通过实地考察，发现有些海滩没有专业的管理人员，有些海滩的管理人员存在懈怠或者力不从心。管理人员的工作缺位导致工作分配不合理、沟通不顺畅问题不能有效处理等一系列问题。而管理的无序性、方法单一，又导致群众的不理解，增加了很多不必要的麻烦。

三是市政府整治覆盖区域不全面，存在薄弱环节。在大连绵长的海岸线上，临海的不仅有城市，还有不少农村。在实地调研中发现，在金石滩边缘区域的海水浴场，海边垃圾明显比城市中心的海水浴场多，一些农村地区存在不少卫生死角，出现了垃圾堆积的现象。可以看出政府大力加强了一些重要海域、繁华地段以及热门海域的治理而忽视了边远区域的治理问题。党的十八大以来，以习近平总书记为核心的党中央把生态文明建设摆在全局工作的突出位置。海边垃圾治理作为生态文明建设中的一个重要组成部分，工作需要更加全面细致。现阶段虽然市政府对于海边垃圾的重视程度有所提高，但整治并不全面，还会存在许多死角，在下一阶段的整治过程中不应该只看重城市中心，还应该更重视一些边缘地区，比如农村死角的环境整治，全面提高大连市的生态及生活环境。

二、大连市海边垃圾治理存在问题的原因

海洋垃圾是制约沿海城市发展的一个重要因素，是国家和政府一直注重解决的问题，海洋垃圾治理工作也得到了国家和政府的大力支持。此次调查发现，海边垃圾的治理还存在诸多问题，产生这些问题的主要原因如下：

（一）居民的重视程度不够，环境保护意识不够强

调查发现（表 2），有 46.15％的受访者表示非常重视海边垃圾的治理情况，19.23％的受访者表示比较重视海边垃圾的相关问题，但高达 34.62％的受访者对垃圾治理的关注较少，占了整个调查基数的 1/3。这体现出不少居民的环境保护意识还不够强，对于海边垃圾治理的重要性不够明确，认为海边垃圾对于日常生活无太大影响。值得注意的是，发现海滩上普遍存在乱扔垃圾、把垃圾埋在沙滩里的不文明现象，这充分反映了居民的环境保护意识欠缺，环境保护的自觉性不够，有“他们不知道这是我扔的”的错误心理，认为自己破坏环境的行为不会对他人及社会造成影响。

表 2　您对于海边垃圾治理的重视程度

重视程度	非常重视	比较重视	关注较少	不关注
占比/％	46.15	19.23	34.62	0.00

进一步的调查发现，虽然有 2/3 的受访者表示重视海边垃圾治理，但根据表 1 可知，只有一半的受访者会参与到实际的治理行动中，而有 50％的受访者表示从不参与垃圾治理活动，这表明对于很多居民来说，环境保护仅仅停留在思想层面上，真正参与到垃圾治理活动中的受访者较少。究其原因在于，一部分居民还未意识到海边垃圾治理的重要性，积极性不强，缺乏主人公意识。有不少人都认为城市建设是专门机构的事

情，与自己无关，认为只要不是必须参加的项目，都是在浪费自己的空闲时间，这也影响着海边垃圾治理活动的顺利进行。作为城市居民的一分子，我们希望大家都能提高主动性，积极参与到城市建设中，为海边垃圾治理贡献自己的一份力量。

（二）社区对群众的宣传能力不足

由问卷调查和实地调研发现，在海边垃圾的治理过程中，社区的宣传工作也存在一些不足。

首先是社区的宣传频率很低，宣传力度不足。从表3的统计结果可以看出，有69.23%的人表示自己所在的单位和社区没有进行关于海边垃圾治理的宣传与号召。对此展开了进一步调查，如表4所示，得到了不太乐观的结果，只有3.85%的居民表示社区一年会举行多次相关活动，有7.69%的居民表示一年会举行1～2次相关活动，有23.08%的居民表示一年只会举行一次海边垃圾清理的集体活动，而有57.69%的居民表示社区从未举办过相关活动，并且有高达57.69%的受访者表示自己从不参加社区举行的海边垃圾清理活动。这反映了社区及单位在宣传方面力度还不够，对社区居民环境保护意识的培养不够，居民存在"事不关己高高挂起"的心理，不利于海洋垃圾的治理，也不利于城市的发展。

表3　您所在的单位或社区关于海边垃圾治理的宣传情况

宣传情况	物业人员走访宣传	贴醒目标语	社区举行有关活动	没有宣传
占比/%	19.23	26.92	11.54	69.23

注：该调查项目为多选题。

其次是社区号召群众参与的力度不足。通过采访，发现不少社区存在着口号喊得响，但群众参与度不高的现象。通过表4可以看出，57.69%的受访者表示从不参与社区组织的活动，只有少数居民会积极参与。结合居民在社区活动中的参与度不高这个问题分别询问了社区的工作人员及居民，社区工作人员认为是社区居民不够配合而导致活动达不到预期效果；居民认为是不知道活动目的及方式，因而缺乏兴趣选择不参与。通过分析，发现是由于社区宣传方式单一，没有调动起居民的积极性，进而导致了这一局面的形成。为了更好地建设我们的生态家园，社区工作人员需要充分认识到宣传的重要性，然后尽可能地丰富宣传方式，让社区居民产生兴趣，积极号召居民参与到海洋垃圾治理的行动中去；居民也需要主动配合积极参与。只有大家共同努力，才能更好地构建美好家园。

表4　您所在的单位或社区组织参与海边垃圾治理的频率

参与海边垃圾治理频率	一年多次	一年1～2次	一年1次	多年1次	从不
占比/%	3.85	7.69	23.08	7.69	57.69

（三）相关部门的监管力度不够，管理模式需要优化

基于以上两点，不难看出政府相关部门在监管层面也存在一定漏洞，政府及相关部

门监管动员力度不够，是形成社区形式化、群众敷衍化局面的原因之一。

一是管理人员的监管力度有待加强。一方面，管理人员没有尽职尽责，没有做到实时监督。经过实地调研发现，只有少数海滩有专门的管理人员在认真履行职责，有志愿者在积极清理垃圾维持秩序，但有很多海滩看不到管理人员的身影。一天下来海滩上不仅有海洋垃圾，还有游客制造的垃圾，严重影响着市容市貌。另一方面，监管人员监管效率不高，缺少专业的培训。因为监管力度不足，没有严格要求游客处理好自己的垃圾，而导致一天下来海滩到处都是垃圾的现象，进而增加了现场清洁人员的工作量，费时又费力，对比起来现场监管人员的管理效果就大打折扣。

二是管理体制、机制仍需完善。上级部门对工作人员的职权分工不明确，各部门缺乏配合、相关人员自身素质不高都会使海边垃圾治理的难度增大。管理职责不明确会导致整个工作流程的效率不高，监管人员管理难度大，进而出现一有问题就互相推卸责任等现象，不利于部门统筹管理。机制不完善会导致资金分配不均，或者资金利用不合理的现象。通过询问相关人员，了解到国家对于海洋垃圾清理的资金是非常充足的，并且每年还会有不少企业进行资助，但通过问卷可以看到，有不少居民认为资金投入不足，资金的利用效果不明显。

三、提高垃圾治理效率的建议

基于上述问题的分析，目前海边垃圾治理存在的主要问题是有关垃圾治理的工作机制不够完善，各部门配合度和监管力度不足，政府、街道、社区的宣传不完全到位[1]。针对以上存在的问题，可以考虑从以下几个方面提高海边垃圾的治理效率。

（一）完善有形的基础建设

一是政府要明确各部门的职责，建立健全制度保障。海洋垃圾的治理需要大量的人力物力，参与到海边垃圾整治的各级工作人员组成了一个集体，垃圾的治理效果很大部分取决于整个组织的专业性、规划性及管理模式。因此，明确这个庞大队伍中每一个部门的职责是非常重要的，这样不仅可以方便管理，还可以避免出现问题时责权不明的问题。首先，政府应该给予监管部门相应的管理权，监管部门要充分利用好管理权限有效地统筹各个部门相互配合，同时协调好各个部门之间的关系，让其他部门给予充分的政策、财力、物力支持，充分发挥全局作用。党的十九大报告也明确提出，我国日益成为全球生态文明建设的重要参与者、贡献者、引领者，并要构建以政府为主导、企业为主体、社会组织和公众共同参与的环境治理体系[2]。其次，政府要完善考核及惩罚制度。国家和政府可以采取对工作人员进行综合考核、建立健全通报规则条例等措施，将海边垃圾相关治理列入党政目标责任书，逐级落实海洋垃圾治理的相关责任，保障海边垃圾综合治理取得成效。对于一些违反规定的行为，要有相应的通报、惩罚制度，杜绝个别工作人员德不配位的现象发生。

二是相关部门可以建立反馈平台，做到意见能有效反馈。街道的治理部门要及时与监管部门沟通，及时根据上级部门下达的指令作出相应的方案措施。同时街道及海滩的工作人员要与市民充分交流，了解民意，相关社区及工作人员要加大宣传力度，丰富宣传方式，提高居民对于海边垃圾治理的重视程度。在方案实施前，每个人都应该有建言献策的权利，对于不合适的方法，每个人都可以提出建议，通过反馈平台，上级部门也能及时听取民意，进而完善改进措施。反馈的平台可以是线下定点信箱或者是互联网反馈多种形式，目的是为了做到在垃圾治理的过程中有问题及时沟通，群众有不满及时疏导，同时还可以通过反馈平台让群众监督各级部门，互相监督可以提高效率。

三是加强技术研发，并提高科研人员的待遇。在科学技术飞速发展的时代，掌握一门自主研发的技术对于一个国家来说极其重要，在生态环境及人类健康的风险评估，如何监测、分析已形成的海洋垃圾，以及如何清除海洋塑料垃圾，如何找到塑料的替代品，如何实现海洋垃圾回收资源化等领域，还需要大批科技研发人才进行更深层次的研究。但现在还存在科技人才紧缺的现象，一方面是因为现在的年轻人愿意吃苦的少，另一方面存在着科研人员的薪资待遇不高从而导致人才外流现象。提高科研人员的待遇是很有必要的，不只是物质待遇，还应该有精神方面的鼓励，进而引导科研人员积极投入到创新工作中，加强技术研发。作为年轻一代，更应该增强创新意识，刻苦钻研，不懂就问，敢于创新。

（二）提升思想与道德建设

一是培养并提高工作人员的专业性。参与海边垃圾整治工作的管理人员，专业知识的学习范围应比普通群众更宽。社区负责人员要意识到自身岗位是群众参与志愿公益活动的第一指向组织岗位，更要意识到有关海边环境保护的活动不能草草了事。目前很多社区的活动组织策划方式仍然存在着许多问题，如何调动社区居民的积极性是社区负责人员应该着重思考的问题。工作人员应当拓展活动形式，增大海边垃圾治理活动的宣传力度；充分利用网络、公众号、微信群等积极宣传相关科学知识及相应的活动政策；可以设立一定的奖励机制，比如与学校联合调动学生积极参与，将参与活动的时间录入社会志愿时长，或者举行与治理海边垃圾相关的比赛活动，给予获奖者实践证明等，让更多人参与到社区活动中来。

二是党员要充分发挥先锋模范带头作用。党的宗旨是全心全意为人民服务，党员的形象在社会中有着无形的示范和引导作用。作为一名党员，要牢记身上所肩负的责任与使命，做到遵纪守法，廉洁奉公，维护制度的严肃性，提高制度的执行力。在公共场合看到垃圾要主动捡拾，遇到不文明的现象要及时制止；在工作过程中，要充分领会政府工作的具体要求，主动分担责任，并积极号召群众参与到城市建设过程中来，为营造良好的城市环境贡献自己的力量。

三是群众要增强环境保护意识。作为社会群体中的一员，要将理论知识与实际行动相结合，努力为社会贡献力量。在思想上，要增强环保意识，培养吃苦耐劳、甘于奉献的精神。在行动上，要懂得自我约束，增强主人公意识，懂得主动保护海洋及海滩的环境从每一件小事做起。外出时，不随意丢弃垃圾，在看到地上有垃圾时，要主动采取行动。在遇到他人有不文明行为时，要及时制止，合理利用法律保护环境并督促他人。作为当代大学生，应该行动起来，从自己做起，养成良好的习惯，为社会减负，为人民服务。

参考文献

[1]杨越，陈玲，薛澜．寻找全球问题的中国方案：海洋塑料垃圾及微塑料污染治理体系的问题与对策[J]. 中国人口·资源与环境，2020，30(10)：45-52.

[2]王宇飞．海洋塑料垃圾治理问题探讨[EB/OL].（2021-01-14）[2021-09-20]. http:/www.zh-hjw.org/a/qkzz/zzml/202012/gz/2021/0114/7660.httl.

精准扶贫之易地扶贫搬迁的实施及成效

——基于贵州遵义务川县、广西南宁上林县、云南曲靖会泽县的实地考察

魏海香　周　燕[①]

【摘　要】 作为乡村治理的一大攻关点——易地扶贫搬迁，是脱贫攻坚的标志性工程，也是“最难啃的硬骨头”，事关脱贫攻坚工作全局。本文就易地扶贫搬迁的实施及成效，对3个不同县镇的搬迁社区进行了调研，详细了解了易地扶贫搬迁工作实施的具体情况，总结了易地扶贫搬迁政策的成效并提出了易地扶贫搬迁后续扶持工作的一些要点，以及巩固拓展脱贫攻坚成果的建议。

【关键词】 易地扶贫搬迁；乡村治理；实施成效

精准扶贫工作是我国现阶段的重点工作，其重在实现“六个精准”，即扶持对象精准、项目安排精准、资金使用精准、措施到户精准、因村派人精准、脱贫成效精准。能否顺利实现这项重要工作，对我国脱贫攻坚具有重要意义。而在我国全面建成小康社会的关键时期，在精准扶贫、精准脱贫战略转向乡村振兴战略的过渡时期，如何对这一公共政策的实施成效进行客观、科学的评价？应该从哪些方面打破政策实施的困境并找到改进方向和应对措施？本文选取了3个贫困地区进行实证研究，力求为解决上述问题找到新的方向。

本文的调查方式主要采用实地问卷调查与走访调查相结合的方式。由于问卷的调查内容较复杂，以及考虑到受访者的年龄分布问题，走访调查主要是对中老年人群进行详细访谈，问卷调查则为易地扶贫搬迁社区的各个年龄段群众的观点与看法。调查问卷由小组成员发放给易地搬迁后的社区群众记录并回收（贵州遵义务川县山青社区、广西南宁上林县明澄社区、云南曲靖会泽县以礼社区）。调查问卷一共发出115份，收回115份，有效份数115份，有效率达100%。

一、易地扶贫搬迁工作的具体情况

（一）遵义市务川县

近年来，务川县坚持和完善“五个体系”建设，构建和织牢“五张网”，进一步强化易地扶贫搬迁后续扶持工作措施，以决战脱贫攻坚为抓手，以保障易地扶贫搬迁群众落户安置为重

---

① 本课题指导教师：魏海香（北京工商大学马克思主义学院）；课题组组长：周燕（自动化192）；课题组成员：张佳卉（机械191）、郭彪（机械191）、肖永权（机械191）、邹平安（机械191）。

点，坚持实情、实效、实数和“搬一户稳一户、迁一户保一户”的原则，将脱贫攻坚与户籍制度改革有机结合，实现移民搬迁对象落户安置地，有效提升本地户籍人口城镇化率[1]。

为积极鼓励、引导易地扶贫搬迁群众主动搬迁、放心搬迁、自愿落户，最大限度地提高搬迁率、落户率，务川县着力解决保障、落户、安全、就业、公共服务 5 个方面的问题，全力推动易地扶贫搬迁落户城镇工作[1]。同时，住建、移民等部门牵头推进易地移民搬迁安置房建设及小区周边环境打造，为移民安置房统一安装门楼牌，实现“人脸识别”的智慧门禁，确保群众住得安心放心[1]。

在具体工作中，政府督促指导安置点全面完善水、电、路、讯、网和安置点美化、绿化、亮化等配套设施建设，努力为搬迁移民创造良好的居住环境，提高搬迁移民的满意度；持续推进旧房拆除和复垦复绿，用好用活土地增减挂钩交易收益政策，增加财政收入；指导一些县镇积极盘活林地、承包地、宅基地“三块地”，统筹整合迁出地资源，扩宽增收渠道，努力走出一条可复制、可推广的路子[2]等，一切都为写好易地扶贫搬迁后半篇文章。

蓝图已绘就，奋进正当时。在衔接“十四五”规划的关键时期，务川县将立足于易地扶贫搬迁后续扶持与乡村振兴、新型城镇化、社会治理体系和治理能力现代化的有效衔接，抓好集中安置区的产业发展、就业帮扶和社区治理[3]，促进搬迁劳动力充分就业和稳定就业，进一步巩固搬迁脱贫成效，实现搬迁群众增收致富和可持续发展。

（二）南宁市上林县

近年来，上林县将易地扶贫搬迁作为“一把手”工程，成立由县委书记、县长亲自挂帅的易地扶贫搬迁专责小组，成员由发改、扶贫、国土、住建、人社、农林水利、各乡镇党政等单位主要领导组成，具体领导和组织实施全县易地扶贫搬迁工作。“十三五”时期，广西壮族自治区下达上林县搬迁任务为建档立卡贫困人口 16019 人。当时，上林县通过建设 8 个易地扶贫搬迁安置点，完成安置 16019 人的目标任务，完成率 100%[4]。

为了让搬迁群众搬迁后能够安居乐业，上林县切实解决安置点搬迁群众就学、就医、就业等问题，确保做到“挪穷窝”与“换穷业”并举、安居与乐业并重、搬迁与脱贫同步。在就学问题上，上林县在完成对搬迁户家庭就学情况、学位需求和安置点所在地现有学校资源调查摸底工作的基础上，做好各安置点搬迁群众子女就学安排和项目建设。目前，新建的明澄幼儿园、明澄小学已于 2019 年全部交付使用，并已正常招生办学[4]。在就医问题上，按照就近就医的原则，上林县主要通过进一步优化各项目乡镇现有卫生院、新建社区卫生室等办法解决搬迁群众基本公共卫生及基本医疗服务需求。目前，新建的明澄社区卫生室已投入使用，安置点的搬迁户均正常开展家庭医生签约服务，签约率 100%[4]。在就业问题上，通过在安置点建设扶贫车间、农贸市场、设立公益性岗位等方式开发就业岗位，鼓励搬迁群众在安置点就近就业。明澄安置点农贸市场已完成建设并投入使用，共有 60 个摊位，目前已公开招租 51 个摊位[4]。

2021 年是“十四五”规划实施的开局之年，上林县将继续提升产业、基础设施配套水平，补齐配套产业短板，帮助搬迁群众稳定就业。同时，不断提升村、社区治理体系和治理能力，建立和完善适应安置区后续发展的治理服务体系，推进巩固拓展脱贫攻坚成果同乡村振兴有效衔接[5]。

（三）曲靖市会泽县

每年地方财政收入只有12亿元的会泽县，把易地扶贫搬迁作为助推脱贫攻坚的“头号工程”，仅用一年多时间就建起了目前国内规模最大的安置区，把县内搬迁人口通过集中建新城来容纳，截至目前共搬迁105068人[6]。“十三五”期间，会泽县委、县政府借着国家精准扶贫政策的春风，以易地扶贫搬迁作为解决山区贫困人口脱贫的治本之策，立足当前“挪穷窝”，着眼长远“谋发展”，从选址规划、基础设施、公共服务到社区管理、产业脱贫、后续扶持打造了全方位的“脱贫套餐”，从顶层设计上全面系统地解决搬哪些人、怎么搬、搬到哪、搬后怎么办等问题，确保搬迁群众搬得出、稳得住、能致富、快融入[7]。

但问题的解决并非一蹴而就，这期间遇到了许多困难。在今年的大学生返乡走访调研中，本调研组成员从居民口中了解到，离开了能长粮食的土地，微薄的薪水根本不够养活一家人，加之2021年天气恶劣和2020年非洲猪瘟的影响，肉价居高不下；2021年的强降水影响更是超出了农民们的承受范围，日子过得愈加艰难。不可否认的是，易地搬迁为许许多多偏远山区的农民们解决了生存问题，帮助他们走出了大山、有了稳定的工作，不再整天牵挂着产量不高的几亩土地；为莘莘学子提供了更优质的教育环境，再也不用走数十千米上学，每个星期政府还会安排老师专程来免费辅导。当思想得到解放，创造性便被激发出来，农民们摇身一变成了商人，有的人拿种地积攒的积蓄开了小吃店、餐馆、小超市，摆起了菜摊、水果摊，会泽县的搬迁群众搬出大山换笑颜。

七彩云南，钱乡会泽。巍巍高原，磅礴乌蒙，数水交会，因之成泽。从搬得进到稳得住，再到能致富，从选址规划、基础设施建设、公共服务覆盖到社区管理、产业脱贫、后续扶持的全方位“脱贫套餐”，令搬迁群众的致富路子越拓越宽，信心越来越足[8]。

通过对3个社区的实地走访和居民们填写的调查问卷情况来看，大部分居民认为易地扶贫搬迁政策对其帮助很大，解决了住房、交通、就医、就业等一系列问题，一个个实实在在的举措，不断改善贫困群众的生产生活条件（表1）。

表1 居民认为易地搬迁政策带来的好处

好处	很大	较大	一般
占比/%	64	26	10

二、安置点的具体做法及成效

（一）具体做法　亮点纷呈

1. 全面提升安置区保障服务

三地政府部门综合考虑安置区人口规模与迁入地公共服务供给状况，合理规划安置区教育、医疗资源，加强配套教育、医疗服务机构能力建设，切实满足安置区搬迁群众对幼儿园、中小学、医院、社区卫生服务中心、福利院、养老服务机构等公共服务设施方面的需求。支持城镇安置点供排水管网、垃圾污水处理、供气供暖等设施提档升级，加快电网增容改造、网络覆盖建设，因地制宜提升路网等级，着力打通“断头路”，实现安置点与外界交通干线更加便捷的互联互通。

2. 大力发展特色产业

三地因地制宜发展产业，立足当地资源禀赋发展后续产业，充分发挥新技术、新业态、新模式在特色优势产业发展中的支撑作用，引导农产品加工产能向安置区周边聚焦，推进第一、二、三产业融合发展。

农业农村部门想方设法鼓励和引导搬迁户在自愿前提下流转原有宅基地、生产用地的土地经营权，多渠道盘活搬迁户耕地、林地资源，融合推进集中安置区集体经济发展，提高安置点基层组织为民服务的保障(表 2、表 3)。

表 2　原有宅基地处置办法

处置办法	保留	收归集体	荒废	转为耕地	退耕还林	居住
占比/%	18	16	19	11	12	24

表 3　生产用地处置办法

处置办法	保留耕地	收归集体	流转	退耕还林	荒废
占比/%	30	15	17	14	24

(二)成效显著　巩固提升

截至 2019 年底，全国共对“一方水土养不起一方人”地区约 960 万建档立卡贫困人口实施了易地扶贫搬迁，已搬迁入住建档立卡贫困人口 930 万余人，搬迁入住率达到 97%。各地为约 90%的搬迁群众落实后续扶持措施，已有 900 多万建档立卡贫困搬迁群众实现脱贫[9]。

1. 安置房建设

将 3 个调研社区的搬迁前后情况进行对比可知，群众搬迁前的房屋多为土木瓦房，而搬迁后均为统一的宽敞明亮、结构牢固、功能齐全、分区合理、干净整洁的新房。统一住房的标准按照家庭户口人数的人均 25 平方米来计算，以确保住房空间和其质量。同时加强了对安置点住房质量安全排查，建立并且完善了工作预案和响应机制，如果发现问题，包括墙体空鼓、开裂、渗水等质量通病问题，能够及时处置。从表 4 搬迁前后用水来源的对比来看，生活条件已有明显改善。

表 4　搬迁前后的生活用水来源

用水来源	自来水	井水	泉水
搬迁前占比/%	58	7	35
搬迁后占比/%	100	0	0

2. 提升安置区公共服务功能

为确保搬迁居民有一个良好的周边环境，各安置点在距离安置点较近的地点设立从幼儿园到高中的学校，确保安置家庭的子女读书问题；设立医院，就医、安全问题得到有效解决，并实施统一的城乡居民基本医疗保险制度和大病保险制度；建设各种基础设施，配有产业基地、活动场地、购物超市、卫生室、图书室、垃圾收运点等。

3. 产业和就业扶持

安置点会定期举行各种招聘会以及带薪或免费的职业技能培训，从各个方面解决居民的温饱问题和收入问题。根据搬迁户劳动力的就业意向，结合其自身特点和培训需求，大力开展就业技能培训。引导有意愿的留守妇女、留守老人、残疾人等特殊群体，结合个人实际接受必要的职业技能培训。

在提高搬迁群众收入水平这一层面上，由表5、表6可看出，搬迁后大多数群众选择务工来增加家庭经济来源，家庭年收入也随之提高。

表5　搬迁前后收入来源对比

收入来源	务农	务工
搬迁前占比/%	69	31
搬迁后占比/%	3	97

表6　搬迁前后家庭总收入对比

家庭总收入/元	0～10000	10000～20000	20000～30000	30000以上
搬迁前占比/%	31	45	22	2
搬迁后占比/%	5	30	22	43

三、巩固脱贫攻坚成果的思路与建议

虽然目前通过多种途径，采取多种措施来解决搬迁群众生活、就业和发展问题，但如何强化后续帮扶措施，注重环境、产业、政策的可持续性，保持稳定脱贫，巩固脱贫成果，发挥财政资金的最大效益，实现可持续发展是接下来面临的又一难题。2021年是实施“十四五”规划、开启全面建设社会主义现代化国家新征程的第一年，也是巩固拓展脱贫攻坚成果同乡村振兴有效衔接的第一年，做好易地搬迁后续扶持工作意义重要、责任重大。

通过以上的调研和分析，本课题组就易地搬迁后续扶持工作提出以下意见与建议：

(一)全面提升搬迁群众保障服务

1. 加强教育保障

建立易地搬迁安置点搬迁群众适龄子女就学需求和安置地周边学校学位供给台账；保障搬迁群众适龄子女在安置地公办学校接受义务教育，落实家庭经济困难搬迁群众子女享受相关补助政策。

2. 加强社会保障

健全安置点搬迁群众社会保障机制，落实搬迁群众迁出地和安置地的各项利益。

引导搬迁群众积极参加城乡居民基本养老保险和职工基本养老保险，规范实施搬迁困难群众纳入低保政策扶持，应保尽保。

3. 加强医疗保障

按照各地实际情况，例如以800人以上安置点为重点，全面提升易地搬迁安置点基本医疗和公共卫生服务水平，确保搬迁群众的医疗保障。推进实施统一的城乡居民基本医疗保险制度和大病保险制度。

（二）想方设法提高搬迁群众收入水平

1. 加大就业创业帮扶

指导各地对有就业需要和培训需求的搬迁群众，针对性地开展职业技能培训，提升搬迁群众职业技能水平，拓宽就业渠道。提供农业农村科技创新创业指导和服务，出台支持政策，鼓励搬迁家庭的高校毕业生实现就业创业。

2. 发展安置区优势产业

把安置区优势产业发展纳入地方“十四五”特色产业发展相关规划。以规模化和区域发展为抓手，完善安置区全产业链支持政策，围绕产业链布局、龙头企业带动和重大项目谋划精准施策，在资金、项目、政策等方面给予倾斜支持，加快补上技术、设施、营销等短板，促进优势产业提档升级。

（三）推进搬迁群众尽快融入安置区社会

1. 建立关爱机制

加强搬迁群众感恩教育，积极开展新时代文明实践活动，引导搬迁群众践行社会主义核心价值观，激发搬迁群众的强大内生动力，通过辛勤劳动创造美好生活。有条件的地方，结合中华传统节日、少数民族特色节日等节庆活动，引导所在地居民真正接纳、真诚帮助搬迁群众，促进新老居民人际交往、文化交流、情感交融。同时要积极建设一批感恩记忆馆、村史馆、展示馆等，通过各种方式留住“乡愁”，展现易地扶贫搬迁的显著成绩。

2. 改善安置区人居环境

以建设生态宜居乡村为导向，动员各方力量，整合资源，强化措施，切实抓好安置区公共卫生环境整治。加强安置点公共卫生环境设施建设和管护，大力开展卫生运动，创建文明社区、文明家庭，引导搬迁群众树立健全文明的生活观念、养成文明健康和绿色环保的生活方式，确保搬迁群众住上新居所、过上新生活。目前，搬迁群众对安置点的居住条件、周边环境等方面的认可程度极高。

3. 加强平安建设

强化法治建设，增强搬迁群众法治观念，为搬迁群众提供相关法律服务。建立健全常态化的矛盾纠纷排查化解联动运行机制，深入推进矛盾纠纷排查化解工作，及时收集、分析各安置点搬迁群众思想动态和苗头性问题，维护安置区社会和谐稳定。建立健全社会治安防控体系，深入推进网格化管理，实现群防群治，建设平安社区。

4. 完善组织建设

为了各项工作的有序协调和高效推进，一方面，各地可在满足条件的安置点建设新的基层党组织，其余安置点纳入属地管理，这样可以使安置点成为宣传党的政策、贯彻党的决定、领导基层治理、团结动员群众、推动经济社会发展的坚强战斗堡垒。另一方面，通过基层党组织的建立和工作的开展，可以锤炼一批作风扎实、勇于担当的基层干部队伍，通过这些干部，更好地维系党群干群关系，从而厚植党的执政之基。

总体来看，新时期易地扶贫搬迁是一场关系到改变上千万绝对贫困、深度贫困人口命运的历史性一战，也是贫困地区发展所需、百姓所盼、民心所向(表 7)。当前，脱贫攻坚已进入以后续扶持为重心的新阶段，搬迁工作开展的好坏，直接影响脱贫攻坚的质量。从本课题组调研的情况来看，易地扶贫搬迁工作不仅在所调研的务川县、上林县、会泽县，乃至在全国都取得了相当大的成效，中国走出了一条具有中国特色的易地搬迁脱贫之路。

表 7　居民认为安置点的优点

安置点优点	居住条件改善	就业机会更多	医疗条件改善	上学条件改善	农业收入提高	交通便利	其他
占比/%	20	12	22	23	4	18	1

参考文献

[1]金裕淋．贵州务川：做好易地扶贫搬迁“后半篇文章”[EB/OL]. (2020-10-19)[2021-09-21]. http://www.zy.gog.cn/system/2020/10/19/017749434.shtml.

[2]赵飞羽．落细、落小、落实易地扶贫搬迁后续工作[N]. 贵州日报，2019-12-23(2).

[3]梁圣，刘悦，旷光彪．贵州：“四个持续”巩固提升易地扶贫搬迁脱贫成效，有效衔接“十四五”[EB/OL]. (2021-01-06)[2021-09-21]. http://www.ddcpc.cn/detail/d_shehui/11515115543100.html.

[4]卢彬．广西上林县：“搬”进新天地“移”来好日子[N]. 广西日报，2020-4-9(1).

[5]冯梓剑，曾艳．易地搬迁铺就幸福路　安居乐业开启新生活——上林县统筹推进“挪穷窝”“换穷业”引领搬迁群众同心奔小康[N]. 南宁日报，2021-05-14(3).

[6]刘旻．会泽双城记[N]. 新京报，2020-8-17(3).

[7]尹永权，代玉春．会泽：易地搬迁群众安居又乐业[N]. 曲靖日报，2020-11-20(1).

[8]蒋莹．云南会泽：易地搬迁拔穷根，十万群众下山来[EB/OL]. (2021-2-23)[2021-9-21]. http://www.chinado.cn/? p=10749.

[9]易地扶贫搬迁攻坚克难——脱贫攻坚展[EB/OL]. (2020-5-14)[2021-9-21]. http://fpzg.cpad.gov.cn/429463/430986/430991/index.html.

北京市卫生健康问题的调查研究

李永梅　许淑芳①

【摘　要】 保障公众健康是社会发展的基础，是我国推进“健康中国”建设的重大民生问题。本课题组通过收集市民对于当下北京市医疗卫生健康现状的评价，总结成就，剖析不足之处，并在此基础上探寻北京未来卫生健康体系的发展趋势。希望本课题的研究成果可以对构建和完善北京市卫生健康体系具有参考性意义。

【关键词】 健康中国；北京；卫生健康；医疗

北京市卫生健康资源总量不断增加、城市医疗服务不断改进、人民健康水平不断上升，但背后存在的人口老龄化日趋加重、卫生资源分配不平衡等问题仍亟待解决。本文立足北京市卫生健康体系的发展，分析发展过程中存在的长处不足，结合市民对北京市卫生健康状况的看法提出合理建议。这对推进北京市卫生健康事业发展、构建强大的公共卫生体系具有重要意义。

为配合疫情防控要求，本次调研采用线上问卷调查的形式进行。问卷由小组成员通过在朋友圈转发、线上联系北京市居民、在特定的微信群和其他专门平台发布等多种方式进行填写并回收，共发出调查问卷 200 份，回收 200 份，回收率达 100%；有效问卷 200 份，有效率达 100%。

本次调研人群各年龄层均有涉及，以 17～28 岁年龄段的人群为主，占到 77%；29～50 岁年龄段的人群占到 16%；50 岁以上年龄段的人群占到 6%；5～16 岁年龄段的人群占到 1%。对于调查群体的学历，绝大多数人都受到过高等教育，其中本科（专科）学历占 83.5%；高中（中专）学历占 10%；研究生学历占 4%；初中或初中以下学历占 2.5%。

一、卫生健康医疗方面的现状

医疗卫生的保障和完善是衡量民生和社会发展水平的重要指标之一。随着新时代的到来，我国的卫生健康状况和医疗保障水平得到显著改善和提高，其中北京市的卫生健康医疗水平的提高对于全国来说最具有代表性。截至 2021 年 3 月底，全国医疗卫生机构数达 102.6 万个，其中基层医疗卫生机构相较去年增加 17572 个，北京市基层医疗卫生机构数达 9543 个，专业公共卫生机构达 105 个。2015 年国务院发布《国务院办公

① 本课题指导教师：李永梅（北京工商大学马克思主义学院）；课题组组长：许淑芳（法学 201）；课题组成员：王子涵（法学 201）、文子莹（法学 201）、许静欣（法学 201）。

厅关于印发全国医疗卫生服务体系规划纲要(2015—2020年)的通知》,其中提出了"优化医疗卫生资源配置,构建与国民经济和社会发展水平相适应、与居民健康需求相匹配、体系完整、分工明确、功能互补、密切协作的整合型医疗卫生服务体系"的目标。北京市政府积极响应,发布了《北京市"十三五"期间深化医药卫生体制改革实施方案》,全面实施健康北京战略。截至2018年,北京市卫生技术人员中有执业(助理)医师109376人、注册护士123589人。截至2021年,医药分开、医耗联动综合改革成效显著,分级诊疗持续向好,居民医药负担进一步减轻。在卫生健康政策宣传方面,通过微信公众号等新媒体发布相关信息,同时由官方网站发布政务公开信息并且提供相关咨询服务。经过问卷调查,了解到有超过55%的公众通过政府官方网站或公告宣传栏了解各种有关公民卫生健康的方针政策,仅有20%～30%通过社区宣讲或报刊书籍了解相关政策。根据北京市健康委员会官网发布的统计数据,2020年该网站总访问量达4500万次,政务动态信息更新268条,微信公众号订阅数达29万,可见知识宣传和政务宣传规模较大。

当问及较为熟悉的卫生健康知识时,仅有52.5%的公众表示对公共卫生应急措施较为了解,而在希望了解的卫生健康知识中,希望学习急救措施的比例达到78.5%,可见公众想要学习急救知识的迫切需求(表1、表2)。急救知识在当前紧急突发状况较多的社会背景下仍然需要大力宣传。

表1　公民对北京市健康卫生了解的主要内容

项目	医疗保障	健身设施分布	社区卫生服务	公共卫生应急措施	其他
占调查总人数比例/%	75.0	34.0	58.0	52.5	2.5

注:该调查项目为多选题。

表2　公民希望了解的卫生健康知识

项目	生活中常见疾病的相关知识	急救措施的学习	保健养生知识	病毒预防知识	求助渠道和方式的相关知识	生活中的健康隐患知识	其他
占调查总人数比例/%	79.0	78.5	60.0	62.0	54.5	67.0	0.5

注:该调查项目为多选题。

在线上医疗方面,北京市现拥有"互联网+"医保服务定点医疗机构29家,且线上预约门诊、挂号等方式得到较大程度普及,在问卷中也有51%的公众认为线上预约等流程的普及能够有效推进医疗保障,可见北京市线上医疗程序系统较完善。在医疗监督方面,由卫生计生行政部门按照统一标准进行监管,构建政府、第三方和医疗机构内审的多元化监管体系。在医疗保障方面,采用门诊统筹与住院统筹相结合的城镇基本医疗保险制度,城镇在职职工门诊类保险以1800元为起付线,在社区医院报销比例可达90%。在问卷调查中,问及北京市的健康医疗状况相对于以往有何进步时,73.68%的人认为当下的医疗服务相较以往更有保障,68.42%的人认为医疗机构增多,65.97%

的人认为医疗技术提高，证明在医疗保险、社会保障方面北京市的民众相较以往更加有信心、有底气。

总体来说，北京市的卫生健康现状相比以往持续进步，但一些旧问题仍然存在，例如资源分配、相关操作知识普及和培训问题致使“排不上、预约难”，以及有关医疗急救、公共卫生事件处理的知识传播力度较小。应加大力度贯彻创新理念、开发新式信息传达渠道，开辟针对老年人的卫生健康保障的新形式，以及加强线上医疗权威性和普及度，让医疗健康资源能够均衡、健康地发展。

二、当前北京卫生健康及医疗方面存在的不足

长期以来，北京市卫生部门从群众利益出发，不断加强机制建设，通过报纸、广播、电视等多种媒体向公众发布卫生权威信息，提供卫生咨询，扎实做好医疗卫生领域信息传播工作，逐步提高北京市卫生健康系统的执行力和公信力。但随着社会的发展，北京市居民对于相关信息的了解需求迫切、对于卫生健康的资源需求增加、资源质量的要求提高，由此也出现了一些新的问题与需求。

（一）北京市医疗服务相关信息在公众中普及度不高

本次调查数据显示，公众对于北京市医疗服务相关信息的了解程度整体水平较低。其中关于北京市居民对于北京市医疗卫生服务点的分布了解程度，一般了解的人占48.0%，不太了解的人占40.5%，了解的人占8.0%，完全不了解的人占3.5%。

在问及了解政府卫生健康的渠道时，有104名公众选择了“政府官方网站”，占总数的59.77%；有99名公众选择了“公告宣传栏”，占总数的56.90%；有90名公众选择了“口口相传”，占总数的51.72%；有64名公众选择了“社区宣讲”，占总数的36.78%；有45名公众选择了“报刊书籍”，占总数的25.86%；有21名公众选择了“其他”，占总数的12.07%。由数据可发现，北京市政府及社区的卫生健康宣传力度较好，但在报刊书籍等传统媒介上的宣传力度较为薄弱。2021年4月23日，中国国家青年网官方账号曾发布一组数据：2020年我国成年国民包括书报刊和数字出版物在内的各种媒介的综合阅读率为81.3%，较2019年的81.1%提升了0.2个百分点。这说明了我国成年国民各种媒介的总和阅读率持续稳定增长。在保证市政府和社区对于公众宣传卫生健康相关知识规模的条件下，充分利用报刊书籍等媒介形式提高宣传力度，对于抓牢基础公共服务设施的建设、有效提高城市卫生健康系统的执行效率[1]、实现医疗服务设施的作用效率最大化具有重要意义。

（二）“看病难”的现象突出

自2019年新冠疫情发生以来，公众时时刻刻关注着国内针对性疫苗的研发和正式推出。2021年1月1日，我国首批新冠肺炎疫苗开始逐步投入使用。人们对于注射疫苗的紧迫，引发了新一轮的哄抢现象：预约疫苗接种，10秒抢光，多数地区出现约不上、

打不到的困难。问卷调查结果显示，有 60.5％的公众认为自己在进行医院挂号时“排不上”“预约难”的现象普遍存在。如何推进患者就医，贴近民众需求，提高治理效率，合理构建医疗服务设施布局，仍是当下需要研究探索的问题。

（三）医疗服务资源价格不合理

面对医疗资源分布失衡、医疗资源缺乏、医疗机构体制仍需完善等问题的客观存在[2]，大多数公众在进行挂号、诊临床检查、针对治疗方案再治理等一套流程的结束时，仍面临着难以负担的服务价格，这种现象在高流动人口区域和偏远地带较为突出[3]。与此同时，有的群众也指出，判断资源价格不合理的原因是因为医生水平参差不齐、医疗机构所提供的医护待遇与自己所要支付的价格差距较大。

医疗服务的平等应保证百姓在支付了费用后可受到同等程度的服务和待遇。医疗不等同于一般性商品的买卖关系，其本质是“托付生命、购买健康”。医疗服务资源价格与医疗服务待遇间的落差将使得群众与城市医疗服务建设形成一道“透明的隔阂”。从公众所指出的问题出发，建议北京市政府考虑加大对北京市医疗机构投入，促进医疗服务人才队伍建设，优化卫生资源配置，完善医院内部机制，以病人为中心，让公众享受到合理、合需求的服务，提高北京市医疗机构服务形象。

（四）医疗保障不齐全

医疗保障就是指在发生医疗问题时可以获得报销补偿的保障。医疗保障主要被分为两种，一种是商业医疗保障，由公众自身来决定；另一种是指社会医疗保障，由自己以及单位各交一定保费，一旦生病了，医保可以报销一定范围内的医疗费用。本文所指的是社会医疗保险。

多数群众认为社会医疗保险的报销很严格，许多医疗项目如近视矫正、交通事故等的费用支出不在医保报销范围内，以及在没有超过医保的起付线部分的医疗费用，也不予启动报销，这对于一些自由职业人员、低收入职工、失业人员、孤寡老人造成了一定的经济负担。

尽管当下的医疗保障方面仍存在一定的短板，但在国家和政府不断深化医保改革的支持下，2020 年 1 月 10 日，中华人民共和国人民政府发布了《多层次医疗保障体系不断健全——我国医疗保障改革成果综述》一文向公众展示了自 1998—2020 年以来中国特色的医疗保障制度体系不断完善和发展的重要历程，实现了多层次医疗保障体系促进医疗保障全覆盖、保障范围渐趋优化调整，让百姓买得起“救命药”、创新模式优化流程给老百姓看病“减负”等成就。

三、关于北京市卫生健康方面未来发展的有关思考

（一）数字化在卫生健康方面的应用和未来发展

云计算、大数据、5G 无线网络等新型“宠儿”在我国政策和技术的双重支持下，推动着

我国卫生健康领域的数字化进程，使我国在这一领域上建设颇多。比如医疗数字化的"重头"之一——远程医疗，通过建立个人电子健康卡，并将各医院的信息和资源实现共享，实现病情咨询、挂号、提供健康和保健安排等功能，一定程度上能够弥补落后地区医疗资源的匮乏。在新冠疫情期间，数字化在卫生健康领域中的应用也显而易见：一则利用大数据强化疫情监测预警，完善疫情指挥系统；二则推广和完善"一码通行"，优化防疫健康服务；三则大力发展"互联网＋医疗健康"，强化数据共享，推广线上就医。通过大数据实现了疫情可发现、可追踪、可隔离，完美体现了新时代下我国公共卫生健康治理的强大能力。

当问及"为了促进人们对于数字化医疗产品的使用，您认为以下哪种方式应进行大力推广？"时，33.0％的公众认为"开通网络自助服务"对数字化医疗的推广更有作用，用户的卫生健康信息也能够通过大数据记录下来，如疫情防控时公众便可通过这一方式随时记录体温等身体状况；37.5％的公众则认为应当"开发便于不同年龄使用的机器设备"，这一方式也在实质意义上符合了我国人口老龄化逐渐增长的趋势；另外 29.0％的民众则选择了"在医院等公共场合增加语音提示等服务功能"，这一方式一定程度上有利于公众的就医、卫生咨询等卫生健康服务。由此可见，卫生健康方面的数字化也需要更多新的方式来提高服务的信息化、便利化水平。

中国数字医疗迅猛发展的背后，离不开政策和技术的双重支持。北京市人民政府 2021 年 8 月 3 日印发的《北京市关于加快建设全球数字经济标杆城市的实施方案》中提出："要加快建设数字化医院，推动实体医院医疗资源在线化发展。"在未来信息化技术更加深入地发展、创新之后，北京市乃至我国在卫生健康领域将成功实现"信息化—数字化—智慧化"的转变。

（二）人口老龄化给卫生健康方面带来的问题及相关措施探讨

截至 2020 年 11 月 1 日，北京市 60 岁以上老年人口总量达到 429.76 万人，突破了 400 万大关，这一数字或将意味着北京市将于 2021 年进入中度老龄化社会。人口老龄化将会是我国今后较长一段时间内的基本国情。老年人口的增长既会带来卫生健康方面的医疗、保健等需求量的增加和内容的复杂化，同时也在一定程度上掀起"银发经济"的热潮，既是机遇又是挑战。

北京市的人口老龄化兼具了老年人口规模庞大和老龄化进程明显加快的特点。北京市的老龄人口主要以 60～69 岁这一年龄段为主，在 60 岁及以上老年人口中占比高达 60％，与 2010 年相比，占比提高了 8.5 个百分点。北京市老龄化人口也给社会带来诸多难题。根据问卷调查，公众反映老龄化带来的问题主要是老年人的看病问题。一方面，随着互联网、大数据等信息技术的深入发展，大部分医院的就诊流程都不免与手机、电脑挂钩，对大多数老年人而言，就诊的流程就变得烦琐和复杂起来，成了老年人享受医疗服务的一道道"数字鸿沟"。另一方面，老龄化规模逐渐扩大、老年人平均寿命上升，都意味着医疗健康资源要更加长效地为老人服务，更多关于老年人卫生健康的需求也将不断增加，部分乡村地区的老龄化也需要更多医疗资源和服务来保障老年人的卫生健康。

在关于北京人口老龄化这一方面的调研当中，也从问卷里了解到了广大群众的渴求和一些发展性建议，结合小组的思考，主要分为以下几点：

1. 合理利用数字化解决老龄化问题

数字化是时代和历史前进的潮流，老年人群体需要缓慢甚至长久的时间来适应社会长期的数字化进程。只有数字化与老龄化能够相互协调发展，才是时代的双赢。如老年群体经常出现的慢性病，其治疗需要经过长期的医疗检测、卫生保健等过程，在信息化时代的背景下，可以为中老年人建立卫生健康档案，利用大数据实现病情追踪，尽早尽快做到预防为主，减小老年人感染慢性病的高发率[4]。这也是实现“数字适老化”的一个重要举措。另外，还可以利用机器人家庭医生，通过人工智能辅助自有医疗团队及外部医生通过网络实现在线咨询、转诊及挂号、住院安排及二次诊疗等家庭医生服务[4]。

2. 提高老年人的科学素养

以信息素养和健康素养为例，在“数字鸿沟”日益凸显的社会中，信息素养缺失使老年人难以融入当代社会，在部分卫生健康服务上得不到保障，如疫情期间健康码的使用。同时，健康素养的缺失也容易使老年人容易忽略个人卫生健康的防护，容易受到伪科学产品的欺骗和利用。因此，在推进“数字适老化”的同时，也要注重提高老年人的信息素养和健康素养等知识技能，围绕老年人日常生活提供更实用、更通俗的科普产品，开展满足老年人需求的形式多样、精准有效的科普活动，综合提高老年人的科学素养。

3. 增设医疗服务点，充分利用社区优势

当我们问及“您认为人口老龄化会带来哪些医疗和健康上的需求？”时，有人反映“在北京部分乡村地区存在医疗服务点较少，老年人自己在家行动不便，不方便就医”或“很难挂到号”等。针对该问题，有人认为应该增设医疗服务点，为老年人及时就医提供更多有利的方式和渠道。除此之外，绝大多数人在问卷中强调，保障老年人的卫生健康，需要充分利用和发挥社区优势，开发社区医疗、加强社区科普和宣传、在社区楼道增加保护措施等。养老保障和服务体系仍需要长期建立和探索，加快建设居家社区机构相协调、医养康养相结合的养老卫生健康服务体系，为应对北京市人口老龄化提供重要保障。

站在开启全面建设社会主义现代化国家新征程的历史节点上，北京市完善卫生健康体系，加大卫生健康管理力度的决策颇为重要。本文收集了来自北京市部分群众的观点，对北京市卫生健康问题进行了分析，结合当下社会所面临的问题和未来医疗产业的发展趋势提出了建设，为人民群众创造出更多的卫生健康保障机会，为进一步研究北京市卫生健康网络提供了借鉴与参考。随着人们对物质需求和精神需求的不断增加，与卫生健康相关的话题占据重要地位，公众对于卫生健康资源的迫切需求和资源分配不均衡等问题仍待解决。相信在北京市政府和各级部门坚持依法履行职能、紧密联系群众、探索科学决策的努力下，在北京市市民的积极配合下，将会构建一个令人民群众更加满意的社会环境！

参考文献

[1]李兰萍，钱永峰，丁一．加强公立医院医疗服务宣传的调查与思考[J].中国医院，2009，13(11)：68-71.

[2]王玉成，董丽．城市社区医疗服务中心建设存在的问题及对策研究[J].吉林工程技术师范学院学报，2019，35(12)：47-49.

[3]刘静，朱青．城市公共服务设施布局的均衡性探究——以北京市城六区医疗设施为例[J].城市发展研究，2016，23(05)：6-11.

[4]谈医疗数字化的建设与未来大健康的发展[EB/OL].(2020-10-16)[2021-09-30]. https://zhuanlan.zhihu.com/p/266307923.

城市治理背景下老北京胡同治理问题的研究

葛学彬　贾翀寒①

【摘　要】 老北京胡同内常住居民以及胡同参观者反映出的问题集中于狭小空间格局下带来的停车过车、物品摆放杂乱无序、房屋老旧存在安全隐患等问题。此外，商业化程度较高的胡同还存在着噪声问题、环境问题。出现这些问题的主要原因是缺乏标准化的胡同治理体系，空间格局上无法避免的限制和胡同逐渐商业化也有所影响。因此，提出可通过明晰胡同治理各责任主体的职责，协同共治；明确步行和非机动车在胡同出行中占据主导地位；同时加强相关胡同治理规定的宣传工作，使居民和游客强化意识。

【关键词】 胡同治理；标准化；协同共治；强化意识

人民对于美好生活的向往就是我们的奋斗目标，在社会主义现代化国家建设的新征程上，大城市的治理至关重要，要努力让城市"有里有面"、百姓安居乐业[1]。北京胡同承载了大量的居住人口和人民的生产、生活需求，展现了城市居民真实的生活状态，是城市真正的特色所在，同时北京胡同也承担着重要的历史文化名片的作用，繁荣发展文化事业和文化产业，提高国家文化软实力也是国家未来发展的远景目标。但随着经济社会的快速发展和旅游人口的过度集中，胡同宁静而深远的原生态已被改变，逐渐失去了往日的宁静，商业化氛围日渐浓厚，商户越聚越多，很多胡同被开发成旅游景点。加强北京胡同各方面的治理是尤为重要的。通过各方的努力最终实现既要改善人居环境，又要保护历史文化底蕴，是民之所望，政之所向。

一、胡同文化和相关问题的初步描述

（一）胡同与胡同文化简介

北京胡同最早出现在元代，最多时多达 6000 多条[2]。胡同与马路相比较窄，一般为正东正西走向，如果街道是斜的，就特别起名为斜街，例如烟袋斜街、杨梅竹斜街等。每条胡同都有独属于自己的特色，就像一座座民俗博物馆，连接着左邻右舍，记录着老北京独特的生活印记。胡同的起名方式也多有讲究，例如以胡同中明显的形象标志命名、以方位命名、以树木植物命名等。胡同一般距离闹市很近，但没有车水马龙的喧闹，可谓是闹中

① 本课题指导教师：葛学彬（北京工商大学马克思主义学院）；课题组组长：贾翀寒（人力 19）；课题组成员：王帅新（人力 19）、娄漪雯（人力 19）、史诗（人力 19）。

取静。北京人乐于与街坊邻里相处,俗话说“远亲不如近邻”,而对于邻里关系的维持,胡同在其中发挥了很好的作用。胡同文化是北京古都文化的代表之一,也可以说是北京的市民文化。胡同的方方正正影响了北京人的生活方式,反过来也正是北京人的文化造就了胡同。胡同是文化的一种载体,随着时代的变化,胡同可能会消失,但胡同文化不会,它根植在北京人的心中,它的精髓会跟随时代的发展沉淀下来并得到永久的传承。

(二)胡同存在的问题

胡同经过几百年的风风雨雨,墙壁、屋顶瓦片难免有所破损,导致居民的居住环境差,需要进行修缮。居民密度大,院落拥挤,空间狭窄,不宜修缮。同时,胡同中设施较为杂乱,有很多安全隐患难以被注意到,或者注意到了也难以解决。因为设施的老旧,胡同中供电供水经常会不稳定,因为胡同的居住空间小,更多的住房中没有配备独立卫生间。停车也是胡同中的一大问题,胡同居民的机动车无处停放,只能停在胡同里,使得胡同行车难上加难,很容易造成堵塞。现在胡同的处境可以说十分艰难,找到解决问题的方法和措施,并在保留胡同原有风貌和满足居民需求之间找到平衡点,是改善的关键。

二、北京胡同治理调研数据分析

调研数据获取方式为调查问卷和现场一对一访谈。调查问卷的发放方式为小组成员在朋友圈、QQ空间、微信群、QQ群转发链接以及问卷星互填社区投放问卷的形式让网友填写并收回。本次调研总共收回调查问卷112份,通过后台访问记录的时间,将填写时间少于30秒的问卷样本共14份进行剔除,得到分析样本总计98份。问卷涉及个人基础信息、对胡同治理等方面的看法、理想胡同应该的样子及对胡同治理的建议等问题。发放与分析该问卷旨在了解不同类型的居民对北京胡同治理一些具体方面的看法,并为北京胡同的治理发展提供建议。

(一)问卷填写者基础信息

本次调研的问卷填写者中,年龄阶段在25岁以下的填写者占36.61%,在25~35岁的填写者占32.14%,在36~60岁的填写者占22.32%,大于60岁的填写者占8.93%。利用SPSS求得年龄和认为是否认为胡同需要治理两问题的皮尔逊相关系数为0.129,得出居民年龄与是否认为胡同需要治理之间的相关性较小。另外,填写问卷的群体中有约60%为在京常住人口,40%为非常住京人口。

(二)胡同治理问题汇总分析

在98份有效样本中,利用SPSS对数据进一步分析,剔除了该试题中的7份个案缺失值,对得到的91份有效个案进行汇总分析。认为胡同存在治理问题的受访者中对于胡同存在的常见问题的择编如下:

从单个因素分析，人们认为胡同所存在问题的 3 个方面分别为胡同停车问题、胡同环境问题以及胡同内公共基础设施不完善的问题。其中交通问题占比大约为 71%居于榜首，是大多数人们所关心的，而环境问题和公共基础设施问题占比稍大于 50%居其次，胡同商业化不是多数人关心的方面，可见胡同商业化程度并不是太高，也并不是治理问题的关键所在(表 1)。

表 1　胡同存在的治理问题

选项	胡同内乱停车，交通拥堵	公共服务等基础设施不完善	胡同环境脏乱差，空气不好	房屋残旧破败，生活空间狭小，拥堵不堪	房屋违章建设	商业业态喧宾夺主，街巷文化特色展示不足	有效填写人次
人数/人	52	39	42	36	27	20	91
占比/%	71.23	53.42	57.53	47.32	36.99	27.4	

注：本调查项目为多选题。

从这 6 个选项的综合占比来分析，胡同停车问题以约 3/4 的比重居于问题榜首，公共基础设施不完善、胡同环境问题以及胡同内空间拥挤问题占比 50%左右，相差较大却也是人们心目中所看到、关心的问题。胡同商业化和房屋违章建设以 1/3 左右居于末尾。

在关联问题——公共服务基础设施的不完善具体体现在哪些方面的调查中，居前三位的分别为空中网线乱搭、公厕少且卫生差和公共娱乐休闲场所缺失，对于沿街垃圾桶数量的设置未见人们明显的不满(表 2)。

表 2　胡同公共基础设施不完善的体现方面

选项	水电供应不畅	公共休闲娱乐场所缺失	公厕数量少，环境卫生较差	空中电网杂乱，电线乱搭	市政设施杂乱无章，广告牌随意放置	沿街垃圾桶设置不多	有效填写人次
人数/人	12	21	23	25	16	9	39
占比/%	30.77	53.85	58.97	64.10	41.03	23.08	

注：本调查项目为多选题。

(三)胡同治理问题存在的原因分析

该问题上将选择了“其他”的选项视为无效数据进行了剔除，得到了 73 份样本。从单个因素分析，得到的数据整体呈相对集中趋势，可见人们对于所列举出来的可能原因普遍认同。其中因缺乏标准化的胡同治理目标而导致治理问题的出现远超出其他 5 项可能的原因，是大多居民所倾向的原因，也是后期进行治理的重点方向之所在。

从综合占比来分析，缺乏标准化的胡同治理标准占 23.43%，胡同商业化占 17.14%位居其次，人口因素、政府社区关注方面、责任监督机制和公众自我意识相差不大，占比约14%左右(表3)。

表3　胡同治理问题存在的原因

选项	过度商业化	监督责任机制不到位	公众社会意识和心理意识	缺乏标准化治理标准	人口因素	政府社区关注和治理力度不足
占比/%	17.14	14.86	15.43	23.43	13.71	15.43

（四）居民心目中优质的胡同治理该是如何

单个因素中居民心中比较关心的3个方面分别为生活性服务设施的完善、胡同院内环境的改善和胡同绿色整洁的环境，违章建筑的拆除和方便胡同停车却不是他们心中决定优质胡同治理的首要方面。

从综合占比来分析，居民心中比较关心的3个方面——生活性服务设施的完善、胡同院内环境的改善和胡同绿色整洁的环境以20%左右的占比位于前列，三者相差不大，可视作合格胡同治理的必要要求。拆除违章建筑仅以10%的占比居末尾，违章建筑的存在虽是违法，且影响胡同整体美观，但于胡同居民的居住者而言，给拥挤的生活空间提供了一个缓和，便于自己的生活，因此不乐于拆除自己违章建筑的房屋。从数据上也发现倾向于拆除违章建筑的更多为非常住京人口和非胡同居住居民(表4)。

表4　居民理想的胡同治理

选项	方便停车	环境整洁	设施完善	改善院内空间	降低胡同商业密度	拆除违章建筑
占比/%	12.26	21.94	21.94	19.68	14.18	10.00

（五）其他数据综合分析

综合分析来看，约99%的人认同胡同为老北京的一大特色，拥有充满人情味、富有生活气息、人文情怀深厚以及历史文化底蕴丰富等特点。对于胡同商业化的看法，大部分京内外游客大都认为，胡同是反映老北京胡同文化的重要景点，来到北京旅游必去景点之一，少部分胡同可能存在商业化程度比较高。针对胡同治理的依靠力量，从数据得到的前3名依次为政府、居民个人意识、出台相关的治理政策，能够感受到居民更多的还是希望能够借助政府的力量附加相关政策条文，外加居民、旅客等自我胡同保护意识的提升，来对胡同进行治理与改善(表5)。在“希望增加或改善胡同街巷哪类现有城市家具”这一问题的提问中，公共休闲服务设施，如健身娱乐设施和交通服务设施，指路牌，均占到了单项60%以上，美化丰富空间设施，如花坛、雕塑等以单项33%列于信息服务设施、公共卫生设施之后，可见人们对于装饰性质“城市家具”的需求远小于实用性“城市家具”的添置。

表 5　胡同治理依靠的力量

选项	政府	志愿者	居民个人意识	出台相关治理政策法规	社区党建、居委会	其他
占比/%	26.83	9.76	24.39	21.54	17.07	0.41

三、影响胡同治理问题的因素

不少居民反映北京胡同在治理与公共设施等方面存在缺陷，房屋残旧破败，生活空间狭小，拥挤不堪；市政设施杂乱无章，各种广告牌随意放置；公共的休闲娱乐场所缺乏等问题都是目前急需解决、不容忽视的。根据调查问卷的结果显示，有60.27%的人认为造成胡同出现问题的影响因素是缺乏标准化的胡同治理目标；49.32%的人认为胡同过度的商业化；49.32%的人认为公众的社会意识和心理素质；47.95%的人认为是监督责任机制不到位；38.36%的人认为是人口因素造成的；38.36%的人认为是政府社区的关注和治理力度不够。

(一)缺乏标准化的胡同治理体系

我国目前对于胡同管理的相关制度体系是比较落后的，在《中华人民共和国物权法》等法律法规中也没有对胡同的管理作出明确又有体系化的说明。我国政府内部各个部门之间，比如说交管局、环保局、园林绿化局等是有着自身的管理机制，各个部门也有自己部门的管理方式与内部规定，因此不同的部门往往很难进行充分的协商调理，这就造成了北京街道胡同存在管理工作方面的困难。同时，公众的保护意识也并不强烈，这也导致了胡同出现种种的问题。在胡同中生活，难免会存在居住环境狭窄、生活空间不够的现象，部分居民就会对胡同进行适当改造，虽然这便利了自己，但是也为邻居造成了或大或小的麻烦。这种对胡同的改造其实也是在法律法规的边缘游走。

(二)空间格局的限制

街巷胡同作为城市主干道的分支，大部分都比较狭窄、空间有限。如今街巷胡同中最常见的景象就是“天上有线，地上有车”，较宽的胡同两侧都停满汽车，空间不够的就只停一排。除了机动车，自行车、三轮车、从院落延伸到胡同空间中堆放的杂物和垃圾以及屡禁不止的私搭乱建，使整个街巷胡同的空间使用矛盾突出，空间尺度失衡，老街风味无存。

(三)胡同商业化

随着社会的不断发展，旅游业与商业也在不断发展壮大，北京的街巷胡同也在经历着不小的变化。胡同的商业功能比例也在不断提升，但是由于缺少统一的胡同管理与商业价值定位，店面小又破，对此的监督责任也落实不到位，胡同的整体形象也被破坏得非常严重。这类街巷胡同一般业态较为低端，店面破旧，为了吸引消费者的注意力极尽能事，广告牌匾大面积遮挡原有墙体，整体风貌破坏现象十分严重。

四、应对该问题的主要措施

（一）调研中呈现出的主要问题

根据实地的调研采访和网络问卷调查的形式，归纳总结出目前北京胡同所存在的5个主要问题：

1. 停车问题

北京胡同的宽度是比较窄的，私家车随意停放，在平时如果遇到过车的情况，行人都无法通过，影响居民的出行。如果遇到特殊的情况，还可能会影响到救护车、消防车等救援车辆的出入，带来安全隐患。

2. 噪声问题

胡同的噪声问题也是一大主要问题。胡同如果遇到临街的情况，来往过车是有很大噪声的，影响居民们的日常休息。同时，胡同里"胡同游"黄包车的特色讲解人员也会带来噪声，在旅游的旺季、客流量大的时候，一天有很多的三轮车拉着游客穿梭于各个胡同间，影响居民们的日常休息。

3. 人居环境问题

胡同街巷的基础设施存在先天不足，水、电、气、热管道线难以有机地进行及时的更新；也存在排水不畅、雨后积水等严重的问题。胡同里的一些商户为了经营方便，在店外摆放杂物，比如早点摊、五金店、电动车销售、洗车、修车等经常占用门前空间。

4. 垃圾桶设置问题

垃圾桶的设置也成了一个问题，由于垃圾分类政策的实施，一条胡同的垃圾桶变得相对集中起来，距离分类垃圾桶相对远的居民们在倒垃圾的时候走的距离要相对远一些。

5. 安全隐患问题

胡同民房一般年代久远，存在私搭乱建、私拉电线、使用大功率电器等现象，房屋的安全隐患比较突出，有的房子已经处于危房状态。胡同居民为了生活，有很多木质、纸质的东西在胡同里、大杂院里随意堆放，人居环境较差，容易造成火灾等安全隐患。

（二）相应的解决措施

根据以上胡同存在的主要问题，结合调研走访和资料查询，认为应从以下方面开展治理：

1. 明晰胡同治理各责任主体的职责，协同共治

胡同治理离不开各个职能部门的协同共治。比如，胡同的区域性总体规划、设计涉及规划和自然资源部门；胡同的房屋管理涉及市区住建委，直管公房维护修缮涉及各区

房屋管理局；胡同里的供电、燃气、供热等涉及城市管理部门，具体实施则涉及国电北京分公司、北京市燃气集团、北京市热力集团等；胡同里的供水、排水涉及市区的给排水部门；胡同的公共厕所涉及城市管理部门和环卫中心；通信管线涉及市区经信局；文物古迹涉及文物部门；胡同的路面维护、卫生保洁及两侧建筑立面涉及街道办事处或乡镇，有的通过招标方式交由社会单位，通过物业管理方式实施；开墙打洞、违法建设、乱堆乱倒等行为由城管执法部门负责查处；胡同里的古树、绿化等涉及园林绿化部门；胡同里的停车管理、停车位施划等涉及交通部门；胡同里的商户涉及市场监管部门等。各个责任主体要明晰各自胡同治理的职责，搞好统筹、协调、调度和指挥，更好地协同共治[3]。

2. 加强社会功能改造，使之更加便民

加强社会功能改造主要针对胡同居民日常所需的功能进行更新和改造。改造管线、更新用水管网系统，可以保证每家每户的独立供水的同时，合理设置排水和污水处理后的可持续利用。其次是电网，有条件的区域尽量下埋电网，在避免混乱的电线布满胡同天空的同时保障住户和行人的安全。加强社会功能改造，使之更加便民。

3. 加强胡同交通方式治理

胡同的交通方式治理，明确步行和非机动车交通在胡同出行中占据主导的地位，同时弱化对胡同机动车交通的关注[4]。对于以居住功能为主的历史胡同街区，应尽量减少、限制机动车在胡同内的通行，还胡同宁静、安全的居住环境。对于以商业、旅游功能为主的胡同区域，应依据路网特征，适当允许部分条件较好的胡同通行机动车，尤其是公交车。允许机动车通行的胡同，也不能引入过多的穿行机动车流量。并且机动车在通行权上应该弱于行人与非机动车，必须遵守限速行驶、礼让行人和非机动车等相关规定。

4. 加大宣传和监督监管力度

胡同的治理离不开强有力的宣传监督监管。加强对于胡同各责任主体职责的监督，有问题及时指出，使之更好地进行胡同的治理；对于社会功能改造上也应加强监督，以更好地监督解决胡同人居环境、安全隐患的问题。对于胡同的交通方面，在制定相关政策的同时加强监管，如有违反情况按规定惩处，更好地解决胡同停车、噪声等扰民的问题。与此同时，加强相关规定的宣传工作，使居民和广大的游客强化意识，更好地维护胡同的整体环境。

五、小结

本文结合现阶段北京胡同的空间环境现状，面对居民的现实需求进行调查研究。通过问卷调查和一对一访谈，对胡同存在的常见问题进行剖析总结，再从收集到的数据中总结出影响胡同治理问题的因素，以及应对这些问题的主要措施。缺乏标准化的胡同治理体系、空间格局上存在限制、胡同逐渐商业化等都是不容忽视的问题，这也就需要做好明晰胡同治理各责任主体的职责、加强社会功能改造、加强胡同交通方式治理、加大宣传和监督监管力度等工作，让胡同有更加整洁的环境，维护胡同生态。在实践中对有益的经验教训进行有效汲取，为当下及未来的环境品质提升工作提供恰当的理论依据及实践参考，综合提升片区经济、社会、文化、生态等综合效益，提升街巷空间环境功能活力。

参考文献

[1]国家统计局官网大数据 http://www.stats.gov.cn/.

[2]王涛．深挖胡同文化　留住城市记忆[J].北京观察，2021(06):18-19.

[3]李娟．北京街巷胡同治理面临的问题与对策[J].城市管理与科技，2019,21(05):35-37.

[4]彭敏，盖春英，陈冠男．北京老城胡同交通特征分析与规划思考[J].中国名城，2021,35(01):62-68.

北京市郊区盲道建设调查研究

——以房山区为例

袁　雷　陆丽娜[①]

【摘　要】 我国是世界上盲人最多的国家。盲人的交通出行，是一项不容忽视的民生问题。为了盲人的安全出行，北京市开展了大规模的盲道建设，几乎每条道路上都设有盲道。然而，由于盲道设计不规范、知识宣传不到位等原因，大规模的盲道建设对盲人出行并未达到理想的效果。本文通过分析房山区盲道建设的调研结果来深入探讨北京市郊区盲道建设的现状，发现存在的问题，提出可行的建议，希望能让盲道更好地发挥作用，使之能真正有效地给盲人带来安全和便利。

【关键词】 盲道；盲人出行；盲道建设

盲道，是指设置在人行道上便于视觉残障者通行的专用通道，表面由带有凸起形状的地砖铺设而成，不同的标识会使视觉残障者产生不同的触感从而达到分辨方向的目的。根据第二次全国残疾人抽样调查的结果显示，我国目前有视觉残障者1732万，其中已实名录入全国残疾人人口基础数据库的视力残疾人有400多万。本次调研主要是采用问卷调查和实地考察的方式，了解北京市房山区的盲道现状，对盲道现状存在的一些问题进行了深入的剖析，并探讨了有关问题的解决方法。这次的调查问卷主要面向北京市房山区市民，共发布404份问卷，收回404份，有效问卷404份，有效率100%。本次的问卷填写人数以18～25岁年龄段的青年为主，占比为43.31%(175人)；其次是26～45岁年龄段的人，占比为22.02%(89人)；18岁以下的少年人数占17.82%(72人)；45岁以上的中老年人占比为16.85%(68人)。

一、盲道建设现状及问题

在视觉残疾人中，双目失明的盲人在生活上极为不便，因此，关于盲道建设的调查研究对于视觉残疾人具有重要的意义。盲道建设的发展情况不仅与盲人息息相关，更是在一定程度上与城市的文明发展程度画上了等号。经过问卷调研和实地考察，北京市房山区的盲道建设在不断地发展，却也仍存在着一些问题。

(一)北京盲道建设的历史和现状

1985年，我国首次提出“无障碍设施”理念，即为了保障残疾人、老年人、孕妇、儿童

---

① 本课题指导教师：袁雷(北京工商大学马克思主义学院)；课题组组长：陆丽娜(电气191)；课题组成员：李博雅(信息191)、颜湘(电气191)、邓子谦(信息191)、闫素(电气191)。

等人群的通行无障碍，在道路、路口、公交候车站、桥梁、隧道入口等设置盲道和通信提示。随后，国家出台《中华人民共和国残疾人保障法》，规定社会应当积极采取措施，保障残疾人可以积极平等地参与社会生活。作为城市中常见的无障碍设施，盲道是视觉残疾人出行最直接也最为重要的保障。

为了让视觉残障者出行更加便利快捷，建设更加和谐平等的首都，北京市一直在努力实践。1991 年，我国第一条盲道在北京市海淀区橡胶五金厂与公交候车站之间铺设完成，此后北京市开始了大规模的无障碍建设。1999 年，北京市多个部门联合制定了《关于加强全市无障碍设施建设的意见》，市内各个地区基本上都制定了与无障碍设施建设有关的实施措施和方案。2007 年，北京市无障碍建设经验收合格，被列入我国创建无障碍建设城市行列。《北京市进一步促进无障碍环境建设 2019—2021 年行动方案》指出，北京将以 2022 年冬奥会和冬残奥会场馆周边、四环路以内地区、城市副中心为 3 个重点区域，围绕盲道、人行道、公交车、轨道交通、宾馆酒店、医疗机构等展开整治，显著提升北京市无障碍环境的规范性、适用性、系统性水平。此方案是北京市首次开展全市范围内的无障碍环境专项提升行动，标志着北京市无障碍环境建设正式全面启动实施。

（二）盲道建设存在的问题

1. 盲道建设的法律条例仍在不断完善

近年来，北京市政府不断加强盲道建设，完善了不少有关盲道建设的法律，在实际行动上做到了及时整改、保障盲道建设。2005 年，北京市政府在目标管理中引入了无障碍设施建设，各级政府签订了责任书。2009 年底，市政府部署对全市的无障碍建设情况进行了专项检查和验收，对存在问题进行了及时的惩处和整改。2012 年 6 月 13 日，《无障碍环境建设条例》由国务院第 208 次常务会议通过，自 2012 年 8 月 1 日起开始施行。2021 年 6 月，北京市十五届人大常委会第三十一次会议对《北京市无障碍环境建设条例(草案)》进行了一审。条例提出，擅自占用无障碍停车位、侵占盲道等行为将受到处罚。其中，私自占压盲道的行为可能将面临最高 30000 元的罚款。

2. 多数人不清楚盲道情况

在本次调研中，超过一半的人只会在平时走路时才会注意到盲道，其余时间也不会刻意去了解盲道；而 7.43％的人仅在些微休闲时间听到身边的亲朋好友提及盲道，或是通过手机、电脑等网络途径才会了解到盲道；甚至有 9.90％的市民在此之前从未了解过什么是盲道。在路上遇见盲道时，有 69.06％的人选择主动避让盲道，也有超过 30.00％的人在停车或是行走时不会主动避开盲道，其中占比为 5.94％的人因为看到周围有人占用盲道，也会从众性地去占用盲道。北京市从 1991 年就开始进行盲道建设，然而到目前为止，大多数市民仍是不太了解盲道，对于盲道知识的获取途径少之又少。

3. 盲道受到不同程度的损毁

自 1985 年起，北京市房山区便开始陆续对街道进行无障碍改造。在本次的实地考察中，到良乡镇周边的超市、地铁、公交候车站、街道旁等观察盲道情况，发现如今的房山区内几乎每条大街小道都铺设有盲道，并且有些盲道设计合理，道路整洁干净。例如，良宫大街、地铁大学城西站区域，盲道均无任何损坏的痕迹，整洁干净，且没有被行人或是车辆占用的现象。除此之外，在人行道上也设置了盲道坡道，甚至十字路口增加了盲人语音提示信号灯，方便盲人出行，也增加了安全保障。

然而，盲道维护优良却只是少数的情况。据本次调研，47.28％的人曾看到过盲道被占用或者受损，更有21.29％的人群表示，几乎每条路上的盲道都被占用或者已经损坏。从数据上看，盲道受损或是被占用已成为一种常态。调研发现，有54.91％的人看到过盲道被路边商人小贩摆摊占用，75.14％的人看到盲道在人流量多的区域被行人占用，74.28％的人看到盲道被私家车或共享单车等车辆停放占用。在房山区内，有多地出现盲道被占用的现象，例如，北关西路街道各商店门口的盲道被各种各样的车辆占用，拱辰街道的十字路口也有大量共享单车占用盲道等。同时，盲道不仅被大量占用，而且出现了年久失修、人为性破坏等损坏的不良情况。调研数据显示，有56.94％的人看到盲道部分瓷砖出现松动，66.47％的人看到盲道瓷砖碎裂或者破裂，67.92％的人看到盲道道路凹凸不平。不仅如此，当地大部分的市民均认为，盲道存在着设计上的不合理性，例如盲道中间有障碍物、盲道半路被中断、盲道宽度太狭窄等。

由此可见，多数盲道都存在不同程度的损毁以及不合理性。

二、盲道问题的原因分析

盲道建设的初心是让盲人的出行既安全又方便，让盲人与外界有更多的交流沟通。而如今盲道存在的一些问题使得盲人对自身的社会认同度在不断地降低，游离在社会群体之外，这显然与盲道建设的理念背道而驰。经过调研以及深度剖析，盲道现存的问题具有以下原因：

（一）对损坏盲道未及时修护

盲道不仅得“有”，还得让其“用”。根据调查问卷，约有82％的人认为，相关部门管控力度不够，在盲道损坏后不进行及时修补。在实地考察中，盲道部分或整体性破损及缺失的现象在北京市房山区很多地方仍然存在。然而，盲道的大量损坏会大大增加盲人出行的安全隐患。盲道的维护管理工作涉及城管、交管、路政以及街道办等多个部门，同时维护工作繁杂，且成本高，若相关部门之间责任分工不明确，则很难落实安全高效的盲道后续管理工作，损坏的盲道未得到及时的维护，盲人便会由于盲道长期的破损和缺失而得不到充分的安全保障。

（二）盲道的法律体系未完善

完善的法规是有效开展盲道建设的前提和保障，是各部门行使职能的有力依据。据调研数据统计，约62％的人认为法律法规体系不完善，从而助长了盲道被占用的现象。目前中国的盲道建设法规并不完善，对各部门在盲道建设中所需要行使的职能和责任没有一个明确的界定和划分，导致很多职能部门在开展盲道建设过程中，出现了工作不到位、敷衍执行、"打折"执行等不良现象,更严重的甚至出现偏差。如果政府不加大力度完善相关法律措施,盲道被占用和破坏的情况不加以整改,盲道终将形同虚设。

(三)街道设计及规划不合理

《中华人民共和国道路交通安全法》第三十四条规定:"城市主要道路的人行道,应当按照规划设置盲道。盲道的设置应当符合国家标准。"由此,盲道建设的合理性是盲道建设的关键一步。调研数据显示,44%的人认为道路设计过窄,当人流量过大时,多数市民通行时便会挤占盲道;52%的人认为街道停车区域狭小,加之庞大的车辆数量,导致停车位紧张,车辆停放困难,从而导致私家车、共享电动车以及共享单车等大量占用盲道,其中共享单车占用最多。"共享时代"的初衷是给公众的出行提供便利,但在一定程度上,大量共享单车、共享电动车的出现反倒让盲道变成了"忙"道;62%的人认为街道规划不合理,一些公用设施占用盲道,例如在盲道上修建电线杆、井盖、围栏等,使得盲道在半路上被截断。

(四)对盲人的重视程度不够

盲道的建设发展,与盲人息息相关。据调查统计,66%的调查对象认为,政府及相关部门对视觉残障者的重视程度不够。大多数人认为由于盲人占比小,由此政府以及社会大众对盲人的重视程度不够,从而对于盲道投入的资金较少,导致绝大部分的盲道并不能有效地帮助盲人日常出行和生活,甚至还会给盲人造成更多的困扰。盲道设计的初衷是服务于盲人,若对于盲人关注不够,不清楚盲人的真正需求,则盲道便无法给予盲人精准的服务,因此,盲道的建设便也只是一种摆设(图 1)。

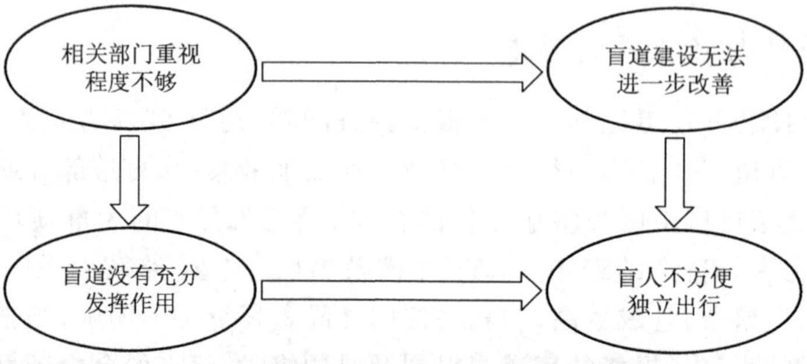

图 1 对盲人不够重视造成的不良后果

(五)盲道知识宣传力度不够

盲道的发展,不仅在于"多",更在于"精"。调研数据显示,72%的人认为盲道被大量占用,源自于市民对盲道的理解和认识不到位,甚至有 10%的人几乎从未了解过盲道。对于盲道的不了解导致他们在行走时无意识地去使用盲道,甚至会因为猎奇心理,故意在盲道上行走。而据实地考察,几乎每条街上都没有设置盲道相关的标志或是贴上有关盲道的海报等，甚至通过网络媒体能够了解到的盲道知识也很少。盲道的治理和发展离不开每个市民的参与，盲道知识的宣传力度不高，导致目前许多公民都还没有树立起保护盲道的意识和理念。

三、盲道问题的解决策略

习近平总书记曾说："残疾人的事业是春天的事业，是一个浩繁的社会系统工程，不可能完全由政府包下来，需要广泛动员社会各界和各方面力量开展扶残助残活动。①"盲道建设不只是政府机关的责任，不只是盲人的事情，而是关乎每一个人、关乎整个国家的事业。

（一）规范盲道设计和施工

按照国家盲道标准，盲道应当按《无障碍设计规范》（以下简称《规范》）设计，施工必须按图纸进行，不能随意更改设计，实施无障碍的范围是人行道、过街天桥与过街地道、桥梁、隧道、立体交叉的人行道、人行道口等。与此同时，在设计和施工的过程中还应坚持以下原则：

1. 便利性

盲道在人行道上的布置应以方便通行为基准，避免靠近人行道外侧缘石和附属设置带，遇有电杆、井盖等障碍物需绕行避让，在路口转弯、地下通道、公交车站等处要绘制铺砌。

2. 安全性

盲道通常依存在人行道上，并且与其他建筑相辅相成，因此在设计盲道时，需要考虑盲道与周边环境的协调，尽量避免周边其他建筑和设施对盲道造成不良影响。目前有的城市出于交通组织和管理需要，把非机动车道改迁到人行道上，如此便会增加盲人行走在盲道上的安全隐患，这是不可取的。

3. 人性化

视觉残障者主要通过触觉、听觉感知外界，因此盲道便需要及时、准确地为盲人提供交通信息。例如，在公交站台、医院、商场、公厕等特殊地段，可以设置语音提示系统，指引视觉残障者行进方向以及前方信息。此外，语音系统应当模仿真人发声，并且音量足够大，确保盲人能够准确清晰地听到内容。

（二）加强管理及维护工作

在盲道建设的发展过程中，唯有政府完善相关法律体系，将盲道的管理及维护工作落实到位，全国人民凝聚一心，才能将盲道建设得更好。

1. 完善相关规定，加大惩罚力度

严谨完善的法律是盲道发展的根本保障。据调研数据，近50%的人认为，政府应

---

① 1990年，时任福州市委书记的习近平在福州市残联会议上说。

进一步完善盲道有关的法律体系，制定相关地方的法规和技术规定，明确各监管部门的管理工作，对盲道管理做到严格把关、定期检查、及时维护。可加强无障碍交通设施与其他交通规划的协调建设，如通过解决停车位紧缺的问题，从而减少车辆占用盲道的现象。同时，对各种随意占用、破坏盲道的行为，若予以警告和处罚的处置方式，则会进一步提高盲道的完好率和使用率。调查研究显示，73.51%的人认为，占用盲道需罚款处置；71.78%的人认为长期占用盲道可按违法行为处置。

2. 实行群众监督，提供反馈渠道

“群众的眼睛是雪亮的。”盲道的治理应当接受广大群众的监督，建立信访、举报热线、实行有奖举报制度等，只要公民发现盲道有关的问题，都可以及时向有关部门反映检举，要求对其做出整顿。盲道的治理离不开每一位公民，所有公民都应当参与到保护盲道、关爱盲人的行动中，自觉肩负起监督盲道使用的责任，提高对弱势群体的关爱意识。同时，政府部门应该建立盲人专门的渠道，收集盲人反馈的意见，从而能够及时发现盲道问题，做好盲道管理维护工作，使盲道通行更加顺畅，让盲人的出行得到更好的保障。

3. 加大宣传力度，重视盲道教育

据调查数据，多数人对于盲道一知半解。政府应当加强盲道的宣传力度，在各大商店、公交站、地铁站等地粘贴有关盲道知识的海报，在各大街道人行路上增加盲道相关的标识，在网络媒体上发布更多有关盲道的知识以及盲人的生活信息，开展无障碍设施建设示范社区评比活动等，利用各种渠道进行盲道宣传，让更多的公民了解到盲人的艰辛，意识到保护盲道的重要性，主动协助盲人出行。同时，政府也需重视无障碍教育，可开设无障碍课程设计教学，规定专门的教材和学时，举办关于盲道的知识竞赛等，给学生们传授无障碍知识，使学生从小就接触到盲道知识，从而树立保护盲道的意识，更好地保护盲人、关爱残疾人。

（三）完善相关配置和服务

在坡道、交叉路口等场景，盲人出行非常不便，因此，在特殊地段完善盲人的相关配置服务，是促进盲道建设发展的重要方向。调查数据显示，如果对其进行优化改进，61.14%的人认为可以设置语音提示，提醒盲人前方有特殊路段；38.12%的人认为可以在盲道上设置清晰的盲文，让盲人分辨出方向。

1. 设置坡道扶手

综合调查结果认为，可以在进入坡道、人行天桥等场景前的盲道设置压感区段，盲人通过时可提醒盲人前方有特殊路段。此外，在路面高程突变的人行道上，避免使用台阶，尽可能使用坡道替代。坡道上要做好防滑措施，并配置安全扶手，在扶手上雕刻出盲文，方便盲人辨识出前方路段。

2. 设置导盲路牌

盲道两侧宜设置高度为1.3米左右的导盲路牌，距盲道边缘0.6～1.0米，这样既不干扰盲人行走，又便于触摸。使用提示盲道与行进盲道组合，指向性地提示导盲路牌的位置。路牌上设置明文和简洁扼要的盲文，使盲人能准确地获取交通信息，同时对行人起到提醒作用。

3. 采用交通提示

在公交站、十字路口等人流量多的路段，可采用音频、语音、震动、可触摸特殊标志、盲文等方式向盲人传递交通信息。通过语音定位装置指示并引导盲人通过街道，通过信号状态提示音和语音信息组合，简单明示位置、通行方向等。提示的语音应具有朝向人行横道线的指向性，且在相对嘈杂的环境中易于盲人识别，同时也能检测并适应不同环境背景的噪声，自动调节其输出音量，以免干扰到周围居民的日常生活。此外，交通信号声响提示装置的安装，应避免不同行进方向共杆安装，在空间距离较近时应保证语音信息的表达足够清晰，避免出现输出混乱而导致错误指示。

4. 完善导盲服务

随着深度学习、语音识别和人机交互等技术的不断发展和进步，在导盲服务方面，越来越多更智能化的导盲装置被研制出来。国内应重视关于可穿戴式导盲装置的研究，可通过摄像机采集元素，采用计算机视觉技术处理图像，最后将处理结果通过语音合成技术转换成语音信号并输出，引导盲人准确地在盲道上行走，进一步为盲人的出行提供安全保障。

硬件设施的改进需要大量的成本以及时间，在目前阶段可做好导盲人工服务。依靠经过专业培训的导盲服务员和志愿者，帮助盲人出行，护送盲人行走，为盲人外出提供便利。此外，对导盲犬也可加大资金投入，允许盲人携带训练有素的导盲犬进出各种场合。

习近平总书记说："中国梦是民族梦、国家梦，是每一个中国人的梦，也是每一个残疾朋友的梦。[①]"唯有不断地加强盲道管理以及维护，加大盲道宣传力度，重视盲道教育，让更多的人民走进盲人的生活，才能真正构建衣食无忧、安居乐业的美好社会。

---

① 2014 年，习近平在北京会见第五次全国自强模范暨助残先进集体和个人表彰大会受表彰代表时强调。

当代中国网络治理实践与经验

——基于“清朗·‘饭圈’乱象整治”专项行动的调查研究

张彦琛　段瑜萌①

【摘　要】 随着粉丝数量的增加，粉丝经济不断发展，“饭圈”这一名词应运而生。饭圈是粉丝圈子的简称，饭圈在发展的过程中逐渐形成“饭圈文化”，饭圈环境直接影响到网络环境的和谐。近年来，饭圈乱象频发，多次引发公众舆情，这一现象引起了研究者的重视。2021年全国范围内开展的“清朗·‘饭圈’乱象整治”专项行动，是我国网络治理的又一生动实践。本研究通过问卷与访谈的形式了解不同人群对饭圈乱象的认识，运用数据与统计分析，结合当下热点，联系实际个案，探究饭圈乱象产生的原因及整治措施等问题，为当代中国网络治理提供新的政策视角。

【关键词】 饭圈；网络环境；清朗行动

一、研究问题的背景及意义

（一）研究背景

1. 当代中国网络治理现状

随着中国互联网的从无到有、从小到大、从弱到强，当代中国的网络治理也呈现出不断完善、日臻成熟的演进过程。在长期的治理实践中，“在党的坚强领导下，我们探索走出了一条具有中国特色的互联网治理之路，为全球互联网治理创造了中国经验，贡献了中国智慧”。[1]

从党的十七大提出“加强网络文化建设和管理，营造良好网络环境”，到十八大提出“加强网络社会管理，推进网络依法规范有序运行”[2]，中国网络治理积累了丰富经验。2014年2月，中央网络安全和信息化领导小组成立，标志着中国互联网发展与治理进入一个崭新时代。党的十九大首次提出“网络综合治理”，随后，《中共中央推进国家治理体系和治理能力现代化若干重大问题的决定》进一步提出“全面提高网络治理能力，营造清朗的网络空间”，这些都明确地对网络治理作出了要求和规划。

2. 清朗行动

2021年6月15日，中央网信办决定在全国范围内开展为期2个月的“清朗”系列

---

① 本课题指导教师：张彦琛（北京工商大学马克思主义学院）；课题组组长：段瑜萌（金融201）；课题组成员：王姗姗（金融201）、邓乐怡（金融201）、李雅云（金融201）、李佳蔚（金融201）。

专项行动，重点整治网络违法违规问题，力求遏制网络乱象滋生及蔓延，构建清朗网络空间。具体包括以下内容：(1)“清朗·整治网上历史虚无主义”专项行动；(2)“清朗·春节网络环境”专项行动；(3)“清朗·算法滥用治理”专项行动；(4)“清朗·打击网络水军、流量造假、黑公关”专项行动；(5)“清朗·未成年人网络环境整治”专项行动；(6)“清朗·整治 PUSH 弹窗新闻信息突出问题”专项行动；(7)“清朗·规范网站账号运营”专项行动；(8)“清朗·整治网上文娱及热点排行乱象”专项行动。

(二)研究意义

1. 饭圈乱象问题日益突出

近年来，无底线追星行为和各类乱象多次引发社会舆论关注。饭圈乱象问题日益突出，亟待重点整治。

2. 整治网络环境的需要

从《中华人民共和国网络安全法》到《网络信息内容生态治理规定》，再到国家网信办出台的“微信十条”“直播新规”等，针对网络环境治理的法律法规越来越完善。饭圈乱象是泛滥的网络失范行为的典型表现，整治饭圈乱象是整治网络环境的必然要求。国家要净化网络空间，饭圈这一重要阵地不容忽视。

3. 相关研究的欠缺

“清朗·‘饭圈’乱象整治”专项行动在 2021 年提出，网络上可查到的数据十分有限。有关该课题的相关研究目前较少，这使得本研究少了很多可借鉴的文章，但同时也使其具有更重要的价值和意义。

二、整治饭圈乱象的理论

(一)饭圈现状

“饭圈”指粉丝自发形成的文娱社群。随着饭圈文化的日益发展，目前饭圈由追星粉丝自发组成的文娱社群逐渐发展成为有组织、专业化的利益圈层[3]，存在于这种“文化”中的问题也随之暴露。

1. 氪金①

氪金在饭圈十分常见，主要目的是帮助偶像获得优质资源，大致有 3 种途径：选秀综艺、产品代言及集资宣传。

选秀综艺兴起于韩国，这类综艺依据练习生的粉丝助力值进行选拔淘汰。2021 年某选秀综艺中，众多“一轮游②”练习生粉丝认为节目公布票数与集资情况不符，后发现部分练习生工作室骗取他人粉丝的筹资，引出“饭圈大型骗票事件”。“骗票事件”涉及

---

① 在网络游戏中充值的行为。在饭圈指粉丝为偶像花钱。

② 指在选秀综艺中第一轮就被淘汰，即只参加了第一轮比赛。

的诚信问题影响深远，饭圈中此类恶劣事件层出不穷。

如今的品牌营销中，品牌方基于艺人的 KPI[①] 选择明星代言为较常见的营销方式。为给偶像冲 KPI，饭圈粉丝各显神通。

饭圈成立后，饭圈领导人会提前集资并向地铁等人多之处投放广告。集资宣传是氪金里问题最少、负面影响最小的方式。一些素质较高的饭圈会将部分资金捐入福利院等地，为偶像博得好感。但同时需要注意集资应量力而行，且未成年人不得参与集资。

2. 网络暴力

在网络世界中，键盘侠对某件事情进行评头论足、引导舆论风向、语言暴力他人的现象无处不在。

饭圈是娱乐圈的缩影，饭圈网暴注定不会在饭圈结束。饭圈中双重标准、道德绑架严重，饭圈乱象已严重影响网络环境。

3. 无脑应援[②]

科学技术不断发展，网络平台不断壮大，饭圈出现了各种应援方式，其中最常见的线上应援方式为打榜[③]、控评。

饭圈打榜数据很大程度上决定偶像的资源，饭圈粉丝会分为打投组、控评组等进行组织活动。

当网络平台出现一条与偶像有关的微博时，粉丝会迅速进入评论区，或辟谣或安利[④]，控制舆论走向。

（二）“清朗·‘饭圈’乱象整治”的具体内容

1. 诱导未成年人应援集资、高额消费、投票打榜等行为

我国未成年粉丝参与集资应援的比例达到 8%[⑤]。未成年人心智尚未成熟，消费观念尚未成型，依靠父母的经济援助支持偶像。“清朗·‘饭圈’乱象整治”行动关闭大量诱导集资的账号、群组，拦截下架涉嫌集资引流的小程序 39 余款[⑥]，严禁未成年人参与集资打投，营造清朗网络空间。

2. 饭圈粉丝互撕谩骂、拉踩引战、造谣攻击、人肉搜索、侵犯隐私等行为

许多粉丝侮辱、诽谤其他明星，引发争端；过激粉丝对素人进行人肉搜索、人身攻

---

① 绩效评价，可简单理解为该艺人能为品牌方带来的价值。

② 为偶像加油打气。

③ 当偶像在某活动中需要排名上榜，则粉丝将会利用手中的账号疯狂打投，为偶像赢得一席之地。

④ 网络流行语，指“诚意推荐”或“给……打广告”。

⑤ 数据来源：《2020 年全国未成年人互联网使用情况研究报告》。

⑥ 数据来源：多款追星应用下架“饭圈”乱象整治成效如何？. https://baijiahao.baidu.com/s?id=1708598168322327709&wfr=spider&for=pc.

击；黄牛贩卖明星隐私……此次行动累计清理负面有害信息15万余条，处置违规账号4000余个[①]，严格管制饭圈造谣传谣、引导群体对立的行为。

3. 鼓动饭圈粉丝攀比炫富、奢靡享乐等行为

不同饭圈的粉丝对比偶像排名，组织粉丝进行打投提升排名；在偶像的代言等官宣后，粉丝间相互攀比而盲目加大购买量……此次行动已关闭处理800余个不良话题[①]，意在正确引导网民的价值观、消费观。

4. 以号召粉丝、雇用网络水军、"养号"形式刷量控评等行为

在偶像遭到恶意评论时，饭圈"控评组"会及时雇佣网络水军引导舆论走向，更是出现了职业水军"养号"刷评的产业链。此次行动严厉打击围绕饭圈所形成的灰色、黑色产业链，加强社会合力，治理饭圈乱象。

5. 通过"蹭热点"、制造话题等形式干扰舆论，影响传播秩序行为

多数经纪公司存在制造话题、"蹭热点"的营销手段。制造的话题大多为绑定、拉踩宣传，进行舆论干扰。此次行动要求加大对经纪公司等群体的管理力度，对于不良话题采取特殊手段，限制其在网络中传播。

三、调查结果分析

（一）背景

1. 研究思路

对于饭圈乱象整治，目前并没有统一的调查问卷予以测定。本小组自行拟定调查问卷并通过网络随机发放。调查回收231份有效问卷，对象涵盖不同性别和4个不同年龄阶段。问卷回收结束后，小组拟定访谈提纲，随机选择受访者进行深入访谈，进一步了解情况。结束这两项工作后小组对调查问卷进行统计分析、处理数据，并根据结果对饭圈整治中可能存在的问题提出合理的解决建议。

2. 研究方法

（1）文献法。通过CNKI学术期刊、知网等以及在北京工商大学图书馆查阅的大量资料了解对饭圈乱象整治的研究现状。

（2）问卷法。本研究选取了来自不同地域、不同年龄段的人群。问卷调查分两个阶段：第一阶段为2021年8月6—8日，为问卷设计阶段；第二阶段为2021年8月13—15日，为问卷发放与回收阶段。

本次调查共发放240份问卷，回收有效问卷231份，有效回收率为96%。

（3）深入访谈法。本研究通过选取部分大学生为访问对象并且以问卷为基础设计了访谈提纲，包括询问其对饭圈文化的态度、接受程度等。

---

① 数据来源：多款追星应用下架"饭圈"乱象整治成效如何？. https://baijiahao.baidu.com/s?id=1708598168322327709&wfr=spider&for=pc.

（二）调查人员概况介绍

此次问卷调查总有效人数 231 人，其中女生占 74.46%，男生占 25.54%。追星的占 27%，完全不追星的占 34%，喜欢某些明星但算路人的占 39%，超过六成的人对明星有关注。我国第七次人口普查数据男女比例为 105.07 : 100[4]，调查群体中女生占比高于国民女性人数百分比，因此推测女生可能在追星群体中占多数。同时也有不少男生追星，说明追星具有性别上的普遍性。

根据调查结果，调查人员年龄组成大多是 18～25 岁，占 89.18%；其次是 26～45 岁，占 6.06%，18 岁以下和 45 岁以上占极少数。鉴于网络问卷调查和生活圈层的局限性，可能有更多的 18 岁以下和 45 岁以上的人员未被调查到，但据其他资料[5]显示，追星群体中 20～29 岁粉丝占比最高，达 71.2%。综合来看此次数据仍具有借鉴意义。这表明追星的人群在青少年比较集中，向两边分散。

造成这一现象的原因可能是青少年这一群体对互联网的接触较多并且对影视作品、电视节目里的明星群体关注更为密切。再者，由于年纪尚轻，青少年可能人生观、价值观、世界观还未成熟，对他们来说，明星和饭圈的亮丽形象更具吸引力，并且，青少年处于人生的一个探索阶段，有些人可能盲目追随明星的爱好，由此加剧饭圈乱象。

（三）明星和饭圈现状概述

1. 不良风气盛行，青少年深受其害

青少年是追星群体的主要力量，也是深受饭圈不良风气荼毒的主要群体。调查结果显示，51.08%的人认为明星对青少年的影响消极大于积极，81.82%的人认为饭圈的部分风气对未成年造成了不良影响（表 1、表 2）。不能剥夺青少年追星的权利，但也应该对其非理性追星进行整改、限制。

表 1　您认为明星对青少年的影响

选项	消极大于积极	积极大于消极	没有影响
占比/%	51.08	40.69	8.23

表 2　您认为粉丝文化有哪些消极影响（多选）

选项	受访人数/人	比例/%
引导过度消费	182	78.79
流量至上，数据造假现象严重	186	80.52
部分风气对未成年人造成不良影响	189	81.82
缺乏理性思考，引导粉丝互相攻击	197	85.28
占用粉丝大量时间精力，影响现实生活	152	65.80
没有明显消极影响	6	2.60
其他	1	0.43
本题有效填写人次	231	

在追星的青少年群体中，未成年人不在少数，在面对与自家偶像相关的事情时，更易受不良风气的影响，冲动行事。而娱乐圈艺人的个人品质良莠不齐，甚至存在道德品质败坏的人，对此，青少年更需要得到指导和保护。

专业能力不是明星的唯一评判标准，高颜值更不是艺人进入娱乐圈的通行卡。当前许多明星不仅专业能力堪忧，其品行更是令人质疑，却能“俘获”大量“粉丝”。这样的明星艺人不仅会扰乱公序良俗，更会对社会大众、对青少年造成不可估量的负面影响。在深入访谈时，受访者更是直言未成年人是受饭圈乱象影响最大的群体。

受访者 A：我认为未成年人受饭圈影响最大，未成年人不理智追星的例子并不少见。甚至不少犯罪分子看准了未成年人易被冲昏头脑这一点，对其实施诈骗。

2. 粉丝经济过度内卷，价值观被流量裹挟

受访者 B：不同以往，现在的粉丝群体无论是内部还是外部都过于内卷，内部更是被绑架消费，仿佛作为一名粉丝，若是不为自家偶像花钱，就没有喜欢的资格，更是无法融入粉丝团体，备受排挤。

从受访者的话语中，不难看出粉丝经济过度内卷问题已到了异常严重的地步。最初的粉丝经济只在于买明星周边(明星后援会或粉丝以明星形象制作的物品，如台历、明信片、杯子、抱枕等)，买票看电影、演唱会等方面，并不存在过度内卷现象。不知何时起，粉丝的经济行为开始转变为艺人打榜、投票、应援等。为偶像打投甚至成为粉丝的“基本素养”，疯狂、畸形的粉丝经济愈演愈烈，形成了如今过度内卷的局面。

粉丝经济过度内卷只是饭圈乱象的一方面，更为严重的是被流量裹挟的价值观扭曲。追星或许是为了成就更好的自己，但并非偶像走的每一步都值得我们追寻。

3. 资本运作，操控饭圈神经

受访者 C：如今的饭圈，资本在背后操控的成分较大，也是造成乱象的主要因素。整治饭圈乱象，应抓住资本这一背后“推手”。

饭圈文化畸形受多方面因素影响，非一朝一夕形成。结合表 3 和访谈记录可知，人们认为流量至上、资本运作以及粉丝缺乏理智是造成粉丝不良行为、网络环境差的主要因素。并非所有粉丝都能理智看待与偶像相关的事情，相反，受主观因素影响，更难客观看待事情。粉丝缺乏理智是造成饭圈乱象的一大原因，但若是追根溯源，其中不乏有资本背后引导的嫌疑。

表 3　您认为造成粉丝不良行为、网络环境差的因素有(多选)

选项	受访人数/人	比例/%
流量至上，资本运作	207	89.61
粉丝缺乏理智	202	87.45
明星错误引导	153	66.23
其他	3	1.30
本题有效填写人次	231	

“饭圈”就像一个生态链，艺人发展是有竞争压力的，而资本才是这场游戏规定的制造者[6]。在畸形的饭圈文化下，流量已然成为衡量艺人的标准。没有流量，便制造流量。资本方借助艺人实现自己的商业目的，为饭圈的嚣张与疯狂推波助澜，利用粉丝打榜、集资，甚至引导粉丝非理性消费来实现经济收入。究其根本，资本运作是为了追求利益。

4. 多措并举，严整饭圈乱象

自国家开启“清朗·‘饭圈’乱象整治”专项行动以来，取得了阶段性的成效，但就行动自身来说，人们的了解程度并不高。调查结果显示，人们对该专项行动的平均了解程度仅有 36.52%。对整治效果而言，超过一半的人认为效果一般，只有 15.58%的人认为效果显著(表 4)。

表 4　您认为“清朗·‘饭圈’乱象整治”行动的效果怎样

选项	效果显著	效果一般	效果甚微	没有效果
占比/%	15.58	58.01	19.92	6.49

近年来，饭圈各种不良现象层见叠出，整治饭圈已刻不容缓。从表 5 看，43.29%的人认为整治的关键在于相关法规的制定。划好法律法规的高压线，让人们意识到什么是绝不能触碰的，即便是在网络上，也应该时刻有着为自己言行买单的意识。网络风气的正确引导也是至关重要的，青少年是网络群体的主要组成部分，不良网络风气易给青少年们形成错误示范。偶像以身作则对于粉丝行为的影响是巨大的，整治饭圈的同时，对明星的整改也不能忽视。对于如何整治饭圈，受访者也发表了自己的看法。

受访者 D：整治饭圈并非整治某一个群体，清朗网络空间的关键也不在于某一方的规范与整治。制定相关法规、整改各大节目平台、明星以身作则、粉丝自我约束，只有多措并举、多方共同努力，才可能彻底解决乱象问题。

表 5　您认为整治粉丝不良行为、清朗网络空间的关键措施

选项	经济文化发展	网络风气引导	偶像以身作则	相关法规	其他
占比/%	3.90	33.76	17.75	43.29	1.30

四、整治饭圈乱象的建议

(一)自我人格的完善

1. 粉丝正确认识自我

粉丝除了扮演明星的粉丝以外，还在社会中有着学生、打工者、为人父母等角色。切忌无底线追星、过度消费、为了流量拉踩甚至人肉等恶性行为。

2. 明星塑造良好性格、品质

明星在具有一定的外貌优势和其他优点的同时，也不可避免地有一些缺点。作为一名备受关注的明星，要注重自己的个人修养，塑造良好的性格、品质至关重要。

（二）社会主体发挥作用

1. 建立明星评比体系

流量至上的理论，让粉丝从一个打榜到下一个打榜，不断上演庞氏骗局，用大量的造假流量把故事讲下去，催生的只是泡沫，制造的是虚假繁荣[7]。建立健康、公正的明星评比体系，才能真正杜绝不良的粉丝行为。

2. 完善明星评比机制、建设良性饭圈文化

目前明星人气评比中，流于外部一眼可见的人气值、转发量，并没有积极开发建设良性的饭圈文化。文明饭圈的内涵不仅包括在数据等外观层面，更应体现在明星的素质、道德等方面。粉丝经济暴露出盲目性，出现市场失灵时，就需要政府进行合理的纠偏。需梳理产业链中“粉丝—平台—资本—明星”等各环节，对出现的灰色地带进行“精准滴灌”式监管。例如，取消诱导应援打榜功能、强化账号管理等。从长远来看，唯有明星“供给侧”的质量改善，才是整个产业高质量发展的正确之路[7]。

3. 落实政府部门监管工作

在微博等各种平台上，对不符合社会主义价值观的明星行为进行严厉打击，对我国文艺事业有贡献的人物进行表扬。取消靠数据催生出的明星榜单，营造一个良好的文娱环境，让粉丝真正看到哪些星该追，值得追。

参考文献

[1]陈家喜，张基宏．中国共产党与互联网治理的中国经验[N]. 光明日报，2016-1-25(1).

[2]黄楚新，曹曦予．论中国共产党的网络治理领导能力[J]. 科技与出版，2021(7)：46-54.

[3]王静．青少年追星调查：警惕饭圈思维侵蚀主流价值观[J]. 家长，2020(8)：5.

[4]国家统计局．第七次全国人口普查公报[1](第四号)——人口性别构成情况[EB/OL].(2021-05-11)[2021-08-27]. http://www.stats.gov.cn/tjsj/tjgb/rkpcgb/qgrkpcgb/202106/t20210628_1818823.html.

[5]梅麟．多管齐下整治“饭圈”乱象[N]. 安徽日报，2021-07-07(9).

[6]刁静严．“饭圈”乱象怎么治[N]. 中国城市报，2021-08-16(A14).

[7]单镜宇，陈建慧．过度内卷！被透支的粉丝经济该治一治了[N]. 央视网评，2021-08-22.

生态治理视域下中国新能源发展的调研

孟繁宾　陈诺楠①

【摘　要】 人们生产生活不可缺少能源，但大量消耗必然会对环境造成严重的影响，而我国又是能源消耗大国，面临着经济建设和生态文明建设的双重考验。习总书记指出，“绿水青山就是金山银山”，因此新能源的开发与利用是进行生态治理不可或缺的一部分，新能源发展作为能源供应的保障，同时能够有效地保护环境和改善生态。本文通过对新能源发展历程及现状的分析，调研新能源普及过程中存在的问题，对新能源的发展提出一些具体的建议，希望能够通过降低门槛来激发大众的购买兴趣，同时推进技术革新，以建立资源节约型和环境友好型社会。

【关键词】 生态治理；生态文明；新能源

《中共中央关于党的百年奋斗重大成就和历史经验的决议》指出：“保护生态环境就是保护生产力、改善生态环境就是发展生产力。”新时代如何在经济迅速发展的同时保护生态环境成为要思考的问题。人类过度使用能源，会对环境造成严重污染，同时也会引发能源危机。由此可见，推进新能源的发展，从源头上解决能源浪费、环境污染问题是大势所趋[1]。因此，对于新能源发展历程和现状的研究分析更加有利于新能源产业及时调整和优化产业结构，也能为政府在扶持推动新能源产业发展普及的过程中提供一些参考建议。

本次调研主要采取问卷调查与线上访谈相结合的方式，调查问卷是由小组成员邀请相关人士线上进行填写并回收的，共发出调查问卷 105 份，回收 105 份，回收率达 100%。访谈工作是由小组成员与典型代表进行沟通交流后整理完成。

本次问卷调研人群主要集中在 18～25 岁，占比 92.38%。绝大多数参与调研的群体接受过高等教育，其中大学本科或专科人数占比达到 85.71%，硕士及以上占比 4.76%。

一、新能源的概念及种类

（一）新能源的概念

新能源是传统能源之外的各种能源形式，是指刚开始开发利用或正在积极研究、有待推广的能源，如太阳能、地热能、风能、海洋能、生物质能和核聚变能等。新能源的各

① 本课题指导教师：孟繁宾（北京工商大学马克思主义学院）；课题组组长：陈诺楠（财务 192 班）；课题组成员：严妍（财务 192）、李晓彤（财务 192）、王格悠（财务 192）。

种形式都是直接或者间接地来自于太阳或地心所产生的热能，主要包括各种可再生能源和核能①。

相较于传统能源可能带来的环境污染、对人体健康造成的危害，新能源不仅储量大，而且清洁环保，可实现二氧化碳等污染物质低排放或者零排放。

新能源产业的不断发展，既是我国一些能源短缺的解决办法，为能源使用提供新思路，同时也对环境保护和生态治理起到重要作用，能够更好地满足人类社会的可持续发展。

（二）新能源的种类

新能源的种类包括风能、水能、太阳能、核能和生物质能等。在调查访谈中发现，大部分人对于太阳能的了解更多一些，达到89.52%，其中有79.05%的人家中使用过太阳能热水器；对于风能和水能了解的人数占比也较高，分别占88.57%和87.62%。总体来说，受调研群体对于新能源的了解较多，并且大多数人都认为新能源具有良好的发展前景。

二、新能源的发展历程

中国新能源产业建设规模不断壮大，科学技术不断革新，产业间国际竞争力逐渐加强，对减轻环境污染和碳减排贡献巨大。新能源产业快速兴盛，发展新能源可以高效维护能源安全，改善环境发展低碳生活，实现能源节约与转型，对目前的国家发展环境保护至关重要。

（一）“十五”时期：新能源转变的关键时期

1986年12月，国家经济委员会下发的《关于加强农村能源建设的意见》指出，各地区要依据本地的资源条件，因地制宜发展新能源，但中国当时的煤炭等资源相对丰富，再加上新能源的开发还在研究阶段，技术还不成熟，成本也比较高，无法实现大规模应用[2]。进入21世纪，我国可再生能源产业在过去几十年技术积累和产业化发展的基础上已初具规模。2000年，国家经济贸易委员会制定的《2000—2015年新能源和再生能源产业发展规划要点》中提出，第一阶段（2000—2005年）要逐步建立经济激励措施，促进产业发展。2002年，国家经济贸易委员会制定《新能源和可再生能源产业发展“十五”规划》明确了发展目标，新能源的开发利用量以及经济产值有了明显的改善与提升[3]。

（二）“十一五”时期：国内新能源市场快速启动时期

2005年中共十六届五中全会通过了《中共中央关于制定国民经济和社会发展第十

---

① 资料来源：百度百科“新能源”. baike. baidu. com/item/新能源/53368? fr=aladdin.

一个五年规划的建议》，其中明确提出："实行优惠的财税、投资政策和强制性市场份额政策，鼓励生产和消费可再生能源，提高在一次能源消费中的比重。"同时，市场需求的不断扩大，使新能源的发展具备了良好的启动条件，迎来快速发展的时期。

这一时期，2009 年新能源投资总额达 319 亿美元，2010 年达 544 亿美元，居全球前列。同时伴随着 2006 年《中华人民共和国可再生能源法》以及 2009 年《中华人民共和国可再生能源法修正案》的颁布，明确了可再生能源的法律地位和新能源产业的发展目标及路线。2007 年，我国出台的《可再生能源中长期发展规划》描述了我国现阶段能源发展状况，并据此提出发展规划。

（三）"十二五"时期：新能源产业优化转型发展时期

从 2010 年以来，我国经济已由高速增长阶段转向高质量发展新阶段。2013 年国务院印发《能源发展"十二五"规划》，与"十一五"时期相比，能源结构得到了调整及优化转型，实现新能源产业的高质量发展[4]。例如：问卷调查结果中显示的，大家认为新能源的"新"相对于旧能源的特点主要体现在可循环利用和污染程度低，分别占比 90.48%和 77.14%，产生这种结果最直接的原因就是新能源产品在质量上的优化与提高，使得产品在利用方面更加有效，在控制能源污染方面取得了很好的成效。2011 年底，包括水电、核电、风电、太阳能及生物质能等主要清洁能源在内的发电装机占电力总装机的比重达 27.5%，同比增长 0.9 个百分点[5]。

（四）"十三五"时期：新能源产业提质升级时期

随着国际社会越来越重视保障能源安全、保护生态环境等问题，人民与国家已经意识到生态治理的重要性，2016 年国家发改委和国家能源局联合印发《能源生产和消费革命战略》，清洁能源逐渐被广泛应用（表 1）。

表 1　2016—2020 年清洁能源消费量占能源消费总量的比重①

年份	2016	2017	2018	2019	2020
比重/%	19.1	20.5	22.1	23.3	24.3

目前，新能源企业通过树立开放式产业思维，精准了解我国在需求、技术、制度等方面的优势与潜力，凭借自身优势实现新能源产业的高效推出。现在我国光伏产业已进入专业化阶段，本土企业不断优化主导设计，形成新的产业标准。面向未来，我国能源发展既面临调整优化结构、加快转型升级的战略机遇期，也面临诸多矛盾交织、风险隐患增多的严峻挑战。

① 资料来源：《2020—2026 年中国能源消耗市场全景调查与市场供需预测报告》（2019 年 12 月）。

三、新能源利用调查问卷数据分析

本次问卷涉及个人基础信息、对生态文明及新能源的认识程度、新能源存在的优缺点及对新能源发展的建议等问题。发放与分析该问卷旨在了解不同类型的人群对新能源一些具体方面的看法,并为新能源的发展提供建议。

(一)大众对于生态治理及新能源的基本看法

1. 对生态文明概念的了解

约 56%的参与者选择“有一定了解”,约 39%的参与者选择“听过但不了解”。这说明大部分参与者认为自己只是对于生态文明有初步了解甚至是不了解。

2. 对居住环境的满意度

选择“满意”的参与者达 61.9%,选择“一般”的约为 36%,可见多数参与者对自己的居住环境较为满意,少数认为“中规中矩”,只有极少数参与者表示不满意。

3. 对生态文明建设的看法

87.62%的参与者认为生态环境保护与自身关系很大,自身行为非常重要,约 10%的人表示不清楚自身与环境保护的关系。这表明我国的生态文明宣传效果显著,但还存在着未受到宣传的人群。

在被问到有利于生态建设的措施时,“退耕还林”“发展低碳经济”等措施得到大多数参与者的肯定,而选择“推行计划生育”的人数相对较少,实际上实行计划生育政策有效地缓解了人口对资源、环境的压力,是有利于生态建设的举措。

4. 对新能源的认识

在谈及“新能源与环境的关系”时,83.81%的参与者认为新能源可以改善环境,但另一方面也可能产生污染,15.24%的参与者认为新能源能够完全保护环境,0.95%的参与者认为新能源会加重对环境的污染和破坏,可见大众对于新能源具有信心的同时也抱有一定的怀疑态度。

水能、风能、太阳能等广为人知的新能源均有约 90%的参与者表示听说过,而清洁煤、氢能、生物能等较为冷门的新能源均只有 30%～40%的参与者表示听说过。

80%的参与者使用过太阳能热水器,约 32%的人使用过太阳能充电,约 23%的人家中有新能源汽车,这与科技的应用时间相关联。

5. 影响公众购买新能源产品的因素

影响公众购买新能源产品的因素多种多样,其中政策、经济性、安全性、性能几个因素均有约 50%的参与者表示关注,而只有 4 成参与者表示会考虑环保效益。

6. 新能源发展前景

与“了解或听说过哪些清洁能源”对应的“认为哪些清洁能源最具有发展前途”问题中,“太阳能”得到了最高支持率,为 61%;水能、风能、潮汐能位于第二,为 30%～50%;生物能等仅为 20%左右。可见大众对于新能源的看好程度与了解程度息息相关,因此，要想开拓新能源市场就需要大力进行新能源知识的宣传普及。

6.67%的参与者认为新能源发展缓慢，65.71%的参与者认为新能源大有前景但难以推广，24.76%的人认为新能源能够迅速普及与推广，另有2.86%的参与者没想过此问题。可见，虽然多数参与者对新能源本身抱有信心，但也对其推广和应用表示担忧。

（二）新能源的优缺点及存在的问题

1. 优点

调查结果显示，认为新能源的优点是"污染少"和"可循环利用"的参与者分别高达77%和90%，同时表示新能源"便宜"和"易于制取"的参与者均在20%以上，可见大多数人群认为新能源的优点是能够改善环境、减少污染。

2. 缺点

根据问题13"您认为新能源和旧能源相比存在哪些弊端"，参与者眼中新能源的最大缺点是技术要求高，另外选择"获取难度大""转换效率差""费用贵"的人数均在40%以上。

3. 存在问题

由表2可见，8项阻碍新能源产品进入百姓生活的原因排名为：缺乏新技术和人才≈产品价位高＞宣传力度低＞实用性低＞政府支持力度不够＞没有必要使用＞认为只有发达国家才使用＞其他。根据参与者的意见和反馈进行了思考并提出了相关建议。

表2　阻碍新能源产品进百姓生活的原因

选项	宣传力度低	实用性低	没必要用新能源产品	只有发达国家才使用新能源	缺乏新技术和人才	政府支持力度不够	价位高，购买力低	其他
占比/%	41.90	38.10	17.14	7.62	50.48	30.48	50.48	1.90

注：此调查项目为多选题。

四、有关新能源发展与普及的反思和建议

通过以上不同时期新能源发展趋势和利用程度的调研，可以获悉一些共性问题加以反思，并在此基础上，为当前及未来新能源推广及应用提出可行性建议。

（一）对新能源发展历程的反思

新兴产业发展离不开技术、市场、制度的协同演化，新能源的产业化和市场化是多因素共同作用下的结果。政府以政策扶持的方式打开国内市场后，企业以资产实现价值占有，再以创新为基础，构建起支撑产业整体发展的新产品平台，并形成新的技术模式、产业架构和产业标准，从而提升我国新能源产业在国际中的地位。

经过梳理发现，推动国家关注与选择新能源的主要因素有以下几点：

1. 增加能源供应，积累资本

我国是一个能源相对比较匮乏的国家，常规能源资源仅占世界总量的 10.7%，人均能源资源占有量远低于世界平均水平[6]。目前已探明待开发的石油、煤炭资源低于供给需求，其再生程度又极为缓慢；同时随着我国经济的快速发展，对能源的需求量越来越大，增加能源供给来源势在必行。

2. 远离金融危机，摆脱桎梏

我国石油资源短缺，对外部供给依赖性过强。但是，伴随着近几年的经济危机以及全球新冠疫情的爆发，国际市场石油的物价在资本操控下攀向高峰，且暂时没有滑落趋势。其耗费金额远超于我国预期，不利于长远发展[7]。开发新能源将有助于逐步减少他国对我国石油出口的限制，有效改善国内重要产业依靠石油、煤炭能源的趋势，摆脱桎梏（图 1）。

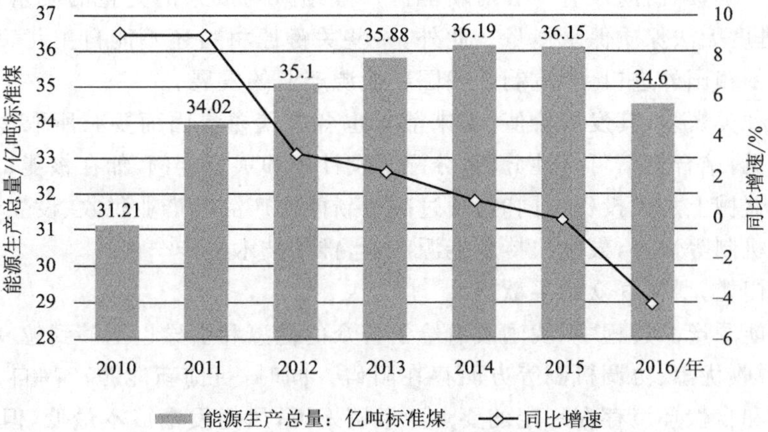

图 1　2010—2016 年全国能源生产总量走势分析①

3. 抢占市场制高点，推动经济增长

由于新能源产业有广阔的市场前景和无可替代的战略价值，因此各国政府在新能源领域展开激烈角逐，但技术层面目前并未有突破[8]。我国如果能抢先占据新能源市场，借由高端技术带动出口需求，就能进一步推动国内经济增长，带动人民生活水平提升。

4. 保护生态环境，实现协调可持续发展

经济发展离不开能源消耗，而能源消耗免不了带来污染。近几年，全球温室效应、冰川融化、气候不稳定、雾、霾、沙尘等问题，均与能源消耗有关。采取更为环保又高效的新能源，实现人与自然可持续发展迫在眉睫。

① 资料来源：《2020—2026 年中国能源消耗市场全景调查与市场供需预测报告》（2019 年 12 月）。

（二）针对当下新能源发展中存在问题提出的建议

伴随着我国对能源开发利用的新兴产业的资源投入，我国新能源前景光明。然而，新事物的出现必然也伴随着新挑战。因此提出以下几点建议：

1. 把握大方向，建立资源节约型和环境友好型社会

要发展新产业、新技术，首先要明确大方向，统筹做好相关规划。人与自然和谐相处，“绿水青山就是金山银山”。有必要根据新能源的类型和特点来重新规划新能源和可再生能源的开发及保护相关的资源分配，在《新能源法》和《新能源发展“十一五”规划》的基础上完善相关环境法律体系，进行多途径生态文明建设宣传，加强生态建设，限制非环保资源的开发利用。

2. 鼓励人才培养，合理分配产业资源，推动技术革新与突破

据调查了解，国内尚没有一套对新能源产业绩效与成果的完整的质量标准认证体系，其发展进度无法保质保量衡量。此外，一些关键原材料还不能自主化，导致产品关键部件严重依赖国外进口，严重制约我国新能源产业的发展。

新能源种类繁多，其发展价值、未来前景也各有偏差。因而要有所取舍，要听取多方面专家意见，结合当下可行性分析，分配研发计划和项目金额，如在核能、太阳能和水电方面相关器械上加大投资。同时，通过减少新能源产品与产业税收、设立专门官方机构完善评价机制等途径，鼓励扶持新能源产业，推动技术进步[9]。

3. 降低门槛，增强群众购买欲望

推广新能源产品过程中，我国政府给予公众的优惠和引导也不够到位，在新能源的资金扶持、税收优惠、协调机制等方面存在阻碍。同时，目前新能源产品自身特点对特殊设备安装和自然环境存在一定的要求。举例来说，风力发电成本最低，但电价也要 1 元/（千瓦·时），同时要配备大型风车。由此可见，我国新能源产业在社会认同方面还有较大的不足。

能源再有优势，也需要市场的推广。企业应当深入了解顾客心声，在发展高端国家重要产业能源供给的同时，体察公众需求，推出可行的实用的民生产品，降低购买售价，使市场良性循环。进一步实现人人主动节约能源保护环境的和谐稳定，从而达到大方向的人与自然和谐共处。

参考文献

[1]许勤华．新能源革命与全球能源治理变革[J]. 人民论坛·学术前沿，2021(14)：80-87.

[2]石定环．我国新能源的发展历程及现状[J]. 机械设计与制造工程，2008(8)：8-10.

[3]黄栋，杨子杰，王文倩．新发展格局下新能源产业发展历程、内生逻辑与展望[J]. 新疆师范大学学报(哲学社会科学版)，2021(6)：134-144.

[4]陆静超．“十二五”时期我国新能源产业发展对策探析[J]. 理论探讨，2011(1)：95-98.

[5]乔桂银．我国新能源产业发展的基本情况、存在问题与对策建议[J]. 生产力研究，2012(10)：174-

179,236.
[6]张继周．我国新能源产业发展存在的问题及其对策研究[J].福建行政学院学报,2010(6):92-95.
[7]刘浩然．我国发展新能源的意义[J].科技创新与应用,2016(30):82.
[8]阮赞林．论新能源战略中产业政策与竞争政策的互动关系[J].管理学家,2014(11):556-558.
[9]王蕾．新能源产业发展回顾与展望[J].中国发展观察,2019(16):31-35.

我国乡村治理的实践与经验

——以大凉山“悬崖村”为例

姚洪越　高亚辉[①]

【摘　要】 乡村治理是全面建成小康社会的重中之重，通过对四川省大凉山“悬崖村”进行调研，探索乡村治理的经验，分析脱贫攻坚政策在实际落实中的成效。

【关键词】 大凉山“悬崖村”；乡村治理；实践与经验

本次调研主要采用资料调研的方式，从网络上寻找有关大凉山“悬崖村”的各项资料，结合以前的“悬崖村”和如今的“悬崖村”的变化，引导出国家一定要打赢脱贫攻坚战的原因，并且对于未来的“悬崖村”的发展提出建议。

一、过去的“悬崖村”情况和当时中国的发展现状

（一）“悬崖村”的基本情况

“悬崖村”位于四川省凉山彝族自治州昭觉县支尔莫乡的大凉山，名叫阿土列尔村，整个村子坐落在大约1600米高的悬崖之上。村子在悬崖边上，上“悬崖村”的必经之路，是17段架设在悬崖峭壁上，由藤条、木棍编成的藤梯。每个出行的人需徒手攀爬800多米高的悬崖，这座藤梯是连接阿土列尔村与外界的主要通道。那里没有学校，土壤严重退化，泥石流灾害频发[1]。恶劣的自然环境导致村民收入很低。据支尔莫乡党委书记阿皮几体介绍，村民收入只能勉强度日，日均消费不到7元人民币。

世世代代都在这里生活，而且教育资源匮乏，所以很多孩子都需要每天靠自己的双手，爬过非常高的悬崖上学下学。孩子上学路上会在父母的护送下，攀爬粗藤绑扎的梯子上下悬崖。年龄稍大一些的孩子就要自己独自一人攀爬藤梯上下悬崖。因为路途不便，孩子们每隔半个月才回一趟家，一个月只能在家待4天。通常情况下，年纪大一点的孩子会担任领队，带领年纪小的孩子一同攀爬天梯。不过，个别孩子年纪太小，家长便会陪同护送，将背包绳捆在孩子身上，全程紧紧地攥着绳子。

（二）脱贫攻坚前我国农村发展现状

我国经济的不断发展也带动了生产力的不断提高，也带领农村经济的迅速发展，由

① 本课题指导教师：姚洪越（北京工商大学马克思主义学院）；课题组组长：高亚辉（数管192）；课题组成员：王紫宸（数管192）、段博涵（数管192）、孙星宇（数管192）、胡佳羽（数管192）。

于农村的一些基本设施不够完善，农村经济的发展还处于比较低的状态。农村经济长期处在这种比较低的状态是不利于我国整体经济发展的，也不利于我国社会主义和谐社会的建设。因此要不断地改善农村经济才有助于经济社会的发展。

首先，农村的生活条件好了。很多农村基本生活非常方便了，超市、卫生所、小学、幼儿园等与城市没有区别，反而比城里安逸了，卫生条件也提高了，让更多的人愿意住在农村了。

其次，农村种地的人少了。大部分种地的都是老人，年轻人不会种地，不会养殖，而且耕地也越来越少了，对于自然农耕法的传承就越来越少了。当然，老人们还是有一些经验的。种地产生经济效益不高，年轻人对此没有什么兴趣，大部分都在寻找城市的工作。

农民收入偏低。我国农民收入水平偏低是由多种因素造成的。首先，改革开放以来我国的农业结构一直是以家庭为单位的小农经济模式，农业经营分化、细碎，不成规模，小农经济模式很难给农民带来较高的经济收益，导致我国农村普遍存在农民增产增收困难的现象，城乡差距、贫富差距也日益加大。其次，由于受生产技术、经营规模、自然环境等多方面因素的影响，我国农业劳动生产率普遍偏低，农村的非农产业发展严重不足，导致农村剩余劳动力过多，农村经济负担加大，再加上农业生产成本不断提高，农产品价格却不断下跌，农民依靠固定的农产品种植方式很难增收，导致我国大部分地区的农业生产只能自给自足，农户出售的农产品过少，农村经济也就很难得到发展。农村抵御自然风险能力不强，基础设施建设有待完善。

目前我国农村的经济水平处于上升的阶段，但是整体水平与城市是无法比拟的。自从改革开放以来，我国政府给予农村许多优惠政策，农村经济发展的问题解决是一个漫长的过程。目前来看，制约农村经济的因素有以下几点：

1. 农村经济基础薄弱

我国农村经济相对比较薄弱，长期都是以农业作为主要的经济来源，农业现代化水平还是非常低，农民基本上还是以农业种植为主，这给农村经济的发展带来了障碍。农村的科技化、信息化还相对比较落后，不利于农村经济的发展。

2. 农业生产机械化水平低

农村经济发展进步需要创新管理思路。现阶段我国的农村土地都是家庭承包，给土地的管理增加了难度。集成化的土地管理是解决我国农村经济的途径之一。比如在玉米收割时许多的农村都是手动收割，由于平均的土地面积少，收入相对较少，阻碍了现代化耕种模式的推广。如果土地不能良好地耕耘就没有好的肥效，农民所种的植物就没有好的收成，这样恶性循环下去，严重影响了农民的收入。土地使用上的分散化，导致了大规模使用农业机械受到了制约，农业的生产机械化水平低，反过来制约了农村经济的生产效率。

二、现在的“悬崖村”情况和脱贫致富的基本经验

(一)实施全面脱贫攻坚之后的“悬崖村”情况

2016年5月,新京报以《悬崖上的村庄》为题报道了阿土列尔村,引起了社会的广泛关注。该村的脱贫攻坚进入快车道。

时任凉山彝族自治州委书记当时表态:当务之急,是先施工修建一条钢筋结构梯道,解决群众出行安全问题。在2016年8月,钢梯工程开始动工,该工程计划投资100万元,州、县两级财政各出50万元。2016年11月19日,连续阶梯最长达105级、最短只有4级,总共约1000级台阶的钢梯工程竣工,住在山顶勒尔社的孩子首次攀爬完工后的新天梯,安全回到“悬崖村”。

解决了出行问题后,村里的通信问题也紧接着解决了。在历时36天的艰难建设后,通信铁塔终于架了起来。2017年6月23日,通信铁塔在阿土列尔村特土社建成,“悬崖村”有信号了,终于实现了信号无缝覆盖!有了网络,村民们不仅用上了光纤宽带和高清电视,大伙还琢磨着开个网店,把村里的花椒卖到大山外面去。

为了使村民的生活更加便捷,2017年11月5日,村里的进山货运索道进入调试运行阶段。这条货运索道是之前修苏八姑电站使用的,后来废弃停止使用。经报请相关部门批准,投入80余万元对这条货运索道进行修复,以解决村民的生产生活物资运输问题。“这条索道单次运载量为5吨,砖头、水泥建筑材料都可以运上山。”一旦这条货运索道正式投入使用,“悬崖村”的建设步伐将更快,变化更大。

在诸多问题逐步解决后,快递物流问题也加以解决。2018年1月3日,凉山州邮政分公司在昭觉县支尔莫乡“悬崖村”(阿土列尔村)开通了首条无人机邮路。当日,邮政无人机首飞成功,将“悬崖村”2～3小时的步班邮路缩短到20分钟,标志着凉山州邮政迈向传统与现代科技相结合的新时代。11月29日,四川凉山州邮政分公司工作人员在昭觉县“悬崖村”通过无人机邮路,成功将《人民日报》《四川日报》等党报党刊及信函信件小型包裹送到村民手中。

为了让村民更加富裕,当地大力发展旅游业,并且帮助村民搬入县城的新家。2018年1月13日,凉山“悬崖村”启动“悬崖村古里大峡谷景区”项目。该项目计划投资6.3亿元。2020年5月10日,四川省凉山州“悬崖村”的84户老乡迎来了第一书记帕查有格带来的好消息:“收拾东西,下山!”“新家都是新家具”,帕查有格特别强调,村民们可以“拎包入住”。据了解,搬迁工作在2020年5月14日前完成,从此,村民们走出“悬崖村”,走向新天地。未来,“悬崖村”及古里大峡谷将沿山架设索道,迎来旅游开发。

(二)脱贫致富的基本经验

1. 抓住主要矛盾并加以解决

“悬崖村”遇到的最大障碍是地理环境所引起的信息闭环和经济闭环,在考虑人文

关怀不更换地理环境的思路下，通过加强拓展基础建设，从而逐渐改善地理环境，从根本上解决核心问题。

灵活使用科技解决实际问题：科技的发展是迅速的和迭代的，在“悬崖村”的故事中能发现，复杂的地质环境改善需要更加强大的技术做支撑，从旧有的栈道索道送人运货，到近年新起的无人机送货，灵活使用科技造福人民是一大关键。

合理使用新媒体手段宣传：如果没有当今时代新媒体行业的发展，以及良心媒体对“悬崖村”的坚持报道，国家和全国大多数人或许很难知道和了解在中华大地上还有这样一个艰苦的村落迫切需要帮助，也就不会有后面的精准建设扶贫和旅游开发。可见关注各地人民生活的媒体起着关键的引导和发声作用。

注重旅游资源的开发：一些贫困地区具有巨大的未被人工破坏的自然资源，“绿水青山就是金山银山”，适当开发旅游业不仅可以帮助当地增加收入，也可以让更多人欣赏到祖国山河美景。

2. 考虑人文情怀

扶贫工作应考虑被扶人民的真实情况，从人民的角度出发，切实考虑人民生活实际问题和困难，保障人民利益。

考虑到“悬崖村”村民对祖辈土地的不舍，以及对于耕种的收入方式有着独特的情怀，最终决定先执行就地扶贫方案，解决实际问题，而非最终的搬迁扶贫。面对如此困境的“悬崖村”人，扶贫工作存在物质上和精神上的困难，一方面，环境影响因素太大，技术实现困难，需要一步步克服；另一方面，“悬崖村”村民的思想上和情感上对村落和旧有生活有着不舍，无法实现最快最有效的搬迁计划，需要不断沟通引导和帮助。

三、一定要打赢脱贫攻坚战的原因

(一)扶贫过程体现打赢脱贫攻坚战的强烈信心

国家把脱贫攻坚作为重要战略任务、民心工程进行建设，有着坚强的决心。习近平总书记强调，消除贫困、改善民生、逐步实现共同富裕，是社会主义的本质要求①。全面建成小康社会，是对中国人民的庄严承诺。脱贫攻坚战的冲锋号已经吹响。立下愚公移山志，咬定目标、苦干实干，坚决打赢脱贫攻坚战，确保到 2020 年所有贫困地区和贫困人口一道迈入全面小康社会。2021 年 2 月 21 日，中央一号文件正式发布，主题是“全面推进乡村振兴加快农业农村现代化”。以上可见，国家对坚决打赢脱贫攻坚战的坚定信心。

(二)要集中力量提高人民群众生活水平

打赢脱贫攻坚战是为了提高人民群众的生活水平。脱贫攻坚以“到 2020 年，稳定

---

① 资料来源：消除贫困 改善民生 实现共同富裕——七省区市贯彻落实习近平总书记重要讲话精神，加大力度推进扶贫开发工作 . http://cpc. people. com. cn/n/2015/0725/c64387-27358956. html.

实现农村贫困人口不愁吃、不愁穿，义务教育、基本医疗和住房安全有保障。实现贫困地区农民人均可支配收入增长幅度高于全国平均水平，基本公共服务主要领域指标接近全国平均水平。确保我国现行标准下农村贫困人口实现脱贫，贫困县全部摘帽，解决区域性整体贫困”①为目标，贯彻落实以为人民服务为宗旨，以人民为中心的发展思想。在中央统一部署下，精准扶贫、精准脱贫举措扎实落地，东西部扶贫协作和定点扶贫取得突破性进展，贫困地区发展步伐显著加快，经济实力不断增强，基础设施建设突飞猛进，社会事业长足进步，行路难、吃水难、用电难、通信难、上不难、就医难等问题得到解决。[2]

（三）缩小贫富差距实现共同富裕

打赢脱贫攻坚战有利于进一步缩小贫富差距，实现共同富裕，维护社会公平。我国正处于社会主义初级阶段，通过扶贫开发，努力消除贫困，才能解决社会主义初级阶段的主要矛盾和实现国家的总任务。打赢脱贫攻坚战，是解决发展不平衡、不充分问题的关键之举。脱贫攻坚战使得贫困地区的经济得到快速发展，使我国地区经济差异缩小，有助于整体经济的持续健康发展，进一步实现了社会主义共同富裕的根本原则。坚持扶贫解决发展不平衡问题，提高社会的稳定性。

（四）助力全面建成小康社会

打赢脱贫攻坚战，是全面建成小康社会的标志性指标。十八届五中全会从实现全面建成小康社会奋斗目标出发，把“扶贫攻坚”改成“脱贫攻坚”，明确了新时期脱贫攻坚的目标，到 2020 年实现“两个确保”：确保农村贫困人口实现脱贫，确保贫困县全部脱贫摘帽。

可以说，想要全面建成小康社会，就要打赢脱贫攻坚战。我国已经进入了全面建成小康社会的决胜时期，2020 年是全面建成小康社会之年。只有凝聚力量，攻克难关，打赢脱贫攻坚战，加快脱贫致富步伐，才能为实现全面小康社会提供强而有力的支撑，才能不断推进中国特色社会主义现代化建设的进程，进而为实现中华民族伟大复兴的中国梦夯实基础。

四、对“悬崖村”未来的建议

（一）搬迁后居民新的收入来源

1. 免费的就业培训提升了就业能力

对搬迁村民的就业培训是指对符合条件的失业人员进行免费职业技能培训和创业培训，例如开设基础培训课程，课程以餐饮、计算机、美容美发、服装为主，设立学徒制，

---

① 资料来源：《中共中央国务院关于打赢脱贫攻坚战的决定》。

帮助工人提高就业技能，实施以奖代补的措施来鼓励失业者创业。对培训通过的失业者给予适当的补助，对零就业家庭采取基本生活上的补助[3]。目前昭觉县人力资源和社会保障局已经在为搬迁居民提供免费的就业培训，以防止他们在贫困县摘帽后面临再度返贫的问题。

2. 特色手工制品（如羊毛织物）

对于老年人群体，相关单位也在积极地组织他们发挥所长。四川凉山的半细毛羊出产的羊毛织品极具当地特色，在各大新闻轮番的宣传下具有不小的产品价值，大家更愿意消费这样的产品。昭觉县相关单位结合当地老弱病残贫困群众多、贫困户外出就业难的现状，充分发挥相关部门优势，推动村民自家搞手工艺品制作，大力发展成本低、收益高、风险小、足不出户就能赚钱的传统手工业。

3. 发展“悬崖村”特色的旅游业

随着经济发展的稳定化，生态旅游作为绿色旅游消费，是实现旅游业可持续发展的必然选择。林竹是一种可持续利用的森林资源，发展林竹产业，有利于打造生态休闲旅游环境，有利于培育和壮大农村经济。将林竹园区与当地的彝族文化特色相结合，共同挖掘开发以特色文化鉴赏为主题的度假旅游。帮助引进旅游开发企业，强化旅游开发资金投入，打造国内林竹特色文化休闲养生旅游度假基地[3]。

“悬崖村”村民某色拉博就是一个例子。某色拉博，1994 年出生，彝族人，因在短视频平台上面发布身手敏捷的视频，被网友称为“悬崖飞人”。某色拉博一家 7 口也搬进了县城的新家。他成了一名“网红”，也找到热爱的户外向导工作，投身旅游事业，实现了“家门口”挣钱的梦想。

（二）搬迁后“悬崖村”原址的商业价值

1. 旅游价值

四川省凉山州彝族自治州昭觉县支尔莫乡阿土列尔村，是一座名副其实的“悬崖村”。这个村处于美姑河大峡谷断坎岩肩斜台地，风景优美、与世隔绝，拥有峡谷、溶洞、温泉、原始森林等旅游资源①。

2. 特色山地攀岩价值

“悬崖村”坐落在海拔 1400～1600 米的美姑河大峡谷断坎岩肩斜台地上，从山底小学到山顶村庄海拔高差近 1000 米。村民通往外面世界，需要攀爬几乎没有任何保护措施、落差超过 800 米的悬崖，这为村民的出行带来极大的不便和危险。但是这天然的地形带来的不便或许隐藏着巨大的商业价值。

攀岩是一项在天然岩壁或人工岩壁上进行的向上攀爬的运动项目[4]。在拥有配套设备的保护下，完全可以以“悬崖村”为基地，发展商业山地攀岩。“悬崖村”发展山地攀岩的可能性已经由世世代代生活在这里的村民用自身行动证明过了，而且这几年“悬崖

---

① 资料来源：百度百科“悬崖村”. baike. baidu. com/item/悬崖村/58538971? from Module＝lemma_search-box.

村”在全国人民面前极高的曝光度使其在一开始就已经具备了相当高的认知度。

（三）悬崖村未来畅想

旅游资源是凉山最引以为傲的资本。目前，凉山彝族自治州的旅游业虽然起步较晚，但已经具备了一定的基础。市场发展尚处于初级阶段，潜力巨大。要想快速发展，就必须整合全行业，有效配置资源，合理利用资源，优势互补，合作共赢，体现在参与竞争的规模效应上。优化内部结构，提高产业发展综合竞争力，推动相关学科快速发展，形成产业链，实现重大经济效益。产业整合可以减弱旅游淡季与旺季的差异，形成可持续发展。

参考文献

[1]胡茜茜．大凉山“悬崖村”助行设计研究[J].艺术科技，2017，30(06)：400-401.

[2]习近平．在全国脱贫攻坚总结表彰大会上的讲话[M].北京：人民出版社，2021.

[3]余金芮，郭美斌，曹婷，等．四川凉山彝区林竹生态旅游开发与精准扶贫研究[J].现代商贸工业，2018，39(02)：16-18.

[4]鞠凯利，吴家琳，户外营地攀岩课程体系构建研究[J].青少年体育，2021(11)：135.

关于我国近年来乡村振兴的现状分析

——以闽宁镇为例

赵春丽　郇子怡[①]

【摘　要】 在中国共产党成立100周年时，我国实现全面建成小康社会第一个百年目标，人民摆脱贫困，取得了脱贫攻坚战的重大胜利。本文就如何巩固脱贫成果，有效衔接乡村振兴，以闽宁镇为研究对象，采用资料调研和网络问卷对大学生和宁夏当地人调查的方式，总结出闽宁镇乡村的发展模式、实现乡村振兴的路径，分析其中存在的问题，以期推动闽宁镇在坚持党的领导下继续有序发展，更好地振兴乡村。

【关键词】 脱贫攻坚；乡村振兴；党的领导

2021年是中国共产党成立100周年。在这100年中，党始终坚持解决关乎人民的贫困问题，努力改善人民生活。中国共产党自1921年成立后，深深扎根于乡村，对农村部分地区治理，取得显著效果。党的十八大以来，全国紧密团结在以习近平同志为核心的党中央周围，坚持以人民为中心，带领人民打赢脱贫攻坚战。现行标准下，9899万农村贫困人口全部脱贫，832个贫困县全部“摘帽”，12.8万个贫困村全部“出列”，进入全面推进乡村振兴、加快农业农村现代化的新征程。

本次调研以资料调研和问卷调研的形式展开，主要对当代大学生群体和宁夏当地人进行网络问卷调研，通过网络发放问卷150份，回收有效问卷101份。以宁夏回族自治区的闽宁镇为例，通过调研了解到，近年来，闽宁村脱贫致富实现巨大突破，不仅加速走上了致富“快车道”，更是逐步发展成了富裕的闽宁镇。从依靠“输血”式的经济，到能够自己“造血”。当地百姓因地制宜，开展了一系列特色的扶贫活动，在种植业、养殖业和加工服务业等多方面发展，紧跟时代发展步伐，经济状况实现惊人突破，2019年，全镇人均可支配收入达到13970元，贫困发生率降为0.197%，昔日的干沙滩变成了繁荣富裕的“金沙滩”。与此同时，为了能让所有的孩子都“有学上、上起学、上好学”，在教育方面加大投入，当地政府全力推进乡村教育发展，为乡村未来的发展培养、储备人才，注入新鲜血液。

一、乡村振兴问卷分析

(一)有关乡村经济发展的调查问卷

该问卷有效填写人数为79人，有近75%的受访者为青年，这体现出乡村振兴的战

---

① 本课题指导教师：赵春丽(北京工商大学马克思主义学院)；课题组组长：郇子怡(高材201)；课题组成员：胡嘉欣(高材202)、孟苑(高材202)。

略的确影响了新一代的青年人，作为国家未来的柱石，对乡村振兴战略的了解更能帮助青年们树立远大理想，激励他们为了中华民族的复兴而不断奋斗。

在受访者中，有近80%的受访人员来自三四线城市，他们身处最亟待发展的小城市，对乡村的变化最为敏感，其中一半左右的受访者认为乡村的变化大，这说明党和国家的正确领导给乡村的发展带来了巨大的变化，让人民群众对乡村的变化有切身的体会。

乡村经济水平的变化主要体现在产业结构、土地面积、教育水平、村民生活质量上。其中村民生活质量得到了最显著的提高（近80%的受访者认为），再者是教育与产业。这表明，乡村振兴虽然实施的时间不长，但是带给人民群众的变化感受是显著的，受访者们（68%）认为这种变化主要是来自政策的推动。

目前乡村经济发展最重要的还是培育新型经济，尤其是群众比较关心的特色种养业，受访者们担心会出现人才流失、高素质劳动力欠缺、国家政策和资金扶持力度不够等问题，接近70%的受访者认为缺少人才配套项目、政策与经费是担忧的根本原因。几乎所有受访者都了解西部计划，另外超过一半的受访者也愿意投身于此。当然，受访者们（超过70%）重点关注的是希望能够健全奖励机制，为乡村留住人才，才是目前的重中之重。

（二）有关闽宁镇当地调研问卷分析

该问卷有效填写人数为101人，关于乡村振兴，对乡村经济发展和农民收入增加问题关注的人占比最多，二者合计占比为32.51%。当党中央提出乡村振兴战略之后，闽宁镇人民对产业兴旺、生态宜居、生活富裕、乡风文化和治理这5个方面兴趣都较大，并且积极响应党的号召，结合当地优势和探索市场需求，在脱贫路上探索前进。这一过程中闽宁镇人民认为挑战大于机遇的占比为47.27%，当然也有43.64%的人认为乡村振兴战略发展的机遇大于挑战，随着越来越多的闽宁镇青年走出去，带回来科学文化知识，越来越多的党员干部给予闽宁镇群众资金以及科学的致富方法，因地制宜，到2019年，闽宁镇累计转移劳动力12137人，累计收入1.15亿元。2020年10月底，闽宁镇共劳务输出18594人，移民群众的致富路正不断拓宽。

作为新时代的青年，应肩负起新时代的历史担当，切实为振兴乡村、建设社会主义现代化强国做出自己的贡献。

二、实现闽宁镇乡村振兴的思路选择

（一）易地搬迁——搬出大山奔小康

宁夏有的地区贫困很重要的原因是其地形地貌。其地处黄土高原区，山大沟深，土地贫瘠，曾经的西海固地区多少年来一直是光秃秃的山，寸草不生。由于历史和自然的诸多因素限制，这些地区的经济发展十分缓慢，当地的老百姓只能“看天吃饭”，人民群众长期生活在封闭落后的环境中。

转机出现在1997年的春天，为解决宁夏中部地区人民群众的温饱问题，缓解当地人口和资源发展的压力，从根本上改善当地群众的生活和生产条件，福建和宁夏结成了帮扶对子，时任福建省委副书记的习近平提议，将西海固不宜生存地方的贫困群众搬迁到银川河套平原待开发荒漠地，并亲自为移民村命名：闽宁村。他曾坚定地说："闽宁村现在是个干沙滩，将来会是一个金沙滩。"闽宁的建镇离不开福建对该地区的大力扶持。在福建援助资金支持下，闽宁村在干沙滩上破土动工。首批移民8000多人从西海固搬迁到了这里，大家兴修水利、整理土地、引黄河水入滩，福建还派来技术专家，带领乡亲们种菌菇发展生产，硬是在干沙滩上建起了新家园。宁夏回族自治区党委和政府按照"山上的问题山下解决，山里的问题山外解决，面上的问题线上解决"的工作思路，争取中央的支持，先后投入175亿元，先后组织了吊庄移民、扶贫扬黄灌溉工程移民、国家易地搬迁工程、中南部地区生态移民以及"十二五"中南部地区生态移民等5次大规模的移民搬迁工作(表1)。30多年来，累计搬迁移民116万人[1]。

表1　宁夏五大易地扶贫搬迁项目

项目	时间/年份	搬迁人口/千人	人均投入/元	搬迁前人均收入/元	2013年人均收入/元
吊庄	1983—2000	198	931	60	7359
扶贫扬黄灌溉工程	1998—2015	308	9059	948	5600
易地搬迁扶贫工程	2001—2007	153	9036	1659	5443
"十一五"中部干旱带生态移民	2008—2012	153.6	18000	2235	6272
"十二五"中南部地区生态移民	2011—2015	346	28800		
合计		1158.6			

完成了脱贫路上的第一步"挪出穷窝子"，但搬迁并不意味着脱贫。"十二五"期间，政府出台一系列政策和措施，一方面，保留搬迁之前的优惠政策，不使移民因为搬迁而受到损失，如在移民搬迁之前享受的退耕还林、种粮直补等优惠政策在政策到期之前仍然享受，并不会因为搬迁和土地回收而被影响。另一方面，农民不再直接经营土地，将土地直接流转给农业公司，农民赚取土地流动费，既保证了生产和养殖的规范化和标准化，减少了农民承担的风险，也增加了移民的收入[2]。

十八大以来，习近平总书记作出一系列关于脱贫的重要论述，比如"两不愁三保障""五个一批"工程，坚持改善民生，维护人民利益。连续多年实施危房危窑改造工程，让170多万生活困难人员住上了安全房；投资近40亿元建设了中南部城乡饮水安全工程，西海固地区113万人告别了苦咸水；推行贫困人口健康扶贫政策、基本医保、大病保险全覆盖，切实减轻贫困群众看病负担，防止因病致贫返贫；扩大城乡居民基本养老保险覆盖面，综合用好低保、临时救助、高龄津贴等政策，解决鳏寡孤老、失能无业等特殊困难群体基本生活问题，织密织牢社会保障网，确保脱贫路上不落一户、不少一人①。

闽宁扶贫协作25年来，在国家的亲切关怀下、在福建省的倾力帮扶下，结出了丰硕成果，西海固地区经济总量增长了20多倍、财政收入增长了近70倍、农村居民收入增长了12.4倍，一座座现代化的城镇拔地而起，一处处美丽村庄错落有致，贫困地区面貌发生了翻天覆地的变化。

被称为"中国贫困之冠"的西海固，实现了如期脱贫。这得益于闽宁两地的通力协作，更得益于以习近平同志为核心的党中央领导。"六盘山上高峰，红旗漫卷西风。"六盘山是红军长征时期翻越的最后一座大山。现在，有了"闽宁模式"的成果，也是推进中国特色社会主义事业的新长征迈过了又一座大山的一个体现②。

（二）因地制宜，产业扶贫

据调查显示，乡村振兴很大一部分在于实施产业扶贫，以宁夏闽宁镇为例，他们因地制宜，开展了一系列产业扶贫活动。

1. 种植业

从农耕式种植转变为庭院式种植模式，从只种粮食作物到改种经济作物转变。宁夏枸杞、黄芪和黄花菜这些养生食材长势喜人，温室大棚培养蘑菇成功，闽宁镇妇女们紧跟时代，凭借一部手机、一张巧嘴、一捧枸杞、一众粉丝，让闽宁镇的农产品销往全国各地。

创业初期，政府给予贫困户资金补贴，鼓励他们发展特色种植业，通过发展新品种、新模式创新增收和调整种植结构增收脱贫，短短数年，闽宁镇由原来的贫瘠土地变为绿植覆盖、瓜果飘香的丰饶之地，脱贫人数日渐增加。

2. 养殖业

耕地养牛是西海人民延续多年的农业形式，自从政府推行从分散经营到科学集约，并且由一带多，政府给予养殖补贴的新形式，传统农耕分散式经营被替代，新型科学集约式给农牧民带来的收入显著增加，还改变了人畜混居的落后风貌。

3. 加工与服务业

电视剧《山海情》受到全国观众的关注，闽宁镇的移民妇女走进工厂，从家庭主妇摇身变成产业工人的剧情让人印象深刻。宁夏政府始终坚持因地制宜，融入新的发展模式。宁夏气候特殊，适合种植葡萄，投身脱贫任务的带头人从中发现商机，成立宁夏立兰酒庄，专家从破碎、压榨到发酵、装瓶技艺传授给酒庄员工，留守妇女逆袭成为酒庄主管。曾经"面朝黄土背朝天"的农民告别了"灰头土脸"的面貌。

服务类从旅游产业出发，发展当地葡萄园、蘑菇大棚趣味采摘和体验独具特色的西

---

① 资料来源，迈向共同富裕的光辉实践_宁夏回族自治区乡村振兴局．http://fpb.nx.gov.cn/xwzx/fpyw/202104/t20210401_2847893.html.

② 资料来源：瞭望·治国理政纪事丨习近平情系西海固_宁夏回族自治区乡村振兴局．http://fpb.nx.gov.cn/xwzx/fpyw/202108/t20210803_2951957.html).

海民俗游等项目，吸引了众多游客，例如：棚湖湾树莓生态景区通过开发树莓果酒、树莓馒头、树莓果汁等系列产品为当地移民换取了大量收入。同时，当地也是国家中医药健康旅游示范基地，把中医药种植和现代观光农业组合在一起，是宁夏对于脱贫攻坚的又一个典型案例。前几年热播的电视剧《三生三世十里桃花》红极一时，剧中千亩桃花林让无数观众心生向往，宁夏人民紧跟时代大潮，把握时机，种下千亩桃林，每年桃花盛开与桃子成熟都能吸引大批游客观光游玩，而且果木还可以防风固沙，西海地区的环境也有所改善①。

解决了温饱，掌握了技能，改变了生产，6.6万多名西海固移民自力更生、艰苦奋斗，进而开启了发展的新篇章。村民们懂得紧跟互联网的浪潮，通过网络直播、短视频等途径，向全国各地人民介绍售卖农作物。2019年，闽宁镇累计转移劳动力12137人，累计收入1.15亿元。2020年10月底，闽宁镇共劳务输出18594人，移民群众的致富路正不断拓宽。“培育壮大特色产业，要抓好扶贫项目资产的管理、推进乡村振兴示范片的建设，进一步筑牢产业发展基础，让资源变资产，为乡村全面发展释放动能。”县委副书记杜晓莉说。正如她所说的一样，当地在脱贫路上越走越稳，逐步走向小康之路。

（三）以教育谋振兴

习近平总书记指出：“教育是对中华民族伟大复兴具有决定性意义的事业。②”教育的地位毋庸置疑是重要的。自古以来，从熟知的儒学经典、六经六艺到现在的素质教育所提倡的五好：德、美、体、智、劳，无一不是对教育的重视。

针对这些历史发展遗留问题，宁夏出台了精准扶贫的“3318”模式③。

一是构建“3个”体系：即建档立卡家庭经济困难学生全程资助体系、贫困地区薄弱学校结对帮扶体系和家庭经济困难学生一对一师生关爱体系。

二是建立了“3套”工作机制：即领导干部定点联系机制、职业教育助推精准脱贫机制和教育扶贫成效考核评估机制。

三是实施了“10个”专项行动：即学前教育普及提高行动、义务教育均衡发展攻坚行动、普通高中多样化发展行动、职业教育技能富民行动、高等教育培养质量提升行动、贫困学生资助惠民行动、特殊困难儿童关爱行动、乡村教师素质提升行动、教育信息化扶贫助推行动和教育扶贫结对帮扶行动。

四是实现了“8个”目标：即普及水平全面提升、薄弱学校全部达标、困难学生全程资助、均衡发展全数实现、职业教育全力助推、特殊群体全部覆盖、智力帮扶全线跟进、

---

① 资料来源：腾讯新闻．https://new.qq.com/rain/a/20210319A062CS00.

② 资料来源：习近平：教育是对中华民族伟大复兴具有决定性意义的事业．https://xcb.sut.edu.cn/info/1022/1370.htm.

③ 资料来源：迎接十九大·教育看变化宁夏教育精准扶贫这样做［OL］．https://www.360kuai.com/pc/97d9329444dca90f4?cota=4&kuai_so=1&tj_url=so_rec&sign=360_57c3bbd1&refer_scene=so_1.

贫困地区教师全员培训。

以宁夏育才中学为例，学校直属教育厅，按自治区一级一类示范高中标准建设。该校招生主要面向宁夏西海固等贫困山区的初中应届毕业生，学校设立在宁夏自治区府——银川。为了更好地实现教育帮扶，学校出台了 5 项政策。一是免学杂费、住宿费；二是所有学生每学年享受自治区政府发放的 1000 元生活补助；三是学校 40%的贫困生发放的国家助学金分别按 2400 元、2000 元、1600 元三档标准发放；四是宁夏燕宝慈善基金会每年奖励高一新生 260 人，被奖励学生享受连续 3 年、每年 2000 元奖学金；五是中国教育发展基金会在学校共奖励“品学兼优”、家庭困难学生 185 名，每人奖励 2000 元。除此以外，浙江省新华爱心教育基金会设立的“捡回珍珠计划”用于对成绩优异学生的奖励，这些孩子更有着前往境外游学交流的机会。

在宁夏，不仅有着相对优秀的教育教学资源提供给孩子们，也有着大量的教学设备开始进入学校，这些教学物资大部分都来自于各个大城市的捐助，现在的山区孩子也有着多媒体教室①。

三、关于闽宁镇乡村振兴的未来展望

脱贫攻坚奠定了乡村振兴的基础，而实现乡村振兴首先要做好教育事业。从国家层面看，乡村教育近些年取得进步和改变，在学校布局、教育结构、课程内容的调整上投入很大。然而教育发展的不均衡问题、乡村教育的未来与教育领域的资源投入有关问题等，仍需要每个教育工作者去努力解决。

2021 年 4 月 8 日，在宁夏银川举行了全国东西部协作和中央单位定点帮扶工作推进会，习近平总书记在会议上作出重要指示，并明确“党中央着眼推动区域协调发展、促进共同富裕作出重大决策”。此前，中央明确脱贫攻坚任务完成后要设立 5 年过渡期，过渡期内政策总体保持稳定，继续优化和调整部分政策。从指示中看出，“东西部协作和定点帮扶”是优化和调整的重要政策。习近平总书记指出：“全党要弘扬脱贫攻坚精神，乘势而上，接续奋斗，加快推进农业农村现代化，全面推村振兴②。”2021 年 5 月 30 日，在闽宁协作第二十五次联席会议上，闽宁两省区共同决定推动闽宁协作由福建单方援助向双方协作互动、由主要聚焦脱贫向全面协作展开、由政府主导推动向各方协作共促转变。这意味着，作为我国东西部扶贫协作的典范，闽宁两省区在脱贫攻坚取得全面胜利后，将继续探索闽宁协作帮扶方式，通过扩大帮扶领域、健全帮扶机制等，着力巩固拓展脱贫攻坚成果，合力推进乡村振兴。

经过 8 年奋斗，脱贫攻坚按照计划圆满完成，绝对贫困问题得到历史性的解决，乡村振兴的道路也越来越顺、越来越宽[3]。历史和实践证明，坚持党的领导是提高我国农

① 资料来源：宁夏育才中学 2021 年招生简章[OL]. https://mp.weixin.qq.com/s/nrn0kKyHFCx7tCKFmxTdg.

② 资料来源：适应形势任务变化 弘扬脱贫攻坚精神加快推进农业农村现代化 全面推进乡村振兴. https://baijiahao.baidu.com/s?id=1696509650530318997&wfr=spider&for=pc.

村治理能力、实现乡村治理体系和治理能力现代化的最大保障，也是我国最大的制度优势。放眼未来，在中国共产党的坚强有力领导下，聚焦产业兴旺、生态宜居、治理有效、乡风文明、生活富裕，必将走出一条高质量的乡村振兴之路。

参考文献

[1]李百军．易地搬迁：宁夏首创的中国经验[J].共产党人，2016：52.

[2]王晓毅．易地搬迁与精准扶贫：宁夏生态移民再考察[J].新视野，2017(2)：27-34.

[3]中共国家乡村振兴局党组．人类减贫史上的伟大奇迹[J].求是．2021(4)：36-38.

关于网络文娱问题的调查研究

班高杰　黄叶诗[①]

【摘　要】 网络已成为人们生活中必不可少的一部分，网络文娱新闻应该如何管理也成为大家讨论的热门话题。网络中存在的文娱乱象，需要关注它的发展趋势，正本清源，从而实现网络空间的风清气正。本文通过分析目前网络文娱乱象出现的原因，试图为治理网络文娱乱象寻求更有效的途径。

【关键词】 网络文娱乱象；清朗运动

进入信息时代，网络已成为生活的重要组成部分。网络带来便捷生活的同时，也暴露了存在的问题，其中网络文娱乱象就亟待解决。2021年6月15日，中央网信办决定在全国范围内开展为期2个月的"清朗·'饭圈'乱象整治"专项行动。为了重拳整治网络违法违规问题，力求有效遏制网络乱象滋生蔓延，针对突出问题打好攻坚战，在全网开展"大扫除"，为管网治网长效机制建设积累经验，为构建清朗网络空间打下坚实基础，通过专项行动集中时间、集中力量解决群众反映强烈的问题，提高人民群众幸福感获得感。此次专项行动将针对网上"饭圈"突出问题，重点围绕明星榜单、热门话题、粉丝社群、互动评论等重点环节，全面清理"饭圈"粉丝互撕谩骂、拉踩引战、挑动对立、侮辱诽谤、造谣攻击、恶意营销等各类有害信息。因此，分析网络文娱乱象出现的原因以及人们的看法尤为重要，这样可以全面了解和掌握网络文娱的发展状况，可以更好地寻求解决方法和有效途径。

由于该调研调查内容较复杂，同时鉴于目前疫情较为严重，本次调研主要是采用问卷调查。本次调查问卷主要是关于大家对网络文娱乱象的了解与看法以及出现网络文娱乱象的原因与管理方法建议，调查问卷是由小组成员通过在朋友圈转发、在特定的微信群中发布填写问卷等多种方式让网友填写并回收，共发出调查问卷102份，回收102份，回收率达100%；有效问卷102份，有效率达100%。填写问卷人群年龄以18～25岁为主，占比90.2%，女性填写较多，有72份，占比70.59%。

一、人们对网络文娱环境治理的态度

网络文娱环境，在一定程度上影响着人民精神文化的塑造。中国互联网络信息中

① 本课题指导教师：班高杰（北京工商大学马克思主义学院）；课题组组长：黄叶诗（化妆品202）；课题组成员：李颖琪（化妆品202）、赵婷婷（化妆品202）、李梦娟（化妆品202）、万中航（化妆品202）、韩兴亚（化妆品202）。

心(CNNIC)在2021年8月27日发布的《中国互联网络发展状况统计报告》显示,截至2021年6月,我国网民规模达10.11亿,互联网普及率达71.6%,我国网民的人均每周上网时长为26.9个小时。网民在闲暇时刻使用网络时,不可避免地浏览到文娱新闻,接触到文娱新闻传递的价值观与精神内核。因此,营造一个良好的网络文娱环境,是建立文化自信的必由之路。近年来中央网信办部署开展"清朗"系列专项行动,旨在建立一个良好的网络文娱环境。网络文娱环境虽得到明显改善,但目前网络文娱乱象依然存在。参与问卷调查的人群中,有超过半数的人认为网络文娱新闻带来的负面影响更多。有68.63%的人不知道"清朗"专项行动。绝大多数人对整治网络文娱环境的"清朗运动"表示支持。整治网络文娱环境是当下一个十分重要的行动。

二、最受关注的网络文娱乱象问题

针对目前网络文娱的热点问题,通过问卷调查,发现最受关注的问题主要有:劣迹艺人(89.22%)、低俗化炒作(85.29%)、为博取眼球而进行的违法行为(84.31%)、艺人粉丝团体存在非理智行为(86.27%)。

(一)劣迹艺人的失德违法行为

根据调查数据显示,目前最令人担忧的问题当属劣迹艺人的失德违法行为。随着我国经济的发展,娱乐业也"水涨船高",明星艺人作为娱乐产业的核心之一,坐拥众多资金资源。同时,现代人物质生活丰富,精神文化的需求增加,现实生活精神压力大,娱乐圈里"帅哥靓女"激起了人们对美好事物的欣赏,所以明星及其代言的衍生品相对来说更具有市场影响力。然而,近年来娱乐圈负面新闻频发,前有"阴阳合同"偷税漏税8.8亿元,后有"流量明星"涉嫌强奸罪被批捕。偷税漏税、吸毒嫖娼、代孕弃养等违法犯罪、失德失范现象令人担忧和愤怒,乱象亟须遏制。

劣迹艺人频出,主要原因在于我国有关娱乐圈的法律还不完善,执法力度不够大。娱乐圈动辄就是几十亿元的资金流动,很容易让一些劣迹艺人冒着违法的风险偷税漏税,娱乐圈的腐败现象很容易影响到青年一代的价值观和世界观。因此,开展"清朗运动"已是大势所趋。我国法律对文娱方面缺乏全面的、规范的、系统的法律法规,大多是遵循出现问题—分析原因—解决问题的思路,不能防患于未然,约束文娱艺人大多通过道德舆论,很多情况容易发展成极端的网络暴力,这对于建立一个健康的文娱文化是不利的。治理网络文娱乱象、整治劣迹艺人是十分重要的一环。

(二)艺人粉丝团体的非理智行为

艺人粉丝团体存在非理智行为也是一个备受关注的问题。过去粉丝投入时间、精力和金钱在追星上,大多属于个人行为。如今依托于网络信息的即时互通,具有相同追星爱好的粉丝得以在网络上相识、相聚,再加上一些艺人经营团队的有意引导,如今的追星行为已经成为群体的狂欢，艺人的粉丝团队——“饭圈”应运而生。与志同道合之人分享追星乐趣本无可厚非，然而当粉丝团体被谩骂互撕、打投集资、控评造谣等非理智行为充斥时，网络文娱环境就会逐渐恶化。

共青团中央维护青少年权益部、中国互联网络中心发布的《2020年全国未成年人互联网使用情况研究报告》显示，我国未成年网民参加粉丝应援比例达到8%。2020年，《半月谈》杂志对全国两万多名12～18岁中学生开展“青少年追星调查”，调查问卷显示，有42.2%的中学生自小学就开始了追星生活，有52%的中学生追星时间在3年以上。身处“饭圈”的未成年人并不少见。然而未成年人的价值观还没有塑造完全，对世界的认知也不够全面，“饭圈”中的种种不良行为很有可能给他们的身心健康带来负面影响。

粉丝团体不理智行为的背后原因，有粉丝群体对归属感的非理性需求，但更多的是网络平台的监管不力和艺人团队的有意引导。网络平台没有有效的途径，不能及时阻止粉丝之间的骂战；设立热度排行榜，诱导粉丝为偶像花费大量时间和金钱打投，甚至不阻止未成年人花钱打榜。艺人团队则故意挑起各个粉丝群体之间的矛盾，同时营造出艺人无辜无害却被处处针对的形象，有意引导粉丝在网络平台为偶像出头发声，以此换取源源不断的流量和关注度。更为严重的是，平台与艺人同流合污，牟取暴利，不顾观众感受，违背职业道德和伦理，急功近利，事后让粉丝买单，种种乱象影响了文化事业发展。

事实上，在这些负面新闻背后，还隐藏着流量的挟持，各大平台头条多被流量明星的娱乐八卦所占据，导致那些真正值得关注的社会热点问题却被淹没了。畸形发展的粉丝形态、资本的无序运作，造成文娱圈种种乱象滋生。

（三）资本的低俗化炒作

在直播平台和短视频平台上，低俗化炒作的现象频频发生。直播平台上的主播以及短视频博主通过审丑、卖惨、性暗示、虐待动物等行为谋求流量。“如果不炒作，我会饿死”，一则游戏主播在酒店热水壶小便的视频引起全网公愤，在一纸道歉声明里，这句话堂而皇之地闯入公众眼帘。尽管平台对主播做出封号处理，但通过这样一句轻描淡写的话，歉疚之外，更像是理所应当的“委屈”。

低俗化炒作背后，可以看到娱乐公司为牟利不择手段。娱乐公司通过无良自媒体哗众取宠，写一些没有价值的文章来“吸睛涨粉”，安排旗下艺人做出出格举动换取关注度，久而久之，网红步入互联网的门槛越来越低。网红文化最初让一些“草根”实现了自己的梦想，也让愈来愈多正能量的人出现在公共视野，从中也萌生许多的感人故事。但“网红孵化基地”破坏了这种平衡，主播被迫签下天价合同，做出低俗的行为，为三无产品带货，这些行为不仅坑害了大众，也让原本明朗健康的环境蒙上了一层迷雾。

三、网络文娱乱象的不良影响

随着我国各项事业的快速发展，人们文化消费也越来越高，对娱乐文化的关注更加便利，关注的时间越来越长，关注者的年龄也越来越小。在利益的驱使下，网络文娱乱象不断刷新大众的认知，踩着法律的红线，挑战道德的规范。在此次调查中，超过一半的人认为现在文娱新闻负面影响较多。分析有以下几点：

（一）对青少年有不良的价值引导

青少年群体，既有着青春期的叛逆，又有着极强的学习能力，愿意去追逐偶像来寄托情感完成自我角色想象，但由于价值观还没有完全形成，所以需要正确引导。文娱乱象让更多青少年为自己的偶像去不顾一切创造数据、应援等，对青少年产生不良的价值导向。以 2021 年的“倒奶”打投事件为例，粉丝为了偶像买过量牛奶而不喝，造成食品浪费，有违勤俭节约的社会倡导。“饭圈”青少年的应援打榜看似是个人行为，其实是受人引领的“从众”行为，被偶像经济深度捆绑，价值观也会被劣质偶像带歪。

（二）挤占信息资源，覆盖有价值的信息

娱乐圈的风吹草动，经过新闻媒体大肆报道，事件快速登上热门，阅读量很高，身边的电子设备中都会弹出相关新闻。娱乐信息占用了大量的公众资源，让一些有意义的信息不能更好地传播。有的公司代替艺人或是艺人自己故意爆出“猛料”让娱乐记者去报道，甚至自己花钱去买热搜，保持自己的热度不减。有些艺人不管好坏只要是让自己被谈论、有热度，不管“黑料”还是别的方面，都让它出现在大众的视野中夺取人们的眼球，让自己的热度不减。当人们过度关注娱乐信息，有用信息的传播和阅读就会被挤占。

（三）影响文化事业的发展

吸毒事件、艳照门事件、代孕事件诸如此类的事件，颠覆了人们对艺人荧幕形象的认知，同时也折射出部分艺人正确价值观的缺失。有些明星当红之时，并未考虑如何锤炼演技、挑选好的剧本、提升业务水平，反而触碰道德底线，甚至做出违法乱纪之事。有的艺人自身的业务能力本身很弱，但是背后有着资本力量的撑腰，抢占了有实力、有天赋但无资本操作的艺人的资源，让娱乐市场逐渐出现了“劣币驱逐良币”的现象。作为文娱工作者，他们不仅没有具备良好的职业素养，还败坏了整个文艺事业的风气。文艺群体整体水平被拉低，对艺术作品的诠释肤浅且流于表面，为文化事业发展带来了极大的不良影响。

（四）扰乱社会秩序

部分演员拍戏片酬占到总预算的 50％～80％，天价片酬让整个行业都为那些“大

腕”打工，导致拍摄时灯光、道具、场景等，这些本应该占一定比重的地方能省就省，随便应付，扰乱了行业良性发展的秩序。与那些“大腕”相比更为辛苦的工作人员并没有拿到与之相匹配的劳动报酬，与多劳多得、少劳少得的劳动价值观不符，破坏了劳动秩序。在天价片酬的背后，“大腕”们运用歪心思，签阴阳合同，使自己的利益最大化，严重影响了经济秩序。部分不理智的粉丝会出现控分控评对骂，恶意抹黑别人，搞投诉等行为，他们为了自己喜爱的明星不分青红皂白，在网络中肆意抹黑，既不顾伦理道德伤害他人，又破坏网络秩序，使得网络世界变得乌烟瘴气。此外，在直播平台和短视频平台上，时常会出现低俗化炒作、违法违规行为，这些直播者为了流量，破坏社会基本的行为规范，产生了恶劣的社会影响。娱乐乱象已经影响了社会秩序，急需整治与整改。

四、应对网络文娱乱象热点问题的主要措施

在中央网信办采取的为期两个月的“清朗”专项行动后，多数文娱乱象问题已得到解决：网络账户需要实名制认证方可使用，这迫使网民文明上网；有污点的公众人物被全网封杀，网络环境得到净化。但环境净化之后，仍有部分问题有待采取合适的行动。文娱乱象造成的不良影响，关乎新一代青年人的价值观塑造乃至社会的发展，所以针对这些文娱乱象采取恰当的措施就显得很有必要。

（一）网络平台应加强自我管理和完善

网络平台是网民与媒体间的一个桥梁，是人们经过劳累工作后娱乐放松的地方。社会经济的发展催发了网络的迅猛发展。诚然，网络给我们带来了诸多的便利，但网络是一把“双刃剑”，只有运用好了这把“剑”，才能带来更多的益处。据调查显示，有高达81.37%的人认为需要加强平台的自我管理，70.59%的人认为网络平台应在其平台普及青少年模式，且当被问及“您认为为什么会出现文娱乱象”时，79.41%的人认为是网络平台监督不力造成的。鉴于网络平台在网络信息传播中所扮演的重要角色，网络平台必须采取合理的措施，最大化地发挥网络平台的作用。

网络平台应针对平台性质对平台用户采取实名认证的方式约束其上网行为。“键盘侠”“黑粉”“喷子”为什么能在网上随意用语言抨击别人，究其原因就是网络平台没有监管到位，“键盘侠”们可以不负责任地在网上“畅所欲言”，因为他们知道，他们完全可以隐匿于网络背后，没有人知道他们是谁。因此，网络平台对用户采取实名认证的方式显得尤为重要，既可以让用户拥有对自己的言论负责的责任意识，也可以对青少年的上网时间进行合理的限制。

根据“清朗整治网上文娱及热点排行乱象”统计，网络平台已累计清理负面有害信息15万余条，处置违规账号4000余个，解散不良话题814个，拦截下架涉嫌集资引流小程序39款，网信办的专项整治行动还取消了明星艺人榜单，优化调整了平台自身的排行规则。平台要落实规范粉丝群体的账号，严控未成年人的参与，未经明星经纪公司授权的个人或组织不得注册明星粉丝团账号，并且定期清理违规的群组板块，与网信办

一同营造一个良好的网络环境。此外,平台需要做好对信息的监管工作,严禁出现粉丝群体间的互撕信息。

(二)相关职能部门应做好监管工作,推动理性上网的价值观的传播

要想网络平台积极地落实自我完善仍需要相关职能部门的助力。调查显示,有79.41%的人认为应该强化各部门的协同管理,有86.27%的人认为应该加强社会主流价值观的传播,由上可知,相关职能部门的工作被绝大多数的人认为是至关重要的。一个社会性的问题只有得到了政府的重视才能得到根本性的解决,文娱乱象问题也应得到相关部门的重视。

坚持问题导向。出台相关的网络规范对网络平台约束,并加大执法力度,严惩网络违法行为,以规范督促网络平台落实法定责任,规范其自身运营行为,与平台一同营造良好网络环境。有关职能部门应加强对明星经纪公司的监管工作并强化其自身的管理责任和对粉丝群体的引导责任,对未尽责的明星经纪公司进行严惩。有关部门还应针对网络综艺节目进行网上行为的管理,要求其强化节目设置,不允许其设置"花钱买投票"功能以及各种以粉丝消费为选手投票的行为。

对于一个文明的网络平台环境,物质文明建设和精神文明建设都是不可或缺的。而精神文明建设很大程度上与社会所传播的价值观相关联。因此,要想做好精神文明建设,相关职能部门应积极推动理性上网的价值观的传播,让更多的人知道并了解理性上网的重要性。

(三)艺人应增强自身素养和强化粉丝群体的管理,网民应加强自我道德建设理性上网

艺人在文娱问题中充当着相当重要的角色,一个艺人可以是几百万人甚至上亿人的偶像,其起到的舆论导向作用可谓是巨大的。调查数据表明,90.2%的人认为艺人应当增强自身的职业素养。反观近年来之所以出现粉丝的不理性行为,网络粉丝群体非理性发声、应援等,看似无关艺人的问题,但也与艺人有着不可分割的关系。如果艺人平日里能够以身作则,摆明自己对待应援的态度,正确引导粉丝行为,相信类似粉丝不理性行为的问题能够得到很好的解决。

艺人背后的操控者——艺人经纪公司(工作室)在面对文娱乱象问题时也有着无可逃避的责任,经纪公司是艺人行为的引导者,是粉丝群体理性追星的重要倡导者,对此,艺人经纪公司应规范自身行为,不得诱导粉丝消费,在粉丝群体中规范粉丝应援集资的行为。艺人经纪公司唯有落实自身责任,在明星和粉丝间架好理智的桥梁,明星的事业才能得到更长远蓬勃的发展。

当然在面对网络文娱乱象问题时,网民也不能够置身事外,也应加强自身的道德建设,不论是在现实生活中还是网络上都应保持文明的态度,在喜欢偶像时也应有度,做一个理性的粉丝,学习偶像身上的优点而不是非理性沉迷其中。

结束语:网络文娱新闻治理的重要性不言而喻,目前各省(自治区、直辖市)正在积

极响应“清朗”行动，效果显著。一个健康的网络环境更有益于祖国花朵的成长，一个积极向上的热榜头条更有益于群众的理性发言。国家、平台、艺人、粉丝、网友要足够重视，并承担起各自的责任，共同营造一个美好的网络环境。有理由相信，在社会各方卓有成效的共同努力下，在人民群众的积极支持和配合下，未来中国的网络空间一定会得到更加科学、有效的治理，一个高度文明和安乐、祥和的现代化网络文娱环境一定会在不久的将来呈现在人们的面前。

北京市垃圾分类实施情况调查研究

——以朝阳区东风乡和大兴区黄村镇为例

马　静　王振尚①

【摘　要】 为了解北京市生活垃圾分类工作相关情况，调研小组深入北京各街道垃圾分类一线，获取一手数据。本文首先概述北京垃圾分类之沿革，再对实地调研数据从合同签订、桶站设置、处理装置、末端收运四方面出发加以分析，最后结合分析结论、实地调研之发现及其他资料，为北京市加强垃圾分类工作建言献策。

【关键词】 垃圾分类；北京地区；实地调研

垃圾分类是习近平总书记高度重视、亲自部署、着力推动的“关键小事”。习近平总书记多次实地了解基层开展垃圾分类工作情况，强调“实行垃圾分类，关系广大人民群众生活环境，关系节约使用资源，也是社会文明水平的一个重要体现”。[1]北京市积极响应总书记关于垃圾分类的要求，加强引导、因地制宜、持续推进，于 2019 年 11 月 27 日提出《北京市生活垃圾管理条例》（以下简称《条例》），形成以法治为基础、政府推动、全民参与、城乡统筹、因地制宜的垃圾分类制度，努力提高垃圾分类覆盖范围[2]。

为探究自《条例》下发以来，北京市生活垃圾分类处理情况，各单位小区生活垃圾分类运输情况，本课题组成员就此问题通过各种渠道进行了相关调研。

本次调研主要采取进入街区实地调查的形式，以询问、拍照、查看等多种形式，完成预设计的表格。通过暑期实习的方式，在承办北京市委下达任务的企业中，通过实地走访的形式，在北京市各区、各街道、各小区进行调研。在与实习企业沟通后，获得了一部分学生实地走访街道有关垃圾分类数据的使用权。实际走访 14 个街道，本次调研中，使用来自北京朝阳区东风乡、大兴区黄村镇的现场核验表 300 张。

除此之外，本次调研还采取了线上线下相结合的方式，在网络上搜集各小区、单位有关垃圾分类的公开信息，与各街道有关人士（包括但不限于：小区居委会工作人员、街道办工作人员、居民小区居民、负责垃圾转运的工作人员）进行了沟通交流，了解了他们对于各自区域垃圾分类的看法及意见。

一、调查发现

本次调研地点选取了两个属于不同区的乡、街道，包含 4 种调查表，两小区共计回

① 本课题指导教师：马静（北京工商大学马克思主义学院）；课题组组长：王振尚（光电 19）；课题组成员：赵其诺（光电 19）、崔旭（光电 19）、王夏妍（光电 19）、邓青青（光电 19）。

收有效问卷300张。此次调查表设计的目的在于实地进行走访调查，以获得北京市居住小区、党政机关、公共机构①、餐饮单位的垃圾分类情况及不同种垃圾的清运合同签订完成率。

（一）居住小区的各类合同均达到了100%的签订率，党政机关、公共机构、餐饮单位仍有“缺项”

在党政机关、公共机构中，如设置有食堂和后厨，则需要有厨余垃圾收运合同、其他垃圾收运合同、有害垃圾收运合同、可回收垃圾收运合同、废弃油脂收运合同（如果没有食堂和后厨，则不需要废弃油脂合同）；在餐饮单位中，如果是单位自己生产食品，则也需要废弃油脂等共5份收运合同；在居住小区中，因不涉及大规模废弃油脂的产生，所以只需要厨余垃圾等4份收运合同，而不需要废弃油脂的收运合同。

从朝阳区东风乡的垃圾收运合同签订结果来看，居住小区的各类垃圾清运合同均达到了100%的签订率；在公共机构中，因为有一个单位未设置食堂，所以没有签订废弃油脂收运合同，其余垃圾的清运合同签订率均为100%；在党政机关中，厨余垃圾收运合同签订率为75%，其余垃圾的合同签订率为100%；在餐饮单位中，厨余垃圾合同签订率为85%，有害垃圾合同签订率为90%，废弃油脂收运合同签订率为95%，可回收物和其他垃圾的合同签订率均为100%。

从大兴区黄村镇的收运合同签订结果来看，居住小区的各类合同均达到了100%的签订率；在公共机构中，各单位均未签订废弃油脂收运合同，其余的合同签订率为100%；在党政机关中，各单位也均没有签订废弃油脂收运合同，其余的合同签订率为100%；在餐饮单位中，其他垃圾合同签订率为77.8%，有害垃圾合同签订率为88.9%，废弃油脂收运合同签订率为16.7%，可回收物和厨余垃圾的合同签订率均为100%。

通过对比两个街道的合同签订情况，发现从合同的签订完成情况来看，朝阳区东风乡的合同完整性较优于大兴区黄村镇。在签订合同的种类上，可以看到两个区对合同的签订要求有一定的差异，朝阳区对厨余、有害、可回收、其他、废弃油脂这5类垃圾清运合同均有签订的要求，其中由于部分单位不涉及产生废弃油脂，所以根据单位的具体情况有不同的要求；而大兴区无论是否产生废弃油脂，都基本没有单独签订废弃油脂的清运合同，而是和厨余垃圾一起进行处理。

综合两个街道的合同签订情况，发现在完成合同签订单位的数量上，由于党政机关、公共机构等单位的运营方式相较于独立运营的各餐饮单位而言，管理和制度上更为严格，所以各单位的各类合同签订情况均比较完整；而餐饮单位对不同种类的垃圾均有不同程度的未签订合同情况。

从以上数据不难看出，两个街道的合同完成度均处在非常高的水平，基本上做到了

① 文中公共机构主要包含：学校、大型商场、宾馆酒店及部分文化事业性单位。

不同垃圾以不同的方式来运输，但在合同签订的完成度上仍有提高空间。

（二）桶站建设都很规范，桶站覆盖率需提升

1. 桶站与小区适配度

从调查结果来看，两个乡镇的小区桶站数和户数基本呈正比关系，从黄村镇的结果来看，小区楼数基本都在 20 栋以上，而桶站数相对来说比较少，这样就会导致居民处理垃圾的不便捷性（表 1）；而东风乡只有极个别小区的楼数超过了 10 栋，所以在桶站建设时不需要太多的数量，在保证资源有效利用的基础上完成了全小区居民楼的覆盖（表 2）。

表 1　黄村镇小区楼数、户数与桶站数

编号	1	2	3	4	5
楼数	29	21	23	46	17
户数	1149	948	980	3000	1051
桶站数	8	2	5	3	5
楼站比	3.625	10.500	4.600	15.330	3.400

表 2　东风乡小区楼数、户数与桶站数

编号	1	2	3	4	5	6	7	8	9	10
楼数	2	10	2	33	2	3	5	4	2	5
户数	480	1670	333	3078	148	501	560	400	504	948
桶站数	2	5	3	21	3	3	5	2	2	17
楼站比	1.00	2.00	0.67	1.57	0.67	1.00	1.00	2.00	1.00	0.29

同时需要注意的是，位于大兴区的黄村镇在楼站比（小区楼数与小区内设置桶站数之比）方面远远不如位于朝阳区的东风乡。前者均大于 3，甚至有两位数的比例：长丰园二区的楼站比是 15.33，该小区楼数较多，户数最多，但只有 3 个集中桶站位于小区中心；而后者则均小于 2。也有不到 0.3 的比例：公园大道小区的楼站比是 0.29，采取了每单元配置一个对应桶站的形式。这也从侧面反映了北京各行政区经济水平的区别，以及对垃圾分类建设的投入资金的区别。经济较发达的区域可以建设更多的桶站，雇佣更多垃圾分类监督人员来贯彻落实垃圾分类的高效实施。

在小区桶站建设这方面，两个乡镇还是存在一定的差异。桶站的建设一方面是为了不同垃圾有不同的地方去处理，另一方面也要考虑居民住户的生活便利性，所以合理的小区桶站覆盖是很重要的，整体来看，在这一点上东风乡比黄村镇要建设得更完善一点。另外，还要重视垃圾桶配置品种数量齐全，科学调配清运力量，合理安排清运路线以及加大日常垃圾清运巡查力度，发现问题及时处置，确保垃圾分类工作有序推进，取得实实在在的成效。

2. 桶站建设规范度

从统计结果来看，两个街道的小区桶站建设都很规范，不仅都有四色桶，而且在桶

站周围都设置公示牌、宣传栏、LOGO，并安排值守人员，对居民参与到垃圾分类中来产生了非常积极的影响。这表明了北京大部分小区都对照市区级下发的指引标准，建设完善了桶站卫生、各类标识、各类信息公示情况等硬件设施配置，为居民投放垃圾创造了良好的基础环境。

在实际的调查过程中，朝阳区建设发展程度高，未能采集到合适的农村数据，最终选取了黄村镇的5个农村进行调研。从调查结果来看，村子里是没有设置桶站的，经过询问居委会工作人员了解到，村子普遍为平房，村落占地面积大，所以桶站收集这种方式并不适用，村民的垃圾清运方式与小区有所不同：厨余垃圾和其他垃圾是垃圾清运车定时定点上门收集；可回收物村民普遍都交由流动收集人员处理，由收集人员运至清运公司处；有害垃圾则是因为产生量很少，在村子中设立的桶站包含有害垃圾的收集。所以能够根据不同居民生活环境与生活方式合理制定垃圾收集清运方式是很合理的，这也体现了北京市在垃圾分类这项工作中认真严谨的态度，能够对各种生活方式的群众合理规划方案，以促进垃圾分类工作的顺利进行。

3. 分类效果

从统计结果来看，两个街道的小区桶站有害垃圾和其他垃圾的分类效果基本达到了100%的分类准确度，而厨余垃圾因为有破损垃圾袋倒垃圾等额外要求，所以厨余垃圾的桶站混投情况较差（图1）。在调查过程中也观察到值守人员发现有垃圾未正确分类时，会对垃圾进行二次分类，主要体现在厨余垃圾的破损垃圾袋投放问题；除此之外，值守人员也对投放垃圾的居民进行垃圾正确的推广和指导，相信垃圾分类工作在未来一定可以得到更好的成效与结果。

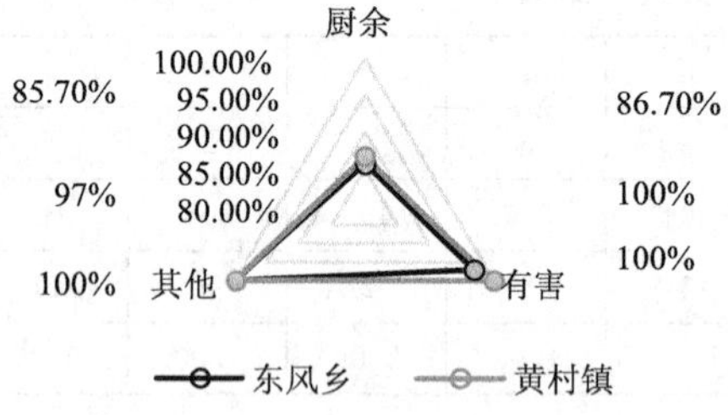

图1　两街道桶站分类效果

（三）垃圾桶设置状况良好，后厨处理设施设置参差不齐

1. 规范度

关于垃圾分类的规范度，在党政机关、公共机构和餐饮单位中主要调研了如下3个方面情况：有无垃圾桶、有无四分类垃圾桶以及后厨处理设施设置情况。在有无垃圾桶、有无四分类垃圾桶方面，党政机关中设置四分类垃圾桶的占比为100%；餐饮单位中设置四分类垃圾桶的占比76%，设置二分类垃圾桶的占比13%，还有11%的单位未设置分类垃圾桶。由此可见，党政机关在垃圾桶分类设置方面做到了全覆盖，餐饮单位的四分类垃圾桶设置情况较为良好，只有少部分单位四分类垃圾桶设置不全或不设置。食堂后厨的厨余垃圾处理第一步就是控水控杂，把固状液状垃圾进行分离，固状垃圾则投放至厨余垃圾桶，液状垃圾进行下一步处理；第二步则是对液体垃圾的处理，即油水分离装置，它的主要作用就是把油与废弃污水分开，在实际调查中，一部分单位配备了新款专业分离器，一部分开设多年的单位后厨仍使用隔油池来完成油水分离，也存在有

一部分单位并未设置油水分离装置；第三步是废弃油脂收集工作，即对做饭过程中产生的废油进行收集，便于集中处理。基于此，在后厨处理设施的调查中，主要就是否设有控水控杂装置、油水分离装置和废弃油脂收集装置3个方面进行了调研。

在东风乡的调查中，餐饮单位全部都设有控水控杂装置，有90％的单位设置了油水分离装置，只有16.7％的单位设置了废弃油脂收集装置；公共机构中有66.7％的单位设置了控水控杂装置，66.7％的单位设置了油水分离装置，所有单位均设置有废弃油脂收集装置；党政机关中所有单位均设置了控水控杂装置和废弃油脂收集装置，但只有50％的单位设置了油水分离装置(表3)。

表3　东风乡后厨处理设施建设情况

单位	餐饮单位	公共机构	党政机关
控水控杂装置	100％	66.7％	100％
水油分离装置	90％	66.7％	50％
废弃油脂收集装置	16.7％	100％	100％

在黄村镇的调查中，餐饮单位中有88.9％的单位设置了控水控杂装置，有83.3％的单位设置了油水分离装置，只有16.7％的单位设置了废弃油脂收集装置；公共机构中因为没有自己使用的食堂及后厨，所以不需要设置这3种装置；党政机关中有75％的单位设置有控水控杂装置，有75％的单位设置有废弃油脂收集装置，但只有50％的单位设置了油水分离装置(表4)。

表4　黄村镇后厨处理设施建设情况

单位	餐饮单位	公共机构	党政机关
控水控杂装置	88.9％	0	75.0％
水油分离装置	83.3％	0	50.0％
废弃油脂收集装置	16.7％	0	75.0％

综合以上调查结果来看，两个街道的后厨厨余垃圾处理装置的设置情况并不太一致，东风乡的餐饮单位在后厨处理设施上较好于黄村镇，东风乡的主要问题体现在公共机构上，其至少存在三分之一的单位未设置控水控杂和油水分离装置；黄村镇的主要问题则主要体现在党政机关上，3种装置的设置都有不同程度的欠缺；但两者也有相同的问题，就是在餐饮单位废弃油脂收集装置的设置上都存在明显的不足。分析这些后厨中所暴露的问题大部分可能与多年来的经营习惯有关，但是终究还是要实现垃圾的正确分类和分类设施的升级改进，这样才能取得垃圾分类这项工作的更大进步。

2. 分类效果

在垃圾分类效果的调研过程中，因为产生的垃圾主要为厨余和其他这两类，所以仅对厨余垃圾桶的分类效果进行比较评定。具体评判标准为："好"是指垃圾分类纯净，桶身及周边干净；"一般"是指垃圾分类纯净，但是桶身或周边不够干净；"差"是指垃圾分类不纯净。

在实际的调研过程中，两个乡镇并没有发现分类不纯净情况，从结果来看，东风乡党政机关做得较好，其次是公共机构，最后是餐饮单位；黄村镇党政机关有50%的单位做到了“好”，公共机构和餐饮单位均为“一般”。所以东风乡整体表现优于黄村镇。而对于两乡镇而言，更多的问题集中在桶身及周边环境不够干净整洁，说明垃圾分类工作在乡镇的各层级单位中都得到了良好的落实，只是在垃圾桶卫生方面还有一定的提升空间(表5)。

表5　东风乡、黄村镇厨余垃圾桶纯净度

	东风乡			黄村镇		
单位	餐饮单位	公共机构	党政机关	餐饮单位	公共机构	党政机关
好	25%	60%	75%	0	0	50%
一般	75%	40%	25%	100%	100%	50%
差	0	0	0	0	0	0

二、北京市加强垃圾分类工作的政策建议

(一)引导居民自觉开展生活垃圾分类

1. 提高桶站监督管理

北京市各区政府应根据本地实际情况，从值守人员数量、桶站宣传内容、垃圾桶开启把手等方面采取灵活多样、简便易行的改进方式，提高居民的垃圾分类意识，改善居民垃圾分类过程中的投放体验，逐步实现全民主动垃圾分类的良好社会氛围。

2. 大力推行智能分类驿站的使用

垃圾分类驿站区别于普通垃圾桶的地方是它的智能化。居民可通过“智能垃圾分类居民卡”刷二维码开启投放门，进行垃圾分类投放及积分；也可通过箱体上对应投放口的按钮，开启投放门分类投放垃圾，打破了传统的扔垃圾要先去摸盖子、一只手扔垃圾不方便的问题，从而实现对生活垃圾投放的封闭式管理。智能分类驿站使用数量的有效推进，可以实现对社区生活垃圾全品类的“一站式”管理，在为居民提供便利的同时，也让垃圾异味不再外漏。

(二)加强生活垃圾分类配套体系建设

1. 完善与分类品种相配套的收运体系

北京市致力于完善垃圾分类相关标志，在各垃圾分类点配备标志清晰的分类收集容器[0]。在走访过程中发现，一部分老居民小区内的杂物房、垃圾房、闲置用地等被改造用做专门的生活垃圾收纳场所，以适应和满足生活垃圾分类要求。同时，街道鼓励采用“车载桶装”等收运方式，避免垃圾分类投放后重新混合收运。政府应进一步完善符

合环保要求、与分类需求相匹配的有害垃圾收运系统。

2. 完善与垃圾源头减量管控的前端处理措施

源头减量是垃圾分类工作顺利实施的重要部分，在检查过程中对这一方面的检查范围较小，主要方向为是否设置光盘行动与限制一次性餐具使用的宣传性标语，检查结果显示大部分单位或场所已完成相关建设工作。此外，还建议从源头上限制不可降解塑料、危险废物的处理数量。并通过大数据系统调控，减少物料浪费，促进再生资源回收再利用。

（三）强化组织领导和工作保障

1. 加强组织领导

北京市各区应加强对生活垃圾分类工作的指导，在已将垃圾分类实施情况落实为考核指标的前提下，逐步细化考核方向，深化考核内容；上级或可采用更切实有效的考核形式，加强对生活垃圾强制分类实施情况的监督检查和工作考核[4]，以得到北京市各街道区域更真实的垃圾分类具体实施情况，向社会公布考核结果，依法对不按要求的予以处罚[4]。此外，各级政府应鼓励因地制宜地探索农村生活垃圾分类模式，并加以宣传推广以供借鉴。如本次调研中涉及的“村收集，镇回收”模式，小组认为有较大的推广价值[5]。

2. 完善法规政策

北京市应加快完善生活垃圾分类方面的法律制度，除已经推动出台修订《北京市生活垃圾管理条例》《北京市塑料污染治理行动计划（2020—2025年）》外，还可从多个方面规范细化垃圾分类的各个环节：明确完善生活垃圾分类及站点建设的相关标准，明确生活垃圾强制分类要求；确立如多排放多收费、少排放少收费、混合垃圾多收费的具体统一标准；建立计量收费、分类计价、易于收缴的生活垃圾处理收费制度等，依法推进生活垃圾强制分类高效进行[4]。

3. 创新体制机制

北京市应制定鼓励政策，发挥基建投资引导带动作用，引导社会投资进入生活垃圾清扫、收集、运输、处理及循环利用等领域，支持相关城市建设生活垃圾分类收运处理设施。调研中发现，垃圾收运工作通常是由北京市环卫等事业单位来进行，还未发现有社会资本深入参与进垃圾分类的各个环节。同时，北京市可以加快建设城市智慧环卫系统，通过“互联网+”等模式，促使垃圾分类回收系统线上平台与线下物流实体密切结合；或者通过为北京市民建立“绿色账户”“环保档案”等形式，鼓励居民正确分类投放垃圾，并提供如央视频会员、热门景点门票等可兑换的积分奖励[4][5]。

参考文献

[1]北京市人民代表大会常务委员会．北京市生活垃圾管理条例，2020．国家法律法规数据库．

[2]北京市人民政府．北京市“十三五”时期环境保护和生态建设规划（国发[2016]65号）[EB/OL].

(2016-11-24)[2021-09-20]. http://www.beijing.gov.cn/zhengce/zhengcefagui/201905/t20190522_60069.html.

[3]中华人民共和国住房和城乡建设部．关于加快推进部分重点城市生活垃圾分类工作的通知(建城[2017]253号)[EB/OL]. (2017-12-20)[2021-09-20]. http://www.mohurd.gov.cn/wjfb/201801/t20180103_234625.html.

[4]国务院办公厅．关于转发国家发展改革委住房城乡建设部生活垃圾分类制度实施方案的通知(国办发〔2017〕26号)[EB/OL]. (2017-03-18)[2021-09-20]. http://www.gov.cn/zhengce/content/2017-03/30/content_5182124.htm.

[5]北京市人民政府．关于加快推进生活垃圾分类工作的意见(京政办发〔2017〕44号)[EB/OL]. (2017-11-10)[2021-09-20]. http://www.beijing.gov.cn/zhengce/zhengcefagui/201905/t20190522_60749.html.

百年乡村生态环境治理实践与经验调研

段旭颖　朱亚男[①]

【摘　要】 生态环境是人类生存和发展的基本条件，农村的生态环境关系着农村经济和社会发展的大事。为了治理改善乡村当前存在的生态环境问题，推动生态环境向好向善发展，平凉县政府认真贯彻落实甘肃省决策部署，推进乡村环境综合整治，这些举措取得初步成效。本次调研针对甘肃平凉农村地区人居生态环境治理情况展开，首先关注乡村生态环境治理的重要性，其次列举了一些乡村生态环境治理的具体实践措施及实例，然后结合问卷分析以及网上各处查阅的资料了解政府所采取的措施、态度以及村民对生态治理的态度及配合情况，最后总结出生态治理所取得的效果及从中获取到的经验。

【关键词】 乡村整治；生态环境；治理改善

乡村的发展关乎广大百姓的生计，而乡村治理则是乡村振兴内容的重中之重。在乡村治理的过程中，各地采用了多种措施，经过艰难的探索，积累了丰富的经验。这些经验主要有坚持对乡村治理体制建设的领导、注重通过治理体制实现农民的利益、注重乡村治理体制的制度化法治化。通过相关政策的制定和实施及大量人力物力的投入，乡村生态问题已得到不断改善，村容村貌也随之提升。

为了了解地方乡村生态治理的现状及针对一些村民关注的环境问题政府所开展的一些具体措施，本次调研选取了课题组成员所在乡村，即甘肃省平凉县。本次调研主要通过网上问卷调查以及参考优秀案例和最新媒体资料的方式进行。共发出问卷 106 份，回收 106 份，回收率达 100%。

一、当地政府有关生态治理的实践措施

党的十八届五中全会提出了“创新、协调、绿色、开放、共享”的五大发展理念，各级政府树立了绿色发展理念，清楚地认识到了农村生态治理的重要性。特别是在新型城镇化背景下，农村生态治理提到了战略高度。农村生态治理不仅仅是改善农村生产环境、生态环境、人居环境，更是为农村产业良好发展提供前提、为农产品质量安全提供基础、为国人身体健康提供保障的重大问题，所以研究农村生态治理措施具有重要意义。由于各地区生态环境各不相同，通过调查收集到的 3 个地区的治理实践措施也不尽相

① 本课题指导教师：段旭颖（北京工商大学马克思主义学院）；课题组组长：朱亚男（新闻 201）；课题组成员：王杏（广告 201）、托合提古丽・吐尔迪（新闻 201）、赵雅青（广告 201）、古丽米热・艾合买提（新闻 202）、热依汉古丽・艾散（新闻 201）。

同，这正凸显了我国因地制宜、规划合理地推进农村生态建设的强大责任感。

甘肃平凉地方政府积极响应国家发展理念，大力发展绿化乡村活动，除了植树造林之外，还开展了专门的护林员知识培训，为绿色乡村安上了一道“红色防护墙”，进行了小流域生态治理、宣传活动和改厕任务等一系列活动。

（一）植树造林

草峰镇科学谋划、大力推进、扎实开展植树造林工作。草峰镇以质为先，高标准严要求，全力打造环境优美、生态优良林业新格局。在树种选择上，选择观赏性强、生长速度快、抗病能力强的树种——油松、山毛桃。在栽种技术上，挖大坑、栽大苗，浇足水，保持土壤墒情，尽力实现“栽得下，能成活，长得大”。

（二）小流域生态治理

草峰党委、政府把生态建设作为实施“乡村振兴”的主要内容，在“早”字上下功夫，在“实”字上做文章。镇上在多次实地调研基础上，积极主动与省林业厅，市、区林业局衔接，计划在草峰镇安家村实施小流域生态治理工程。该项目概算总投资500余万元，规划面积4000亩[①]，是一个集造林绿化、村庄美化、综合整治、旅游观光为一体的生态建设综合性项目。

为确保项目顺利实施，特邀请市、区林业部门负责人及专业技术人员深入安家村大庄社、佛堂寺、大众沟等地进行现场勘查，随后又组织召开了安家小流域生态治理规划座谈会，听取专业人员的指导意见及村社干部和群众代表的设计建议。

（三）举办护林员业务知识培训会

为了加强护林员的知识技能，草峰镇召开了建档立卡贫困人口生态护林员业务知识培训会，会议由镇党委副书记、镇长冷世英同志主持，全镇236名生态护林员参加，在会议上区林草局副局长李国锦同志对生态护林员工作的重要性作了说明，对今后的工作提出了具体要求，区林草局工作人员针对生态护林员的主要职责、日常管护、巡护日志的填写以及护林员装备的使用方法等向与会人员作了详细讲解与培训。随后，区红十字会工作人员向护林员讲解了急救常识，并对心肺复苏术等急救方法进行了现场演示教学。

通过该培训，进一步提高了草峰镇生态护林员的管护水平，强化了责任意识，为全镇做好护林防火、森林管护工作奠定了坚实的基础。

（四）举行宣传活动

为提升全镇广大群众环境保护意识，营造社会关心、支持和参与环境保护的良好氛

---

① 1亩≈666.67平方米。

围，草峰镇开展了“人与自然和谐共生”世界环境日主题宣传活动。工作人员通过发放资料、展示宣传板、张贴宣传海报以及环保知识宣讲等形式，向广大群众宣传低碳环保相关知识，倡导在日常生活中尽量不使用一次性餐具、不乱扔垃圾、环保低碳出行等绿色生活方式，珍惜地球资源，减少能源浪费，提倡循环利用。

（五）农村改厕工作

近年来，草峰镇党委、政府把农村改厕工作与美丽乡村建设、环境卫生综合整治紧密结合，扎实推进农村厕所无害化改造工作，补齐了农村基础设施建设“短板”，改出了文明新生活。为确保户厕建成后安全持续使用，草峰镇从粪污处理、后期管护两方面着手让农村改厕民生工程持久发挥效益。一方面根据村庄数量、服务人口、运输距离等因素，在全镇范围内合理配置吸粪车 4 辆，制定了吸粪车管理使用办法，指派专人负责，确保粪便清运管理及时有序，并实现无害化处理；另一方面组织镇村干部对卫生厕所使用方法、注意事项进行指导，引导村民科学合理使用卫生厕所，定期对农户卫生厕所使用情况进行排查，及时解决存在的问题，使这一惠民工程真正落到实处。

二、当前村民关注的生态问题及当地的应对措施

为了建设环境更美、生态更文明的乡村世界，各地政府都积极努力工作。那么村民眼中所关注的环境问题又有哪些呢？政府针对这些问题又提出了怎样的举措呢？从调查问卷来看，村民们比较关注的生态问题主要有绿化、水污染、空气污染和垃圾分类（表 1）。这些问题也确实是关乎乡村文明建设和村民生活健康的关键点。

表 1　村民比较关注的生态问题

选项	绿化	水污染	空气污染	垃圾分类	旱灾	沙尘	可再生资源回收	节能减排	水土流失
关注度/%	68.87	63.21	48.11	29.25	15.09	11.32	11.32	9.43	7.55

注：本调查项目为多选题。

另外，在有关“如果可以，您现在更愿意留在乡村生活还是城市？”问题中，村民愿意生活在乡村的比例达到了 50.94%，要知道，若是以前，村民们可是天天想往城市里跑的。相信随着乡村治理的不断推进和乡村建设的进一步发展，会有越来越多的人更愿意回归乡村或者到乡村度假。

为了展现农村地区的环境改善情况，本文将以绿化绿植的发展情况和水污染治理情况为例进行说明。

（一）绿化绿植发展情况

本次实践对“绿化绿植”部分内容的调研首先以甘肃平凉为例，对该地区为建设“绿化绿植”工程而进行的规划选址、苗木采购、抓实栽植技术、保证进度质量以及安全生产

5个方面进行论述。

1. 规划选址

为全力抓好春季荒山造林及退耕还林工作，镇党委、政府高度重视，积极衔接区林草局，组织镇村干部，实地查看区域地形地貌和现有植被覆盖情况，科学规划选址，最终确定在余寨、杨庄、张寨、陈洼、盘龙、长沟6村实施新一轮退耕还林1130余亩，在杨庄村实施三北五期人工造林及荒山造林工程1300余亩。

2. 苗木采购

在苗木采购过程中，严格按照苗木供应计划的品种、数量、规格、标准验收苗木，坚决不予栽植劣质苗、隔夜苗、病苗、弱苗，保证各造林点所栽苗木全部达到质量标准。截至目前，共验收采购合格苗木约4.1万株，其中山毛桃约2.3万株，云杉约1.2万株，杏树约0.6万株。

3. 抓实栽植技术

栽植前，根据各造林点山形地貌，对栽植密度、株间距进行了统一规划，采取山毛桃、杏树、云杉、刺槐、柳树混交方式，既保证了造林点苗木的多样化，又利于后期森林防火。栽植时，严格落实"三埋两踩一提苗"的栽植技术要求，采取"镇村干部包片蹲点，技术人员现场指导"的方式，严把整地、挖坑、栽植、浇水、夯土各个技术环节，确保造林成效。

4. 保证进度质量

镇党委、政府严格按照时限、栽植要求对清山整地、苗木调运、组织栽植实行全程跟踪指导，加强苗木成活率的验收考核，在提高造林进度的同时又保证造林质量，确保栽一株、活一株，造一片、成一片，巩固造林绿化成果。截至目前，已完成余寨、陈洼、杨庄、长沟4村退耕还林370余亩，杨庄村"三北"五期人工造林及荒山造林已完成地块整平、道路整修、苗木采购等前期工程。

5. 安全生产

针对荒山造林、退耕还林造林点路远、山陡、造林难度大的实际，镇上组织各村对交通不便的陡坡山地动用机械整修道路15千米，为人员通行、运输苗木、浇水灌溉提供安全保障。同时，对栽植人员进行了现场培训，告知安全事项，签订安全协议书，工人进出主要路口设立安全引导员，保障栽植人员道路安全。同时更换了杨庄荒山造林点老旧电线，确保线路安全，有效降低了造林点火灾风险。

（二）水污染治理

水是万物之源，生活的方方面面都离不开水，它更是关乎人们身体健康的重要资源，所以对水污染的治理和改善显得格外重要，此次调查围绕甘肃平凉和宁夏泾源两个地区重点展开。

泾河是平凉的母亲河，流经县区，泾河及其支流构成了县域内水系网络，是境内工农业生产、生活用水的主要水源。近年来，为了让村民能喝到健康的水、用到干净的水，政府开展了一系列整治措施，如加快推动自然村（组）道路建设工作，加强农村水利基础设施建设；实施农村黑臭水体整治，指导天水市麦积区开展农村黑臭水体治理、庆阳市华池县开展农村生活污水治理试点；推广张掖市、平凉市黑臭水体治理示范城市建设经验等。

在2017年6月对甘沟河、纸坊沟、水桥沟、南干渠进行的公众调查评议问卷调查中（每条沟渠问卷调查100人），公众满意度分别达到了98%、96%、97%、94%，达到了黑臭水体整治要求，基本实现了河道清洁、河水清澈、河岸美丽的目标。

现在，平凉的每一条河流，每一处湖泊，都有了“河长”和“湖长”，有了专门的负责人，只要扫描河边“河长制公示牌”的二维码，就能知道这条河的河流属性，知道“河长”是谁，保洁员是谁，还能通过“掌上拍”进行举报。

湿地采用潜流和表流组合处理工艺，结合景观营造，为污水处理厂尾水处理和泾河水质改善把好关口。实施水系连通、雨污分流、泾河流域综合治理等重点工程项目，推进新民先进水库农村“千吨万人”水源地规范化建设；采用“分散式管网收集、集中式设备处理”模式，推进泾河流域的18个村庄实施农村污水处理及改厕工程，实现农村生活污水无害化处理，出水水质达到一级A排放标准。

三、村民对生态治理的态度及配合情况

对生态治理有所关注，并且了解一些相关知识的人，更能理解政府有关环境治理措施的意义所在，也更能够配合政府完成相应的任务。为了了解村民们对于生态治理问题的关注度，也进行了调查问卷的分析（表2）。调查结果显示，人们对于乡村生态环境治理问题关注度还是比较高的，其中，“很关注，了解很多相关知识”的人数占比有34.91%；而“不太关注，但了解一些”的人数占比在65.09%；“不关注，不了解”的占比为0。虽然也存在调查人类群不全面的情况，但也能从侧面反映出政府对村民们有关生态环境方面的知识宣传有一定的作用，村民自身的卫生素养也得到了一定的提升。

表2　村民对于生态问题的了解情况

选项	很关注	不太关注	不关注
占比/%	34.91	65.09	0.00

另外，在有关“对于平时生活的环境保护，您是否有做到或参与？”问题中，能做到参与生态治理实施过程中去的占比为91.51%，只有8.49%的人没有做到参与到其中来。可以看出村民们的积极性还是很高的，而且随着社会的不断发展，相信人们的思想意识会逐步提高，也会有越来越多的人意识到生态保护的重要性，从而自觉参与到其中来。

本次实践调查首先从甘肃平凉草峰镇村民实施春日植树活动入手，回归植树现场，从中可以感受到村民对植树的热情以及对生态治理的积极性。

在举行植树活动中，所有劳动人员精神饱满，个个精神洋溢，严格按照植树造林技术标准一丝不苟地开展工作，挥锹、培土、扶正、踩实、浇水，大家通力合作，各个环节衔接有序，劳动现场热火朝天。在植树造林后，一颗颗油松亭亭玉立，在明媚的春光下生

机勃勃，为草峰镇增添了又一道亮丽的风景线。

四、乡村生态治理成效

通过政府的大力支持以及公众的高度配合，甘肃的乡村生态治理展现较好成效。在植树造林方面，自植树造林活动开展以来，草峰镇明确责任、狠抓监督，做到片片有人管、棵棵有人护。草峰镇主要领导每天紧盯植树造林进度和栽植质量督查检查，包片领导跟踪督促落实，包村干部蹲点帮助指导，确保了栽植进度和质量。截至目前，已完成植树造林 1100 多亩，栽种油松约 2.2 万棵，山毛桃约 15.5 万株。草峰镇的厕所改革也不断进步，全镇共建成村级卫生公厕 22 处，实施农户卫生改厕 2184 户，其中水厕 1824 户，卫生旱厕 360 户。2021 年以来，共组织人力 1300 多人次，投入机械 80 余台/次，清理垃圾 230 余吨，拆除残垣断壁 56 处，镇村环境得到明显改善，群众的幸福感、获得感得到进一步提升。

这些成果的取得也离不开当地的宣传教育工作。当地政府突出宣传引导，全民参与“聚合力”。把激发群众的主人翁意识作为提升人居环境的突破口，将农村人居环境整治纳入村规民约，组织镇村干部、党员入户宣传 3500 余人次，与农户签订门前“三包”责任书 2000 余份，开展集中宣传活动 12 次，使广大群众充分了解开展环境整治的重要意义，凝聚思想共识，引导广大群众参与人居环境整治清洁行动。宣传活动，共发放《环保小常识》《排污许可条例专家解读》等相关环保宣传资料 1000 余份，解答群众咨询问题 80 余人次，营造了良好的宣传氛围。

为了掌握政府实施一系列有关生态治理的措施后，村民对于现居住环境的感受，我们设置了“您对于现在居住的环境有什么感受?”问题对村民居住环境满意度进行了调查。

从调查问卷结果来看(表 3)，村民们对于现居住环境的条件感觉良好，不满意的占比仅 4.72%，而满意与很满意的占比达 54.71%。这说明国家所实施的农村生态治理是有成效的，这不仅离不开国家政策的出台和大力支持，更离不开各乡村的积极配合和村民们的付出。另外，在调查中也总结出了一些治理成功的经验。

表 3　居民对现居住环境的满意度

满意度	很满意	满意	一般	不满意	无所谓
占比/%	9.43	45.28	40.57	4.72	0.00

(一)国家层面

国家在制定农村生态治理规划时，应根据不同区域社会经济水平、自然条件的差异，划分不同的区域，采取不同的措施。对乡村生态治理问题高度重视，不断完善改进各项法律法规。可以制定全面的资源管理法律体系，对污染违法犯罪行为严格管理。采取恰当适宜的手段在整体上统筹规划，使各个机构部门协调一致，分工明确地进行运作。做到宏观调控、积极鼓励各地采取创新先进的技术治理生态问题。同时,也要做好普及宣传教育活动,让保护生态环境深入民心,积极主动去保护环境、爱护环境,共同建设美好乡村。

(二)地方层面

地方各级政府应在国家规划框架范围内,结合区域的实际情况,制定详细的治理规划,以及实施方案。制度安排在保障乡村参与的主要功能是降低生态治理交易成本,规避生态治理中的机会主义风险,增进城乡主体间互信以及促进城乡生态治理集体认同,为巩固城乡生态合作共治扫清阻力。农村生态环境保护不是一天能完成的,在要求村民守法的同时,作为管理人员也要严格约束。在村民心里公职人员就是代表政府的权威、国家的形象,充分运用榜样示范的作用,为村民树立良好的典型。

乡村振兴在生态上还需要不断地投入人力、财力,但直切要害的还是改变人们的思想,生态文明的建设便是重塑人们的生态信仰,让人们守住生态道德底线,收获生态幸福。政府应十分注重对公众的宣传教育,在强化公民保护生态环境以及危机意识方面尽最大努力。一方面政府可以利用经济手段促进环境保护;另一方面政府可以通过环境保护运动与宣传提高公众的环保意识。建立生态文明、和谐美丽的乡村形象离不开每一位村民的付出,要让每位村民都意识到环境保护的重要性,并自觉参与进来,共同建设美丽的乡村。

河南极端暴雨天气的应对与分析

姜茹茹　张文泽①

【摘　要】 2021年7月20日，一场突破了中国大陆小时降雨量极值的特大暴雨袭击了郑州市，造成严重损失。本文首先概述了本次河南暴雨的情况，并对此次暴雨整体过程进行了分析，对其在人民生活中产生的相关影响举出了具体实例；其次进行问卷调查以及文献搜索整合分析，对河南暴雨中的治理状况进行了总结分析。

【关键词】 河南极端暴雨；灾情应对；以人民为中心

2021年7月，河南多地遭遇特大暴雨，由于降水持续时间比较长、强降水发生的区域较集中，造成西部、西北部山区山洪地质灾害风险明显增高，还造成大范围城市内涝、农田积涝[1]，对人民群众的生命安全和财产安全造成了严重的威胁。在党的领导下，当地政府积极应对，坚持以人民为中心，最大限度地保护人民生命安全和财产安全，充分彰显了党的治理能力。

本次调查主要采取非定向问卷调查、参考媒体报道和查阅文献的方式完成。问卷为课题组自制，共发出问卷58份，回收有效问卷58份，回收率100%；本次调研人群以18～44岁青壮年为主，占比84.61%，17岁及以下的青少年占比6.15%，45～59岁的中年人占比9.24%。填写问卷人群中群众、共青团员和中共党员均有兼顾，群众占比9.23%，共青团员占比76.92%，中共党员占比13.85%。

一、河南极端暴雨的概况

（一）时空分布

2021年7月，河南省普遭暴雨侵袭，且此次降雨来势凶猛、范围集中、降雨量大、持续时间长，造成了严重的灾害。据河南省气象台监测显示，从7月17日开始，河南省共有4098个雨量站降水量超过50毫米，大于100毫米的有1923个，大于250毫米的有606个。而且，郑州、嵩山、新密等多个国家级气象站日降水量突破建站以来历史极值[2]。嵩山、巩义、新密、偃师、登封5个站点突破建站以来3日累计降水量历史极值。降水时长为7天左右。以郑州市为例，据郑州气象台监测显示，2021年7月17日20时至7月20日20时，郑州3天的过程降雨量为617.1毫米。通常情况下，24小时降雨量

① 本课题指导教师：姜茹茹（北京工商大学马克思主义学院）；课题组组长：张文泽（光电20）；课题组成员：李子芊（光电20）、刘思楠（光电20）、马睿骁（光电20）、许博健（光电20）。

超过 200 毫米便已达到特大暴雨级别。

从时空分布上看本次降水范围集中，降雨量大，持续时间长。

(二)引发的自然灾害

本次降水引发了严重的自然灾害，河流水位迅速上涨，造成大范围城市内涝、农田积涝，致使河南西部和西北部引发山洪、泥石流。特别是郑州、安阳、鹤壁、新乡等多地受灾严重。多个区域断电断水断网、道路损毁、交通中断、地铁停运，通信、电力受到严重影响，多处出现重大险情，部分城乡成为一片泽国，防汛形势十分严峻。据统计，本次洪涝灾害共造成河南省 150 个县(市、区)1664 个乡镇约 1481.4 万人受灾，农作物受灾面积约 1620.3 万亩，倒塌房屋 99312 间；直接经济损失约 1337.15 亿元；共造成 302 人遇难，50 人失踪。

在 7 月 17—22 日，2021 年最强降雨过程中，河南省共有 20 个国家气象站日降雨量突破建站以来历史极值。受强降雨影响，河南郑州、新乡等多个城市出现严重内涝，群众生产生活遭受严重影响。

(三)对生活方面的影响

1. 对工农业生产的影响

农业方面。河南省为我国小麦、花生产量第一大省，粮食总量第二大省，猪肉产量第三大省，玉米产量第五大省。根据《河南日报》报道，截至 7 月 24 日 18 时，河南全省农田积水 1062 万亩。农作物受灾面积 1307 万亩，其中玉米受灾 867 万亩、水稻 10 万亩、大豆 48 万亩、花生 181 万亩、其他 201 万亩。成灾面积 470 万亩；绝收面积 238 万亩[3]。当地多个市县，大部分农田农业受灾严重，加上鱼塘被冲毁，农资短缺和水毁水利工程多，恢复生产任务重。

工业方面。洪水倒灌进了一些工厂，有的工厂里面的化学溶液和水就产生了反应，发生了爆炸，工厂损失比较惨重。据国家统计局新闻发言人付凌晖介绍，7 月河南规模以上工业增加值同比增长了 4.6%，比上个月回落了 1 个百分点。1—7 月，河南固定资产投资同比增长 5.8%，比上月回落 2 个百分点。由于水利设施损坏严重，给生产自救带来巨大困难，需要投入大量资金。

2. 对人民财产安全的影响

据河南省防汛抗旱指挥部办公室消息，7 月 16—22 日，强降雨共造成全省 100 多个县 800 多个乡镇数百万人受灾，直接经济损失数十亿元。

3. 对交通的影响

郑州交通的重要性非同一般，它不仅是中原城市群中重要的交通枢纽，还是中国交通的“心脏”所在。

从当地角度来看：多条路段积水、塌方，地上公交线路、地下多条地铁线路停运。

从全国角度来看：铁路方面，多趟列车停运或折返。据中国铁路郑州局消息，7 月 20 日，持续强降雨导致中国铁路郑州局管内普速陇海线、焦柳线、宁西线、京广线、太焦线和郑西高铁、郑太高铁、郑徐高铁部分区段封锁或限速运行，多趟列车停运，15 趟列车折返，郑西高铁部分列车将停运或折返，郑太、郑徐高铁列车不同程度晚点。

航空方面，新郑机场进出港航班大面积取消，7 月 21 日共计取消 670 余架次，航班执行率仅为 18%（图 1）。

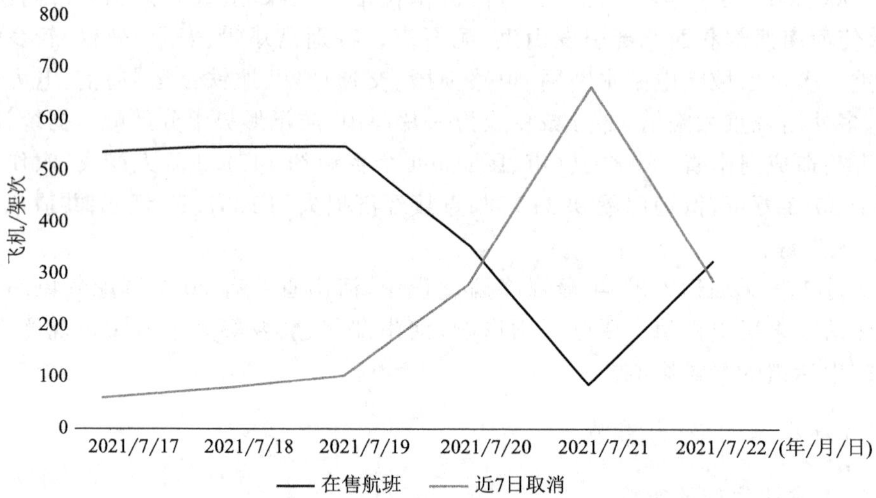

图 1　新郑机场进出港航班计划折线图

由于受阻的铁路出行需求转移至民航，出行需求短时间内大量增加，引起部分航线机票价格显著上升。例如北京—西安航线，河南暴雨前机票价格稳定在 700～800 元左右，7 月 21 日成交均价突破 1200 元，较暴雨前上升了 400 多元，如图 2 和表 1 所示。

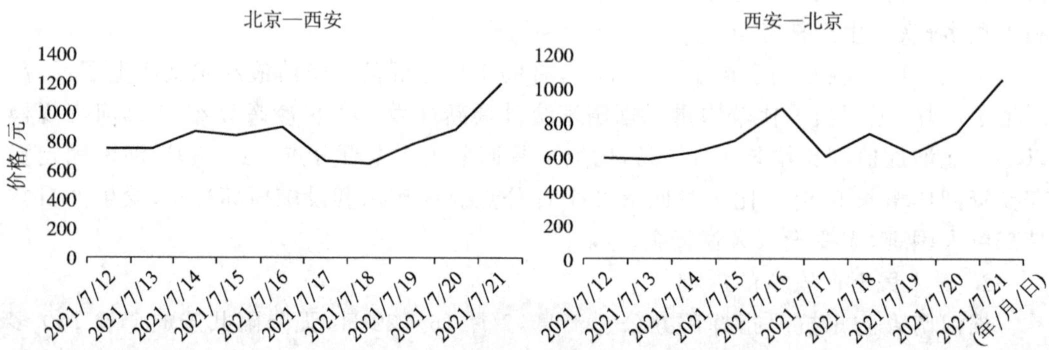

图 2　部分航班机票价格上涨图

4. 对市场的影响

造成农产品市场价格波动，猪商等商家急于出售产品，导致当地猪肉价格等大幅度卜跌，其他地区类似产业收益降低，以及短期股市波动。据河南省农业农村厅副厅长土俊忠公布的数据，截至 7 月 23 日，全省受灾规模养殖场 1678 个，占受灾地区规模养殖场总数约 3.7%，养殖圈舍受灾面积 103.8 万平方米，死亡畜禽约 103.7 万头（只）。

表 1　高铁旅客转移至民航 TOP 销量航线

航线	转移比例	航线	转移比例
西安—北京	19%	天津—西安	34%
北京—西安	19%	西安—无锡	88%
西安—上海	40%	洛阳—北京	24%
上海—西安	48%	西安—合肥	31%
北京—成都	41%	西安—济南	76%
成都—北京	53%	西安—广州	48%
北京—武汉	19%	郑州—上海	9%
武汉—北京	15%	济南—西安	47%
西安—杭州	61%	北京—洛阳	15%
西安—长沙	43%	西安—深圳	81%
长沙—北京	36%	上海—洛阳	42%
长沙—西安	35%	广州—西安	36%
西安—天津	29%	合肥—西安	22%
杭州—西安	41%	兰州—北京	71%
北京—长沙	25%		

受持续强降雨影响，截至 7 月 29 日，河南省全省农作物受灾 1450 万亩，成灾 940 万亩、绝收 550 万亩[4]。对于钢材市场，由于暴雨来袭，省内多处钢材物流园被淹，使得钢材运输阻塞，影响钢材向省外输出。

二、河南极端暴雨天气的具体应对举措

(一)灾前预警预防举措

在受到汛情影响后的第一时间，河南省积极协调各方力量，周密部署，提前做好灾情预警工作。在汛前早动员、早部署，在思想、组织和物资上都进行了充分的准备，及时启动防汛预案，认真布置防汛抗灾工作任务。

一方面，提前发布暴雨预警信息。据河南省气象局报道，共发布预警信息 1184 条。河南省气象局 7 月 13 日就已关注此次暴雨过程，14 日便开展了省地联合会商，起草重要天气报告，15 日报送省委、省政府。河南省气象局第一份预警是 7 月 16 日 9 点 50 分发布的暴雨橙色预警信号，7 月 18 日 17 点 10 分发布暴雨黄色预警信号，7 月 20 日早晨发布暴雨红色预警信号。暴雨期间，河南省各级气象部门实行 24 小时不间断工作机制，针对这次暴雨全力做好保障。全国多地紧急支援河南国家级雷达备件和气象应急探测备件，帮助河南省做好天气检测和预警工作。

另一方面，在暴雨导致大范围灾害发生前，推出了多个暴雨应急预案，多方面、多角

度、多条件详细地阐述了对于极端情况的处理办法。河南省各单位、各企业积极响应，迅速完善完备了预防措施。其他省也第一时间驰援当地，尽可能地保障人民的人身安全和财产安全。

（二）灾中统筹部署，紧急抢险

在暴雨极端天气应对过程中，省政府始终坚持把人民财产安全放在第一位的原则，组织协调各方尽可能保障人民群众的利益。在整个灾害应对过程中，河南省政府紧系民心，尽全力保证与人民的沟通，将政策透明化。

在灾情显现之时，河南省政府及时组成了河南郑州“7·20”特大暴雨灾害调查小组。调查组聘请专家为调查工作提供技术支撑，调查组将依法依规、实事求是、科学严谨、全面客观地对灾害应对过程进行调查评估，总结灾害应对经验教训，提出防灾减灾改进措施，对存在失职渎职的行为依法依规予以问责追责。受灾地区各级政府不等不靠，统筹安排，科学调度，采取措施，带领人民全力抗洪救灾，各级领导干部第一时间赶赴各村领导抗洪救灾工作，现场指挥，吃住随行，时刻关注灾情。不间断地巡查排险，不遗漏，不疏忽，对出现的险情立即组织群众及时转移，充分发挥了党支部的战斗堡垒作用和党员的先锋模范作用。

社会各界积极参与到暴雨灾害应对中。比如，各地发起救援捐款，社会救援队、志愿者奔赴灾情第一线紧急救援，一些社会公众人物、网络主播积极号召组织社会捐赠。集中体现了在重大灾难面前，中国人民的团结和集体主义精神。

（三）灾后组织恢复举措

河南极端暴雨灾害的灾后恢复工作积极有效。当地第一时间分析出各地灾情，针对新形势、新任务，对统筹抓好疫情防控、加快推进灾后重建有关工作进行了全面部署，并印发了《关于加快灾后恢复重建的若干政策措施》。主要从快抢险、建设施、保主体、稳大局、强保障5个方面共提出了22项具体政策举措，努力覆盖灾后恢复重建所涉及的各个环节。具体为：(1)扎实做好防汛救灾工作；(2)推进重大基础设施修复建设；(3)帮助市场主体和农业恢复生产经营；(4)确保社会大局稳定；(5)强化保障措施。

河南省各级基层政府主要从4个方面实施灾后恢复措施：(1)认真做好灾情统计，组织全镇村干部深入各受灾点进行抗灾自救，对已成灾的，进行准确调查登记，向县委、县政府和水利、民政、农业等有关部门报告，同时组织群众开展自救。(2)镇村干部亲临现场，深入灾民家庭，宣传政策，帮助灾民树立信心，由国家领导带领团队实地勘查，慰问受难人群。8月18日，李克强总理带领团队来到河南省县城、村镇看望慰问受灾群众，表示动用中央预备金来全力保障受灾群众临时安置，基本生活保障，直到战胜灾害。(3)洪水退去后立即组织及时打捞漂浮物，开展护苗、扶苗工作。(4)加快房屋重建，确保灾民有地方住，有饭吃。

经过积极的恢复重建工作，尽可能减轻了灾害对人民群众造成的损失，帮助人民群众尽快恢复正常生产生活。而且制定了长期的灾后恢复追踪机制，尽可能减少暴雨灾害对人民生产生活的影响，帮助受灾群众恢复生活生产。

三、河南极端暴雨天气应对措施彰显的价值观

（一）坚持以人民为中心的初心

1. 高度重视人民群众生命财产安全

从物质层面来看，国家动用中央预备金来全力保障受灾群众临时安置，直到战胜灾害，给予了物质上的最大支持，让人民最基本的生活得到保障。从精神层面来看，在党的领导下，受灾群众的恐慌情绪得到缓解，对于后续的恢复与治理有着极大的帮助。所有人都有着公平、公正、平等的权利得到国家的帮助，并且有着积极向上应对困难的动力。河南此次极端暴雨事件当中，受灾群众最需要的就是能够得到生命的保障以及财产安全的保障。在受灾后的一系列举措都围绕着保障人民生命安全和财产安全展开，通过一系列有效举措大大减少了死亡以及受伤人群，使人民得到生命保障，最大限度地减小了个体财产损失。不论是在物质层面的经济支持，还是在精神层面的安慰，都带给了人民群众足够的安全感，使得人民群众坚定了在党的带领下快速恢复正常生活的信心。

总体来说，在这次极端暴雨灾害中，党和国家尽最大努力维护了人民群众利益，让人民群众在自然灾害面前获得安全感。

2. 高度重视人民群众的自救和外援

在本次河南暴雨中，当地群众自发地行动起来，进行自救或者以自己的能力帮助其他的受灾者，外地的医护人员以及消防员、武警等，也都像抗击新冠肺炎疫情一样从全国各地来驰援河南，群众也都力所能及地捐款或者宣传正能量，在各个方面体现出了人民当家做主，形成了人人参与、人人尽力、人人有成就感的生动局面。

3. 高度重视人民群众的评价

调查问卷结果（表2）显示，大多数受访群体为18～44岁的青壮年，总体来讲对于河南暴雨应对的举措非常满意指数为98.46%。

表2　人民群众对于河南暴雨中应对举措的满意度

满意度	非常满意	满意
占比/%	98.46	1.54

（二）重视实践的重要作用

1. 灾难应对中的措施

在此次河南暴雨灾害中，暴雨前，气象部门就发布了暴雨橙色和红色预警，提醒河南居民减少出行，提前做好准备。受持续强降雨影响，7月20日郑州取消进出港航班260架次；中国铁路郑州局集团公司管内部分区段封锁或限速运行，导致部分列车晚点

运行、停运或折返;20 日 18 时,郑州绕城高速全线、郑少高速全线、机场全线等部分高速禁止所有车辆上站。暴雨中,交警、环卫、电力、通信、供水、市政等所有保证居民正常生活的岗位,都有防汛救灾人员逆行风雨、俯身服务的身影。政府协调联动解放军、武警部队等突击力量待命。督促指导各地提前预置防汛抢险力量,做到汛情灾情早准备、早发现、早报告、早处置。河南全省 28000 多支救援队伍、70 余万人全天备勤、严阵以待,在灾害发生第一时间赶赴现场抢险救援,确保人民群众生命财产安全。

2. 积极践行,深得民心

这次应对暴雨过程的实践充分证明了我党和国家有着强大的救援能力和优秀的领导及管理能力。在所做调查问卷中,100%的人都认为党和政府在此次救援中相当迅速,坚持了以人民为中心,体现了对人民的责任与国家该有的担当。

在此次暴雨过程中,无数楼房被淹,许多当地居民无家可归。在这种危机情况下,国内多家企业进行捐款捐物,多地进行募捐,为应对暴雨灾害尽自己的一份微薄之力,真正做到了全国一心,充分体现了党和国家强大的凝聚力和国民强烈的民族认同感。

对于河南暴雨灾害的应对,特别是恢复工作不能毕其功于一役,不能只着眼于打好眼前的一仗,要充分贯彻落实应对举措的连续性,灾后重建恢复工作实践并不是一朝一夕就能够完成的,应当把眼光放长远,要多干打基础的事,多干可持续发展的事,多干造福子孙后代的事。

参考文献

[1]张双虎,韩扬眉. 六问河南特大暴雨[N]. 中国科学报,2021-7-22(01).

[2]袁于飞. 河南暴雨为何这么猛[N]. 光明日报,2021-7-22(08).

[3]陈洁. 暴雨后的河南农业:花生、玉米受灾面积合计超千万亩,对农产品价格影响有限[N]. 21 世纪经济报道,2021-7-27(06).

[4]曹沛原. 农业农村部:河南暴雨对我国粮食生产供给全局影响有限[N]. 农村金融时报,2021-8-9(A02).

改革开放后化妆品原料安全监管的实践经验调研

杨春花　周秀玲[①]

【摘　要】 化妆品原料安全监管是社会治理的一个重要方面。改革开放之后，随着人们生活水平的不断提升，对化妆品的需求越来越多，对产品的质量要求也越来越高。因此，化妆品原料安全监管的方法、措施、力度也在与时俱进地不断变化。针对人民需求、社会环境和条件变化采取不同的措施，制定不同的法律和制度，进行多种多样的教育宣传，使得整个监管系统不断走向完善、科学和成熟。

【关键词】 化妆品法规；原料审查；市场监管

改革开后，随着化妆品的不断发展，化妆品原料的监管力度也不断增大，本次调研以化妆品原料安全监管为切入点，对中国化妆品行业的发展与变革展开深入调研、分析原因、梳理脉络，总结化妆品监管的变化和发展。

一、化妆品原料监督中所遇到的问题

化妆品作为朝阳产业，被不少投资者看中，大量外国企业进入中国市场。但在发展过程中也存在着一些问题[1]。

(一)生产方面所面临的问题

在化妆品生产过程中的问题主要来自两个方面：一是化妆品原料使用不规范，二是化妆品生产过程中的微生物污染[2]。

化妆品原料的不规范添加以及部分原料对人体具有很强的伤害性。在调研的110份问卷中，发现关注自己所使用的化妆品成分的人数占比67.27%，而主动查询化妆品成分的人数只占50.9%。从以上的数据可以看出，仍有相当一部分人并不在意化妆品的原料成分(表1)。

表1　群众对于化妆品成分的关注度

关注度	主动查询过化妆品成分	关注化妆品成分
是	50.91%	67.27%
否	49.09%	32.73%

---

① 本课题指导教师：杨春花(北京工商大学马克思主义学院)；课题组组长：周秀玲(生物技术192)；课题组成员：张佳琪(生物技术191)、吴悦航(生物技术192)、尹姬(生物技术191)、时嘉灏(生物技术192)。

近年来，我国化妆品产业在高速发展的同时，非法添加等现象也层出不穷。2021年上半年，国家药监局发布了多起关于问题化妆品的通告，大多是假冒原料或者检测出禁用物质的问题。2018年江苏省泰州市曾查办一起特大化妆品非法添加禁用成分案件。违法人员从多个渠道购进非法添加禁用成分的化妆品原料，或在面膜、美白、祛痘类化妆品中大量添加倍他米松、氯化氨基汞、甲硝唑、氯霉素等禁用成分，通过半成品、贴牌、成品等形式，销售给全国20多个省的上千家美容院、化妆品店及数以万计的消费者。

化妆品可能存在的问题有原料包括禁用的动植物提取原料、含有矿物质元素的原料、防腐剂等，这些原料可能会对人体的皮肤或黏膜产生强烈刺激或者变态反应性、光毒性、致癌性等生物活性。如矿物质中含有的重金属对人体有慢性毒性，特殊用途的化妆品中发挥作用的化学物质可能对人体有致癌风险。防腐剂过量添加可能导致接触性皮炎、皮肤过敏等，严重时可能会产生毛孔堵塞或者黏膜感染。国家对于化妆品原料的禁用，除了依据其本身是否会对人体造成伤害外，还会依据其是否与现有的政策相矛盾。如2021年最新禁用的与大麻相关的植物原料，包括大麻仁果、大麻籽油、大麻叶提取物等原料[3]，由于这些原料具有很强的抗炎、抗氧化等生物活性，曾一度受到化妆品企业的追捧，然而大麻类原料的广泛使用与国家禁毒管理的相关政策冲突，因此这类植物原料也被列为化妆品禁用组分。

在生产过程中化妆品的安全问题还包括微生物污染问题。化妆品成分中富含蛋白质、脂质、水分、矿物质元素等营养物质，并且化妆品的pH值在4～7，满足微生物生长所需的营养需求和环境需求。微生物污染一方面会造成化妆品质量损坏，另一方面会对人体造成伤害。目前化妆品中明确禁止检出的微生物有铜绿假单胞菌（*Pseudomonas aeruginosa*）、金黄色葡萄球菌（*Staphylococcus aureus*）和耐热大肠菌群（*Escherichia coli*）这3种[4]。微生物对化妆品在制备过程中所造成的污染称为化妆品的微生物一次污染；化妆品在使用者打开使用后就会与空气、手指上的微生物接触造成的污染称为二次污染。一次污染要采取完全清洁状态的制造方法来避免，二次污染则主要依靠防腐剂来避免。

（二）销售方面所面临的问题

被调研群众认为，在化妆品生产销售过程中，使用原料是否无害是首要考虑因素，对其功能活性是否突出、环境是否友好排在其次，最后是广告宣传。从中看出，现在的消费者更关注于产品本身的安全性、功效性，认为广告宣传与产品本身没有太多的关联。同时本次接受调研的人群年龄集中在18～25岁的人数占94.55%，可以看出“明星效应”的销售方法已经不再适用于国内的化妆品市场，只有产品本身的效果好、质量高才能够获得消费者们的青睐。

改革开放时期，我国实行对外开放政策，国外化妆品产业在进入国内市场后，迅速占领国内市场，国产化妆品的生存空间被挤压，发展艰难。本次的调研报告中，对于国内外化妆品的观点，有57.27%的群众认为，“国家管理化妆品原料应该严格，这样才可以保证消费者的利益”，但也有29.09%的群众认为，“国家对进口化妆品原料应该严格限制，而对国产化妆品原料应该适当放松，进而加大国产化妆品的比重”。从中可以看出，随着文化自信心的增强，群众对于国货的好感度在慢慢回升，对于外国产品也不再过度追捧。在“如何看待进口的化妆品中添加国内禁用的原料”这一问题中，有17.27%的受访者觉得“如果可以达到自己想要的功效，我还是可以尝试”，3.64%的受访者则认为“国内的条规太严格，这些原料在国外的化妆品是被允许使用的，自己可以接受”，其余的大多数人认为“既然已经是被禁用的，那一定是有害的，我不会再使用”，从中可以看出绝大多数人还是相信化妆品禁用原料的管理。不过也由于国内对于化妆品原料过于笼统的监督，使得化妆品的上市流程变得复杂。而化妆品上市销量会根据季节的变化而产生一定的波动，所以流程过长的审批也会影响化妆品的销售额，在一定程度上影响了国产化妆品的销售额与普及度。

（三）流通方面所面临的问题

化妆品在流通方面所面临的问题主要是虚假宣传，在调研报告中，关于国家应该在化妆品销售、生产的哪些方面还需加强监管，85.45%的人选择了“虚假宣传”，可见消费者群体一直是有被化妆品中虚假信息、虚假宣传此类问题所困扰。

据媒体报道，2020年1月，在山东日照开往济南的列车上，有人将一种名为“百草霜”的化妆品当作药品销售给旅客。售货员声称，该产品可以舒筋活血、止疼，还可以治疗皮肤病、蚊虫叮咬等多种症状，把这款化妆品形容得很神奇。无独有偶，“药妆”的概念前几年在国内十分流行。化妆品傍上药品仿佛产品功效更加有了保证，也使得产品宣传更加令人信服。然而，2019年1月，国家药监局明确指出，对于以化妆品名义注册或备案的产品，宣称“药妆”“医学护肤品”等“药妆品”概念的，属于违法行为。

化妆品的虚假宣传主要包括功效的虚假宣传；其次是仿造大牌产品，用价格低廉、功效低、有毒性的原料代替原版中价格昂贵、功效好、无毒性的原料。要想避免这类问题，首先必须明确化妆品的产品名称、制造商名称地址、净含量、生产日期和保质期、使用指南等指标，这样有助于消费者判断该产品是否安全合格以及是否适合自身皮肤状况等基本条件[5]。此类问题若没有规范性的条例进行管理监督，则会有不良商家进行恶意营销或刻意隐瞒，对消费者存在欺骗性和误导性。

此外，市面上生产伪劣、抄袭产品的中小型工厂众多，也需要国家出面扶持优秀企业打击违法违规企业。企业获得生产许可证和卫生许可证号有利于企业规范生产、保证产品质量、优化产业链、引导投资方向，同时也可以防止假冒伪劣产品，是国家对化妆品行业管控的重要途径。国家的相关行政机构应对企业获得生产许可证和卫生许可证号的要求、考量制定相应的法规标准。

二、化妆品法规及卫生标准的制定与修订

根据上述化妆品产业中所存在的问题，国家相关部门采取科学监管的方法对化妆品行业进行整顿治理，保障了人民群众的身体健康和消费权益[6]。

（一）原料安全方面

原料安全是化妆品安全最重要的一部分，颁布禁用物质以加强对化妆品产品安全质量的源头控制。在禁用的原料成分中大部分是一些对人体有害成分，是毒性较强、致畸、致癌物、光敏性较强、农药、致突变物等危险产品。

2007 版新修订的《化妆品卫生规范》相比于 2002 年版对化妆品原料的要求有了很大的变化。禁用物质种类现有 1208 种，相较于以前增加了 787 种，其中增加 78 种植物；限用物质种类增加了 13 种，现数量为 73 种；限用防腐剂种类现为 56 种，增加了甲基异噻[7]；限用防晒剂种类现为 28 种，增加了二氧化钛等 4 种；限用着色剂种类现为 156 种，删除和增加了 4 种和 3 种；暂时允许使用的染发剂被首次列入规范，共有 93 种。

特殊化妆品包括染发、烫发、祛斑美白、防晒、防脱发等功效型产品，其原料由于具有显著的功效但又具有危险的化学性质，是过去我国化妆品市场上乱象频出的一类产品。在 2021 年实行的新《化妆品监督管理条例》第四条中提到，在对化妆品和化妆品原料的管理中，对特殊化妆品和普通化妆品采取双重管理制度。对特殊化妆品实行注册管理，对普通化妆品实行备案管理。国家对特殊化妆品“特殊”对待，严格监管，在最大程度上保障消费者权益。

（二）卫生监督管理方面

自改革开放以来，化妆品卫生监督管理的法规在中国经济发展的过程中得到了持续合理的完善。

在 20 世纪相关法规的基础上，2000 年，卫生部发布了修订后的《化妆品生产企业卫生规范》（以下简称《规范》），并于 2001 年起实施。《规范》中对完善化妆品的生产条件、规范生产工艺和保证产品质量等方面起到了积极作用。内容涉及化妆品厂址的选择与厂区的规划、生产的卫生、卫生质量检验、原材料和成品的储存以及个人卫生健康 5 个方面，并作出了说明和要求。2005 年 12 月 27 日，卫生部发布修订后的《健康相关产品国家卫生监督抽检规定》，从抽检产品的采样、检验、认定到抽检结果的评价与发布都制定了规范性的要求，细化了产品抽检的流程，使抽检工作做到了有法可依[8]。

（三）流通方面

质检总局于 2007 年 8 月 27 日发布了《化妆品标识管理规定》，该规定于 2008 年 9 月 1 日生效。GB 5296.3—2008《消费品使用说明—化妆品通用标签》修订版，于 2009 年 10 月 1 日实施这两部法规都是有关标签的 GB 5296.3—2008 除了原先规定的要求在标签上标注产品名称、制造商名称地址、净含量、生产日期和保质期、使用指南、企业的生产许可证和卫生许可证号、产品标准号等外，增加了化妆品全成分标注和实际生产加工地的标注[9]。修订过后的法规对化妆品产品的溯源、安全以及对消费者的公廾透明起到了推进作用，可以看出国家对化妆品的监管治理更加高效、科学。

在国内外化妆品原料进口、化妆品流通销售方面，国家出台了《化妆品行政许可申报受理规定》对其进行监督管控，于 2009 年 12 月 25 日国家食品药品监督管理局发布并于 2010 年 4 月 1 日起实施。对国产和进口化妆品有了明确定义：化妆品的最后一道接触内容物若是在境内完成的则为国产产品。对提交的材料各方面也有严格的要求，所有首次申报的产品都必须提交“产品名称命名依据”“产品中可能存在安全性风险物质的有关安全性评估资料”。这些对配方师在产品设计中应考虑到可能由原料或生产过程中带进去的风险物质、原料的选用及生产工艺等方面提出了要求，以此来保证成品的安全，这也体现了监管部门对成品安全的考虑。

（四）宣传方面

2015 年 7 月 20 日，国家出台了《化妆品监督管理条例（修订草案送审稿）》（以下简称《送审稿》），《送审稿》完善了标签、宣称和广告的相关规定，全面建立不良反应监测制度，加大了违法处罚力度。2019 年 11 月，国际著名品牌欧莱雅因宣称“8 天肌肤犹如重生”而被重庆市市场监管局罚款 20 万元人民币。对此类宣传广告问题，2020 年国务院出台的《化妆品监督管理条例》（新条例）中第三十七条明确表示，化妆品标签禁止标注下列内容：明示或者暗示具有医疗作用的内容；虚假或者引人误解的内容；违反社会公序良俗的内容；法律、行政法规禁止标注的其他内容。此条例严厉打击了企业对产品功效的广告打“擦边球”的行为，整顿了行业在宣传营销方面的不良行为。新条例还制定了严格的问责制度和严厉的处罚办法。对于化妆品经营过程中出现的违法行为以及将承担的法律责任在新条例第五章进行了详细规定，处罚金额最高可处以货值金额 30 倍罚款，同时提出“处罚到人”的规定，对严重违法单位的相关责任人员最高处以其上一年度从本单位取得收入 5 倍的罚款，禁止其 5 年直至终身从事化妆品生产经营活动。

《送审稿》和《化妆品卫生监督条例》相比，表明了相关部门对化妆品的监管从政策到行动“双管齐下”，加大了对生产经营者违法行为的处罚力度，法律责任设置全面涵盖各种违法情形，执法自由裁量权更为规范，对处罚种类和处罚制度进行了相应的丰富和完善。

三、自改革开放以来，对化妆品原料安全管理的反馈

本小组对调研问卷结果进行统计，并确定各项范围所占的比例。本次的调研中，有 47％的人员不清楚化妆品禁用成分，45％的人员了解一两个禁用成分，仅有 8％的人员清楚 3 个及 3 个以上的化妆品禁用成分。其中，“清楚知道化妆品禁用成分”这一项所占的人员中，有 20％的人并不了解化妆品禁用成分的禁用原因。由此可见，还需要加强对化妆品原料安全教育方面的相关宣传引导。

随着信息技术的提升和电子产品的普及，群众了解化妆品法规的途径也开始变得多种多样，国家在普及化妆品法规上也进行了多种途径的宣传。本次调研同样包括了多种途径的选项，结果表明：在被调研的人群中有 71.82％的人是通过微信推送了解国家在化妆品方面的法规，有 63.34％的人则通过网站了解，有 7.72％的人通过会议了

解，其余的人则通过其他途径了解化妆品方面的法规。

国家针对化妆品原料与市场的监督管理，建立了化妆品不良反应监测制度与化妆品安全风险监测和评价制度①。对于这些制度的实际效果也进行了调研，在所调研的人群中，仍有84%的人认为化妆品监管方面还需加强，而群众认为国家在化妆品监管上仍需在打击虚假宣传、进行安全检测、审查原料配方等方面加强。图1为统计出各方面所占总调研人数的比重。

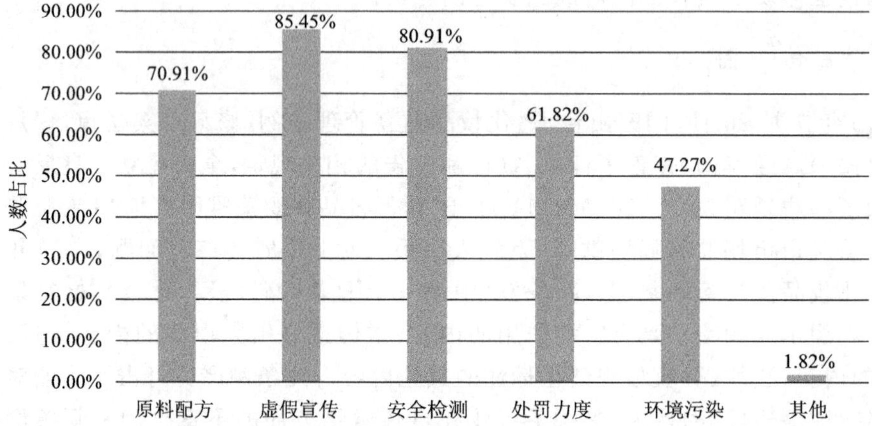

图1 针对化妆品应加强方面的群众意见调研结果

国家在化妆品安全教育的宣传方面已经实行了多项举措。为加强化妆品安全科普宣传，提高人们的安全用妆意识，国家药监局于2019年举办了第一届科普宣传周[10]。旨在进一步加强化妆品监管相关法规的宣传，强调化妆品企业质量安全的主体责任，引导消费者科学合理地使用化妆品。

国家药监局定期举办化妆品知识的相关讲座，讲座以药监局官方网站、微信公众号、抖音、快手等多个平台为载体，全方位为公众普及化妆品安全科普知识，并邀请十余位专家及品牌代表人结合线上线下的方式对化妆品安全问题进行科普讲解[11]。讲座中，多位专家及品牌代表人都谈及了化妆品原料成分安全的重要性②，指导消费者安全用妆，并强调企业需遵守《化妆品监督管理条例》，依法合理安全使用化妆品原料。

线下宣传方面，则是通过开展网络公益培训、实验室开放活动、科普大讲堂活动、企业开放活动等形式广泛进行化妆品安全教育。同时，还举办了进商场、进校园、进景区、进社区、进机关的"五进"宣传活动及化妆品监管座谈会，深入宣传化妆品安全教育的同时对化妆品监管形势、任务，各地市局就监管形势、监管成效、行业趋势等内容进行交流，对《化妆品监督管理条例》贯彻落实中遇到的问题进行讨论。

① 资料来源：《制度体系日益完善化妆品原料产业迎来发展新机遇》。

② 资料来源：专业人士分析2020年化妆品原料市场变化。

参考文献

[1]夏金旺．浅谈化妆品的监督管理[J]. 口腔护理用品工业,2010(6):51-53.

[2]阎佳,杨军．化妆品中微生物的污染与控制[J]. 河北化工,2008(6):76-78.

[3]国家食品药品监督管理总局．化妆品禁用原料目录(2021 年版)[S].

[4]郑萍,陈西平．化妆品的微生物污染问题及防腐效能评价方法[J]. 中国卫生检验杂志,2007(11):2122-2124.

[5]国家食品药品监督管理总局．化妆品安全技术规范(2015 年版)[S].

[6]甘露．中国化妆品法规的现状及变化[J]. 中国化妆品,2011(8):26-27.

[7]黄健翔,黄福伟,顾宇翔．化妆品的防腐剂原料标准及使用情况浅析[J]. 香料香精化妆品,2021(3):109-113.

[8]王丽君,吴建军．中国化妆品卫生法规的形成与发展[J]. 中国化妆品(专业版),2006(3):66-70.

[9]魏少敏．中国化妆品法规的现状与动态[J]. 日用化学品科学,2009(9):39-41.

[10]中国化妆品行业协会．中国化妆品行业 4—5 月十大新闻[J]. 中国化妆品．2021(5):8-11.

[11]郭丽．安全用妆 美丽有法——全国化妆品安全科普宣传周专家和品牌代表谈化妆品安全[J]. 中国化妆品,2021(5):62-64.

乡村振兴战略背景下首都垃圾治理对生态环境的影响

——以北京市朝阳区孙河乡为例

赵婧怡　赵四源①

【摘　要】 随着我国城乡进程的加速与农村经济条件的改善，生产生活垃圾的数量逐年增多，导致垃圾分类处理问题日益严重。农村生活垃圾治理工作是改善农村人居环境、建设美丽宜居乡村、实施乡村振兴战略的一项重要任务。本研究报告以垃圾治理为调研对象，通过查阅资料、问卷、走访等形式进行调研，结合北京市朝阳区孙河乡的垃圾治理现状，发现居民环保意识欠缺、政府宣传力度不足、基础设施不够完善等问题。调研报告通过对政府部门、公众意识、村级组织能力等方面分析原因，并借助国内外相关垃圾治理经验提出针对性对策，以期对调研地垃圾治理工作有所帮助。

【关键词】 乡村振兴；首都生态环境；垃圾治理

本次调研采用线上线下结合的方式，共回收有效问卷120份。其中居民对于垃圾治理后周围环境的变化有46.05%认为有改善但不明显，72.37%的居民认为垃圾分类目前的困难存在于居民环保意识薄弱。从问卷中反映垃圾分类治理应加大力度处理，同时采取有效手段克服存在的问题。

一、研究背景及意义

（一）研究背景

乡村振兴战略在党的十九大报告中提出，报告指出，农业农村农民问题是关系国计民生的根本性问题，必须始终把解决好“三农”问题作为全党工作的重中之重，实施乡村振兴战略。中共中央、国务院连续发布中央一号文件，对新发展阶段优先发展农业农村、全面推进乡村振兴作出总体部署，为做好当前和今后一个时期“三农”工作指明了方向。2021年4月29日，十三届全国人大常委会第二十八次会议表决通过《中华人民共和国乡村振兴有效衔接意见》。

伴随乡村振兴战略的深入落实，农村经济实现高速发展，农村居民生活水平大幅度提升，基于北京市朝阳区孙河乡大部分村庄由拆迁到变为统一规划的社区这一情况，目前仅有部分村庄还保留，而居民生活习惯的改变使得垃圾治理成为突出问题。党的十

① 本课题指导教师：赵婧怡（北京工商大学马克思主义学院）；课题组组长：赵四源（环境201）；课题组成员：王茉茹（环境201）、陈致远（环境201）、石乐冉（环境201）。

九大以来生态文明建设工作提升到了前所未有的高度，持续改善农村人民居住环境、满足人民日益增长的优美生态环境需要已经成为“新常态”。

党和政府关注居民的居住和生活环境，北京市相继发布《北京市建筑垃圾处置管理规定》《北京市生活垃圾管理条例》，为北京市有效管理生活垃圾，切实提高生活垃圾减量化、资源化和无害化提供了法律依据。垃圾治理在相关条例的发布后取得一定的绩效，但离目标还有一定的差距，还有诸多因素影响着垃圾治理，从而影响生态环境，因此本次调研就可能存在的问题进行了相关的调研。

（二）研究意义

何为生态振兴？生态振兴是乡村振兴的重要支撑。乡村振兴，生态宜居是关键。良好的生态系统是农村最大优势和宝贵财富。要坚持人与自然和谐共生，走乡村绿色发展之路，让良好的生态成为乡村振兴的支撑点。优美的生态环境是农村的发展法宝，是乡村难得的增值自然资本。基于对北京市朝阳区孙河乡的实践调研，了解当地的垃圾治理现状以及对孙河乡环境的整体感知，对该地区存在的相关问题与当地居民的要求及疑惑进行深入了解，通过采取相关建议、措施，让居民了解、认可和支持生态文明建设，促使生态环保理念深入人心，也能更好地为当地政府、居委会和村级干部实施管理并采取相应的措施，进一步提高治理效率，对建设生态宜居的村庄具有重要意义。

二、北京市朝阳区孙河乡垃圾治理现状

（一）孙河乡的基本概况

孙河地区位于北京市朝阳区东北部边缘，温榆河畔。孙河地区环境优美，交通便利，自然生态环境得天独厚，绿化面积已达到30.6%。优越的自然条件，打造了朝阳区一依带水的最佳生态区，成为温榆河畔一条亮丽的风景线，属北京市第二道绿化隔离带和温榆河绿色生态走廊规划控制地区。地区发展前景良好，在绿色休闲、文化旅游、房地产、高新技术以及各类服务型产业发展方面具备很强的发展潜力。

（二）孙河乡垃圾治理的效果

根据调查，大部分居民认为进行垃圾分类后周围的环境有改善，说明孙河乡垃圾治理是有效果的。经调查孙河乡的垃圾治理影响因素主要由两个群体组成：当地居民和居委会。当地居民不了解垃圾分类的人数很少，大部分都是比较了解的，这离不开当地居委会的环保政策宣传以及志愿者桶前值守。且63.16%的家庭都有垃圾分类的习惯，主要是厨余垃圾和包装废弃物品比如快递盒（袋）（表1）。当地有专门的垃圾收集点，每栋楼前有两个收集点。孙河乡56%的居民认为主要是依靠分类运输处理生活垃圾（表2）。2021—2022年孙河乡保洁服务及垃圾清运项目成交公告，中标成交供应商名称：北京景蓝保洁有限公司，项目用途：孙河乡政府、政务服务中心、城管队、文化站、

康营家园4个社区、景润苑社区的公共区域、消防通道、垃圾箱(桶),室内的墙面及天花板、办公区域、停车场、洗手间的清扫与保洁;其他及厨余垃圾的清运工作[1]。由于项目用途广泛分布,缩短了垃圾收集点的距离,也便于居民找到垃圾桶进行投放。另外,垃圾治理的效果改善也离不开居委会对正确投放垃圾者给予奖励,据调查多为生活用品(表3),奖励措施大大激励了居民进行垃圾分类。

表1 家庭中产生最多的垃圾

垃圾种类	厨余垃圾	一次性塑料用品	废弃包装废纸	农产品相关化学废品
占比/%	50	17	28	5

表2 村庄常用处理生活垃圾的方法

处理方法	分类回收	沼气开发	集中掩埋	统一焚烧	其他
占比/%	56	4	12	15	13

表3 正确投放垃圾的奖励措施

奖励措施	奖励生活用品	荣誉称号	其他
占比/%	83	7	10

(三)孙河乡垃圾治理存在的问题

调研结果显示,大部分居民对于孙河乡的生活垃圾处理情况是满意的,但是仍有2.63%的居民持不满意的态度,说明当地垃圾治理仍存在问题。居民认为生活垃圾分类回收目前的困难有:村民环保意识薄弱、分类设施不够完善、村民对于回收知识知之甚少、环保引导措施不够(表4),由此可见宣传力度还需加强,垃圾桶的种类需要进一步完善。另外,有25%的居民发现垃圾车运输垃圾不按照原有分类运输,而是混在一起,这也是部分居民不按照分类乱投放垃圾的原因之一(表5)。据走访了解,其他垃圾的垃圾桶有出现垃圾溢出导致垃圾随意堆放的情况。由于道路较窄,严重时影响正常通行,也对过路居民造成不好影响。此外,在小道旁设有宠物粪便袋取用盒,但取用盒未进行及时补充,这也造成了遛狗人士忘记携带粪便袋导致任由宠物在草坪上、道路上留下粪便,影响市容且有异味,对环境造成破坏。

表4 村民生活中垃圾分类回收的困难

选项	设施不完善	回收知识少	宣传引导不够	环保意识薄弱	其他
占比/%	25	21	19	33	2

表5 村民认为垃圾车运输垃圾的方式

运输方式	每类垃圾有相应储存位置	不分类,混在一起运输	不清楚	其他
占比/%	47	25	28	0

三、北京市朝阳区孙河乡垃圾治理问题存在的原因

（一）政府部门

农村地区的垃圾处理具有公共物品的特点，处理过程是一个复杂而长期的过程，它的诸多特点决定了政府是其主要的供应者，政府对农村废物的处理负有不可替代的责任[2]。根据走访调查，农村垃圾治理中政府存在的问题及成因有：

1. 制度的缺失

监督缺失使得垃圾桶前并不是时刻有人在值守，也并没有专门工作人员，只是一些志愿者，并且也因为没有专业的人员，导致很多时候出现垃圾混扔、垃圾分类不正确的情况。据走访发现，小道旁设置的宠物粪便袋取用盒里面不常进行补充，使得宠物在草坪上、道路上等公共场所留下粪便产生环境污染。

2. 经费不足

据了解，现在农村垃圾处理费用主要由县、镇本身全额补助。在许多地方，农村废物处理的费用没有列入财政预算，也没有持续的资本投资。尤其是没有长期机制来保证清洁工的工资以及转移、储存和分拣的费用。2014 年《南方日报》一篇报道，广东省紫金县腊石村村委书记叶进科给记者算了一笔“垃圾治理”的开支账——收入：5500 人（常住人口）×7 元（县补助资金和镇补助资金）＝38500 元，支出：4500 元（保洁员、运输员费用，含车辆油费及维修费）×12 个月＝54000 元，社保费两人每年约 1500 元，垃圾桶及清扫设备每年约 21000 元，支出费用合计约 76500 元。一个村每年的资金缺口是 38000 元。政府资金不足，导致村中垃圾分类机制不完善。经费不足也使垃圾分类的设施不够完善。据调查，部分村民反映垃圾桶的种类不完备，使得自身进行垃圾分类的自觉性下降。

（二）公众意识

村民对于生态环境保护的意识较为薄弱，自主管理的主动性不强[3]。首先，受之前生活方式的影响，村民养成了随手扔垃圾、垃圾混扔的习惯，并不能在短时间内改过来。其次，因为环境属于公共环境，一些人就有“滥竽充数”“搭便车”的心态，觉得其他人进行垃圾分类，自己就可以不用进行垃圾分类了，只顾使用和收益，不负责和治理，对待垃圾治理常常处于一种观望的角度。还有一些村民对生活垃圾分类处理的认知程度不足，不清楚垃圾分类的具体要求，只是大致地按照地点分垃圾，如厨余垃圾就是厨房产生的垃圾，其余的就是其他垃圾，这也必然会影响垃圾治理的工作。

（三）村级组织能力

1. 垃圾分类处理能力

各部门慢慢加大了对垃圾分类的正视，但在现实运行过程当中，因为基础设施和后

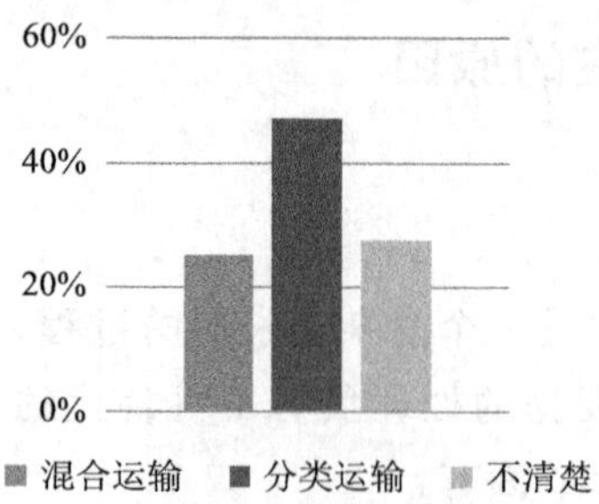

图 1　垃圾车后续运输处理统计

续处置能力的限制，很多垃圾没有获得有用处置[4][5]。据调查，部分村中的垃圾车不是按照原有分类运输，而是混在一起运输到集中垃圾站再进行分类（图 1）。这样使得村民家中进行的垃圾分类并没有意义，并且还会打消村民自觉主动进行垃圾分类的积极性。村委会进行垃圾处理、垃圾收集的速度和频率较慢，出现了垃圾桶有垃圾溢出来的情况，导致垃圾堆放在垃圾桶旁边。当垃圾开始溢出时，部分居民就会有“破罐子破摔”的想法，将垃圾直接扔在旁边，不会进行分类。

2. 组织村民参与能力

首先，村中关于垃圾分类的宣传过少，村民对生活垃圾分类处理的认知程度不足，并且没有足够的环保引导措施（图 2），使得村民参与农村垃圾治理的积极程度下降。其次，部分村委会会对垃圾分类正确投放者给予适当的生活用品奖励，而部分村委会并不会进行奖励，没有奖励也会使一些村民参与垃圾分类的积极性降低（图 3）。

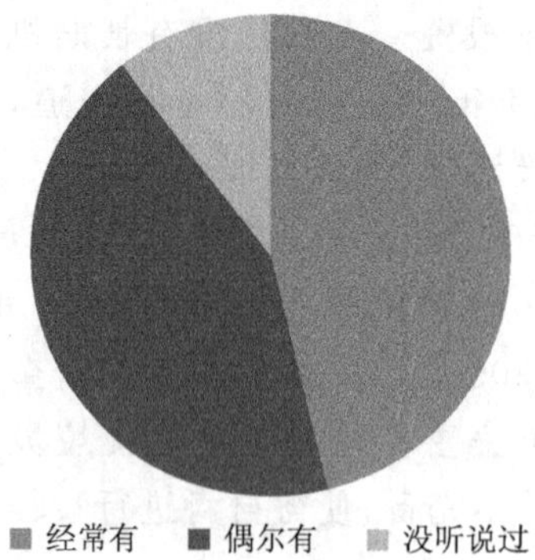

图 2　是否进行环保宣传统计

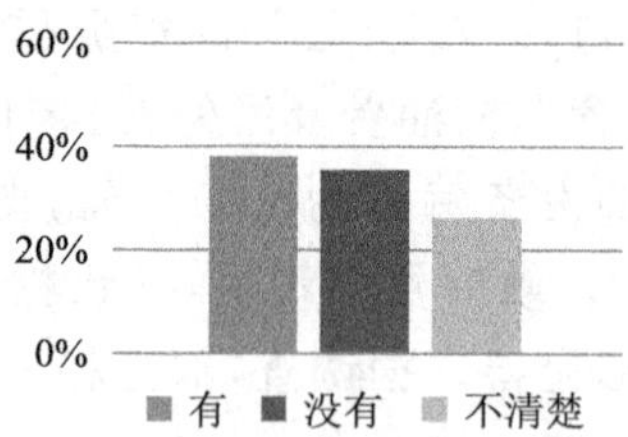

图 3　垃圾投放正确是否有奖励统计

四、北京市朝阳区孙河乡为提升垃圾治理对生态环境影响的借鉴与对策

（一）国内外垃圾治理经验

1. 国外垃圾治理经验

日本垃圾分类主要以 20 世纪 70 年代为分水岭，在此之前，日本处理垃圾的方法主要为填埋和焚烧，同时造成了比较严重的环境污染。后来日本工业迅速崛起，填埋和焚烧无法快速及时处理这些生活垃圾和工业垃圾。1976 年日本修改完善《废弃物处理法》，加大了垃圾处理和垃圾分类的力度，逐步建立起垃圾分类处理体系[6]。

日本政府先后提出多项举措，分时期逐渐实施。其中，政府在垃圾分类中起主导作用。日本政府不断提高治理能力，发挥政府的主动性和创造性，制定适合日本自身的政策法规和实施计划。

日本政府大力推动政策多元化。首先是提高公众的参与度。在日本政府的指导推动下，组织开展各类公益环保活动；组织学生参观垃圾治理工厂；广泛动用各界社会力量，民间团体进行宣传；开展各类宣讲联络会；同时与企业进行接洽，从而使产业行业协同发展。

另外，日本政府更加注重宣传教育。制订如《横滨G30计划》《横滨垃圾分类指导手册》，同时制定各类动漫、漫画、图标来更清晰明白地展示。日本政府还针对现有信息网络开发了移动版APP，宣传垃圾分类、环保知识，帮助民众更好地了解和实施垃圾分类。

此外，日本政府还有许多其他举措。例如为运输处理端企业提供绿色通道以得到企业支持；同时进行信息公开化：建立垃圾分类信息网站，并将所有焚烧厂、填埋场等垃圾处理厂实施对外预约参观并公开数据[7]。

2. 国内垃圾治理

在国内，安徽省黄山市的农村生活垃圾处理卓有成效[8]。黄山市为实现“垃圾不落地，乡村更美丽”的目标进行了精细化专业化的治理。科学谋划，专人专干，引进专业人才；设计使用APP进行日常工作；对社会进行招标，总体推进治理；建立互联网信息化智慧环卫系统，所有信息上传云端；采购新型压缩车、吸污车等专业设备；严格监管，管办分离，建立良性互促的考核机制。

(二)北京市朝阳区孙河乡为提升垃圾治理对生态环境影响的对策

基于调查走访发现，孙河乡存在的垃圾治理问题大致可分为3类：政府和村镇所制定的制度缺失、治理监管能力不足；村民公众环保意识欠缺；该地区老年人居多，垃圾分类对老年人存在困难。

1. 完善监管体制

第一，建立村镇、市镇有效激励、监督、惩罚机制。通过正向奖励与处罚督促各级政府采取行之有效的解决处理方案，进而督促村民养成环保意识[9]。第二，建立社区村镇自治治理体系。发挥村民的主观能动性，自发监督性。社区居委会村委会行使监督职能，将垃圾分类环境治理纳入到村镇日常工作中。第三，信息公开化。对资源回收利用数据、垃圾焚烧、填埋处理数据予以公开，倡导利益让渡机制，提高公众参与感、认同感。

2. 强化公众参与

公众参与着眼于具体公共问题的有效解决，在城市治理中广泛运用[10][11]。在日本学界，学者荒木昭次郎于1990年首次提出“合作治理”，即政府与NGO等社会力量的合作伙伴关系，是“公众参与”的重要形式之一。垃圾分类治理离不开广大公众最广泛的参与实践。

在孙河，乡政府可以加大宣传力度，提高社会共识。可不定期组织孙河乡辖区内学校、社区开展公益讲座。同时开放北京景蓝保洁有限公司等辖区内环保企业供公众参观，进而使公众意识到环保的重要性，促使公民自觉遵守垃圾分类，从而提高环保意识，达成社会共识。

3. 智能服务

政府及相关部门可以在垃圾分类站点进行垃圾桶智能化，在减少志愿者工作压力的同时，也能够很好地帮助老人进行分类和识别。在老人家里可以免费提供设置语音智能服务助手，既可以与老人进行交流，同时也可以提前在家里做好分类工作，一举两得。相较于其他垃圾和可回收垃圾而言，厨余垃圾不仅散发臭气、污染环境，甚至可能会影响周围人群的健康，智能化的垃圾服务站点可以减少更多的危害。

五、结论

随着社会经济的飞速发展，农村生活垃圾治理问题日益凸显，为实现农村生活垃圾“减量化、资源化、无害化”的正确目标，对农村生活垃圾进行分类处理是最好的办法。从孙河乡的调研结果中不难发现，垃圾治理是一个持久战，北京市作为首都，近年来努力把现代化建设与生态文明相结合，调整产业结构，使生态效率大大提高，如绿化率不断扩大、水资源日益优化、资源垃圾化水平进一步提高、生物多样性更加丰富、“美丽乡村”逐渐增多以及城乡共建效果显著等。调研小组认为，政府、社会各界以及村民本身一同参与农村生活垃圾治理，才有可能达到治理效率最大化和治理方式最优化目标，从而推进我国乡村地区生活垃圾的分类治理进程，建设美丽乡村，实现乡村振兴战略。

基于种种原因，本次调查研究还存在一些不完美的地方，调研的地区不够充足，未能辐射周边尽可能多的地区，且由于疫情原因未能对大部分地区进行相关的考察。在本次调研过程中也遇到了一些问题：当地居民大多数是老年人，未能充分配合工作、多数人不能理解调研工作、调研时间的安排与居委会的工作时间安排有冲突等。小组只采取线上线下相结合的方式进行调研，对于相关问题原因分析、措施意见等方面的不成熟之处，在未来还将进行补充调研和完善。

参考文献

[1]北京市朝阳区人民政府．2021—2022 年度孙河乡保洁服务及垃圾清运项目成交公告[R]. 北京市政府采购网，2021.

[2]张璐．农村垃圾治理中的政府责任研究[D]. 上海：华中师范大学，2014.

[3]王华鑫．旅游型农村垃圾治理方案设计——基于对江西省婺源篁岭新村的实地调研[J]. 河北企业，2021(08)：123-125.

[4]张德阳，王泽萍，张慧颖，等．居民社区垃圾分类治理困境与创新路径[J]. 合作经济与科技，2021(16)：162-163.

[5]龚后雨．打造全域农村生活垃圾治理“黄山样板”[N]. 中国建设报，2021-07-30(03).

[6]吴佳艳．日本垃圾分类“横滨经验”及其启示[J]. 顺德职业技术学院学报，2021，19(03)：34-39.

[7]张笙艳，杨依雯，范晓雪，等．日本垃圾分类及对起步阶段的中国垃圾分类启示[J]. 大众标准化，2021(12)：122-124.

[8]刘俊娜,王晓灵．基于扎根理论的农村生活垃圾合作治理机制研究[J]．环境科学与管理,2021,46(07):56-61.

[9]张丽迎．精细化治理过程中政府职能研究——以城市垃圾分类治理为例[J]．中国市场,2021(19):22-23.

[10]资兴市人民政府．发挥村民主体作用　建设美丽宜居乡村——资兴市推进农村垃圾分类回收治理的实践[J]．乡村振兴,2021(05):58-59.

[11]孙柏瑛．基层多元共治提升社区生活垃圾治理的可持续能力[J]．城市管理与科技,2021,22(04):42-45.

“双减”政策背景下校外培训机构发展状况的调研

——以北京教培市场为例

王艳春　葛世泽[①]

【摘　要】 教育作为立国之本，一直是社会各界所关切的民生问题。校外培训机构在当前背景下发挥着愈发重要的作用。“双减”政策的出台对校外培训机构的发展产生了巨大冲击。本小组根据问卷统计结果，将从4个方面对当前“双减”政策背景之下校外应试教育机构的发展方向提出合理对策以及改善意见，对“双减”政策进行深入思考。

【关键词】 双减政策；校外应试培训机构；发展方向

随着经济的快速发展、社会竞争也日趋激烈，家长越来越重视孩子的学习，校外培训机构迎来了一段爆发时期。但与此同时也出现了一些问题。比如校外教育机构过度资本化，追求短期利益导致学员信息泄露，阻碍社会教育公平竞争。面对教育发展存在的一些不足，中央“十四五”规划中也提出了要支持和规范民办教育发展，规范校外培训机构，同时发挥其自身优势。基于以上背景，本小组决定以课外应试教育机构发展方向为探究主题进行相关研究。

一、调查问卷的相关情况

受疫情影响，本次调查以线上问卷调查为主的方式进行，主要面向北京市常住居民发放问卷，研究总体为北京市教培市场。调查问卷以问卷星为媒介，在微信、QQ等社交平台发放。共发出调查问卷307份，收回307份，回收率达100%；剔除用时较短的问卷6份，得到有效问卷301份，有效率达98%。18岁以下的受访者占8.97%；18～30岁的占41.86%；31～45岁的占40.53%；46～60岁的占7.97%；60岁以上的占0.67%。发放人群多为18～45岁的青壮少人群，约占被调查总数的82%。另外，相关受访者职业分布中学生、家长占比高达92%以上。以上数据均表明，受访样本可以较好地反映出调研主题的真实情况。

二、“双减”政策之前校外培训机构面对的问题

进入21世纪，我国经济社会呈现高速发展的状态，社会竞争日趋激烈，家长越来越

① 本课题指导教师：王艳春（北京工商大学马克思主义学院）；课题组组长：葛世泽（金工193）；课题组成员：汪源春（金工193）、徐黎明（金工193）、刘瀛子（金工191）、李子帅（金工191）。

重视孩子的学习，不惜重金为孩子寻找好的校外培训机构，这在一定程度上促进了校外应试教育机构的发展。各大校外培训机构呈现出喷涌发展态势，市场规模一路攀升。如表1所示，K12（小学一年级到高中三年级）课后辅导行业规模预计在2021年达到5710亿元，而整个课外培训市场早已突破万亿元规模。无论是一线大都市还是三四线城市，校外应试培训机构已经遍布大街小巷。

表1　K12课后辅导行业规模

年份	2016	2017	2018	2019	2020	2021
行业规模/亿元	3610	3950	4380	4830	5300	5710（预测）

随着整个教育培训市场的蓬勃发展，课外培训机构开始暴露出一些亟待解决的问题，比如过度资本化，追求短期利益导致学员信息泄露，阻碍社会教育公平竞争，对家长、学生以及社会产生了较为恶劣的负面影响。调研数据显示，校外培训机构主要存在以下问题：

（一）教学水平参差不齐

客观来说，机构从业老师的教学水平确实良莠不齐。“学而思”等高中竞赛型辅导机构中不乏国内顶尖高校毕业生，而一些小型民办机构的老师甚至没有教师资格证书。由图1可知，高达52.49%的受访者认为教师队伍的稳定程度不高以及教学水平参差不齐都是现存的重要问题。据本小组调研访问，一些小型民办校外机构授课老师经常发生变化，很大程度上影响了课程质量，家长、学生们也维权困难。因此，如何识别师资水平，是学员们所需面对的一大难题。

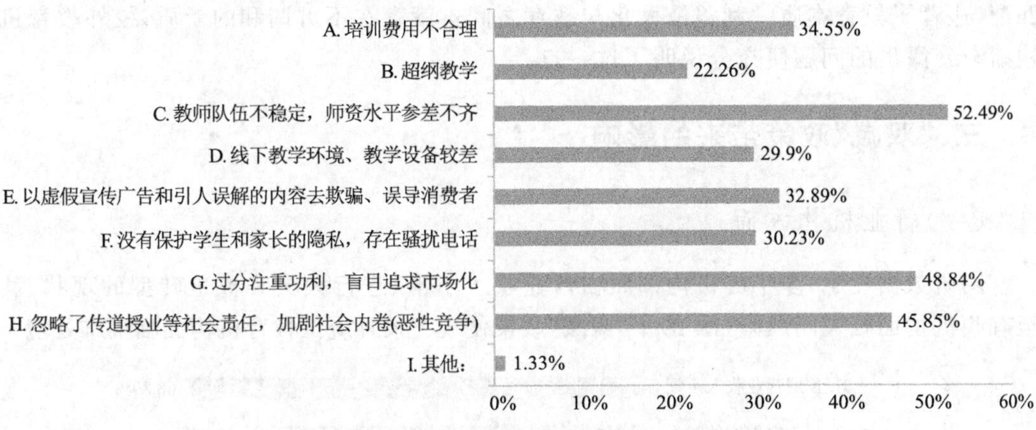

图1　受访者认为校外培训机构的负面作用

（二）权益保障程度较差

现如今骚扰电话与日俱增，很大程度上与个人信息保护措施不周密有关。根据调研问卷的第13题结果可知，超过30%的受访者认为存在泄露个人隐私的情况。这说明教育机构泄露个人信息已经成为市场中较为普遍的现象，具体表现为泄露学员学习背景以及联系电话。经过小组讨论分析，骚扰电话众多的原因主要有两个。首先，较大型的课外教育机构对参加过课程的学员会进行业务扩大宣传，常常致电询问是否需要相关的服务。例如，某同学完成托福课程培训后，机构会致电询问是否需要GRE参与课程。其次，教育机构也有可能将已经获取的一手个人信息打包转手卖出，获取盈利。

（三）课程费用定价不合理

课外教育机构培训对于普通家庭来说是一笔不菲的开销。在“望子成龙”的期望与现实的考试竞争面前，许多父母往往承受着较重的经济负担。据相关调查显示，在北京市场，一些较高质量的小班教学课程已高到每1000元/课时。表2的调查汇总也说明了这一问题的存在，高达31.57%的受访者为一周期课程支付的费用在6000元以上。课程费用定价不合理已经成为监管部门亟待解决的问题。

表2 受访者一周期课程费用调查

课程费用	3000元以下	3000～6000元	6001～10000元	10000元以上
占比/%	27.57	40.86	20.27	11.30

（四）过分追求市场化

资本永远是逐利的。“双减”政策中明确地规定了对资本进入教育行业的严格限制。在政策发布之前，大量资本开始进驻教育领域“开疆拓土”，其中不乏一些国外资本。校外教育机构在资本的驱使之下盲目追求市场化，导致师资课程设置与费用不相匹配，违背了教育本质。利益最大化与教育之间本就存在不可调和的矛盾，校外教育机构渐渐暴露出的问题便充分说明了这一点。

三、“双减”政策带来的影响

（一）行业机构方面

调研数据显示，多半的机构都面临营业收入下滑、进行裁员和被迫转型的现状，甚至有些机构面临关闭风险（图2）。“双减”政策使现有校外应试教育机构面临艰难处境。

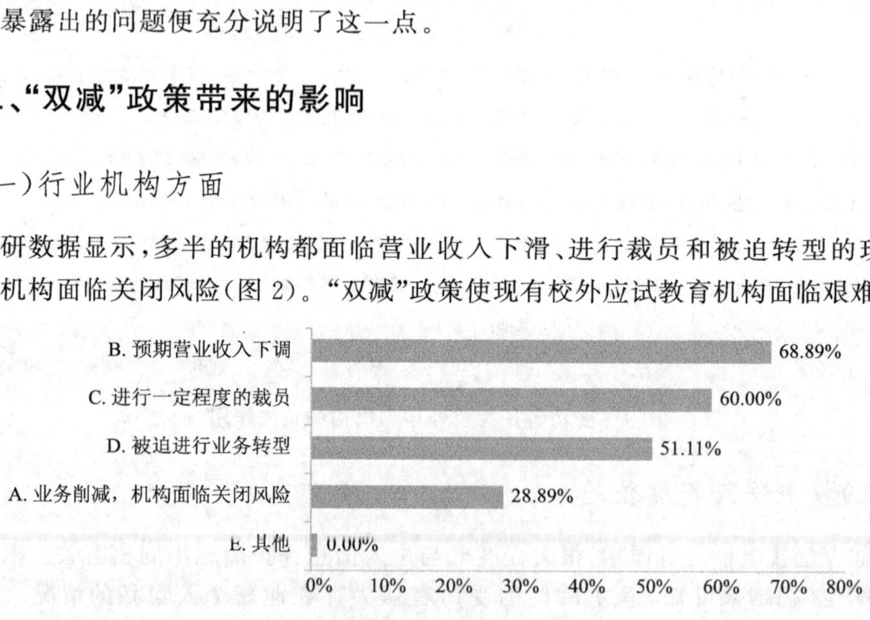

图2 校外培训机构面临的风险

1. 教培机构争相转型

"双减"政策中规定"各地不再审批新的面向义务教育阶段学生的学科类校外培训机构，现有学科类培训机构统一登记为非营利性机构""学科类培训机构一律不得上市融资，严禁资本化运作""校外培训机构不得占用国家法定节假日、休息日及寒暑假期组织学科类培训"等，都表明学科类培训机构是监管和打击的主要对象，因此学科类教育机构纷纷开始谋求转型，尤其是 K12 培训机构。参与问卷调查的相关机构从业者，75.56%的人表示自己就职的机构在进行或打算进行转型发展。

问卷调查结果显示，超过 6 成的人希望转型后的机构提供非学科类课程和学科类的兴趣拓展班，并且近 9 成的人都愿意参加或让自己的孩子参加非学科类的兴趣培训课程，这也表明素质教育课程这一市场需求相对较高，可发展空间较大(图 3)。

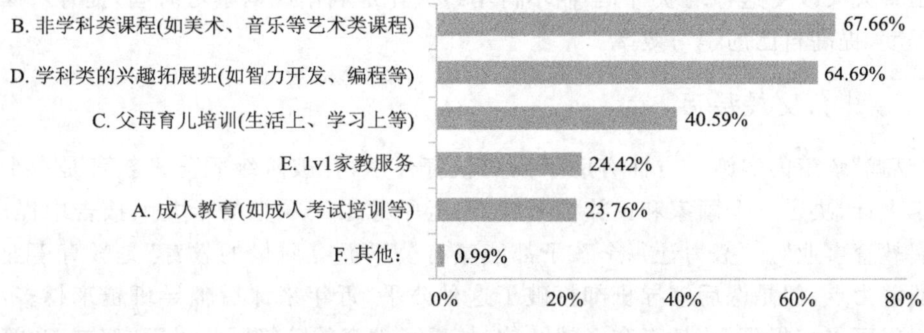

图 3　校外培训机构转型方向

2. 机构招聘收缩，从业者选择转行

《2021 教育培训行业人才市场分析报告》的数据显示，教培行业整体招聘规模小幅收缩，6 月和 7 月的发布职位数分别环比下降 9.0%和 6.5%，一线城市降幅最大[1]。一线城市人均可支配收入高且教育消费意愿强，因此一直都是教育培训行业的重点布局之地，也是大量教育培训机构集中之地。面对当前的行业形势变化，行业从业者也在积极适应，调整职业规划，求职人数有所增长，随着政策落地推进，业内人士愈加清晰未来规划，求职人数可能会继续增长。尽管一线、新一线城市招聘规模收缩幅度较大，但求职者仍表现出去发达城市发展的愿望，并且新一线城市超越一线城市，呈现出最高的人才留存率及对其他城市人才的吸附力。

3. 机构预期收入下降

应试培训课程对于绝大部分校外辅导机构来说是占比较高的主营业务，而随着"双减"政策发布后的限制，业务必须进行大幅度转型。根据上文对家长、孩子报名培训课程最主要原因的分析可知，提分增加升学率是最主要的考虑因素。但现在这种情况下，校外培训机构的报名人数必然会出现断崖式下跌，从而进一步影响机构的营业收入。根据相关报道，一些小型的民营校外培训机构已经倒闭退租，笼罩教培行业的寒冬即将来临。

（二）学生个体方面

随着政策的落地，为学生增加的空闲时间增多，便为素质教育的发展提供了必要的前提。孩子们在空闲时间里可以进行各种兴趣的培养与探索，也有更多的时间进行体育锻炼，提高身体素质。除此之外，社会和父母对孩子的课业要求适当放低后，可以缓和亲子关系，有助于青少年的心理健康发展，减少家庭悲剧的上演。

此外，“双减”政策在严厉打击校外培训机构的同时，无形中也为学生校内课程的学习增加了一份保障。以往一些同学在校内学习时往往带有对课外辅导班的依赖心理，在课内学习的知识草草了事，没有深入领会，知识一知半解。对于存在的问题都希望留到周末的辅导班去集中解决，这便形成了较为严重的问题。而如今对于校外辅导课程的限制将大大改变这种现状，同学们不得不最大化地利用课内学习时间，提升对课堂的重视程度，提高自己的学习效率。

（三）社会发展层面

“双减”政策的实施一方面有助于回归教育公平，打破阶级固化。教育是一个国家的百年大计，决定一个国家和民族的未来，习近平总书记在党的十九大报告中提出“优先发展教育事业”。“努力让每个孩子都能享有公平而有质量的教育”是教育事业优先发展的着力点，但是课后辅导班却打破了这种公平，近年来课后辅导班越来越多，有钱的家庭就可以多报班，让教育和金钱挂钩，加重了教育的阶级固化。而“双减”政策将教育主阵地转到学校，致力于打破教育领域的阶级固化，促进了教育的公平，让孩子可以通过自己的努力去实现应得的成就，缓解了社会“内卷”现状。问卷结果显示，有 8 成左右的人认为“双减”政策可以一定程度缓解“内卷”现状，近 7 成人认为能不同程度缓解（表 3）。对于政策如何能减缓“内卷”现状，仍要从促进教育资源公平化来考虑。首先，其对校外培训机构的打击让教育主阵地向校内转移，校外补课的人减少，每个学生享受的教育资源进一步平等，则一定程度缓解了家长的焦虑，遏制了教育领域的“内卷”。但家长之所以热衷于课外辅导，是因为下一代面对的是更加严峻的局面。因此，如果无法让未来严峻的竞争局面得到缓解，在当前的社会环境之下，家长和孩子之间，缺少的就不只是一份“双减”文件，而是如何缓解家长对孩子未来的焦虑，唯有突破这个关键点，政策才能取得更好的效果。

表 3 双减政策对“内卷”现象的缓解程度

缓解程度	很大程度缓解	轻微程度缓解	不能缓解	加剧竞争
占比/%	27.91	54.49	11.96	5.64

四、发展方向的对策及建议

基于以上对校外培训机构发展现状以及“双减”政策影响的分析，调研小组对未来校外教育机构以及教育领域的发展方向提出了一些具体的对策及建议。

(一)政府监管

1. 改革措施立足群众需求

政府监管层面的改革措施理应立足于群众的需求。图 4 为调查问卷第 28 题与第 24 题的组合汇总情况,对于改革措施的推动具有一定借鉴意义。由数据可知,政府的改革措施与群众期望存在着一定的不对称性,主要表现在两方面:首先,在引导机构转型上,政府的力度不够大,只有 10%的受访者表示即将采取相应的措施,而群众则期望较高。其次,在校内减负方面,只有 43.5%的受访者明确表示期望对校内进行大力的课程减负。但监管当局大多采取了相应的措施来压缩课内负担。

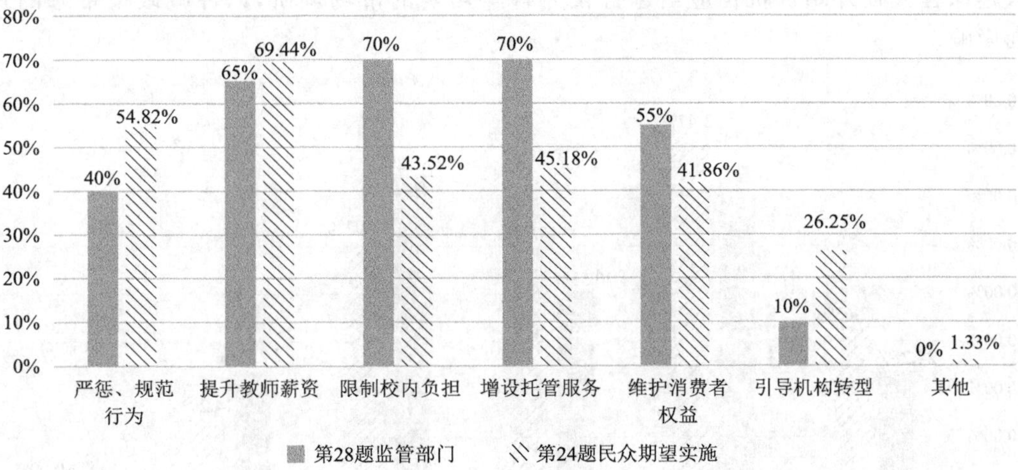

图 4 政府监管层面改革措施与群众需求

2. 失业人群的再就业保障

“双减”政策对校外培训机构的发展产生了巨大影响,有 62.79%从业者所在的机构已经进行了裁员。显然,政策的实施总有利弊两面,在规范教育事业稳步向前的同时,也影响了部分公民的就业问题。因此,政府监管层面理应对民营机构从教人员提供再就业的保障。据调研,由于北京机构裁员较多,市人力社保局已经提供多渠道就业服务的“2+N”机制,“2”代表公共就业服务机构和中国民办教育协会,“N”代表前程无忧等多家经营性人力资源服务机构。这一被动失业群体不在少数,各地政府必须采取相应的保障措施,削弱结构性失业所带来的影响。

3. 公平分配教育资源

在配合“双减”政策实施的同时,政府相关部门理应更加重视教育资源的合理分配。在现阶段的义务教育学区实行下,存在着极为严重的学区溢价现象。其根本原因还是在于小学初中教育资源的分配不均匀。监管部门十分有必要对教育资源进行合理的分配[2]。一方面在师资分配上,可以采取流动式教师岗位,对教育资源相对集中的区域,设置教师轮岗制度;另一方面在学区房价的管控上,必须严格限制溢价现象,对于炒房中介进行严厉打击,将学区范围的规划进行符合实际的改革。

(二)校内、校外共育人

1. 机构转型应立足消费者需求

好的转型理应符合消费者期望。图5为调查问卷第18题和第27题的对比分析结果,可知,现阶段教育机构进行的转型与消费者的需求存在一定程度的不对称性。一方面,美育类课程被过于重视。73.47%的受访机构从业者所在机构进行了美育类课程研发转型,而期望此种课程的消费者占比略少。另一方面,在非学科类科学兴趣班的发展上机构应该给予更多重视。从数据来看,65.12%的受访消费者期望开设科学兴趣课程。校外培训机构应当进行较为科学翔实的市场调研,以冲减政策带来的负面影响。

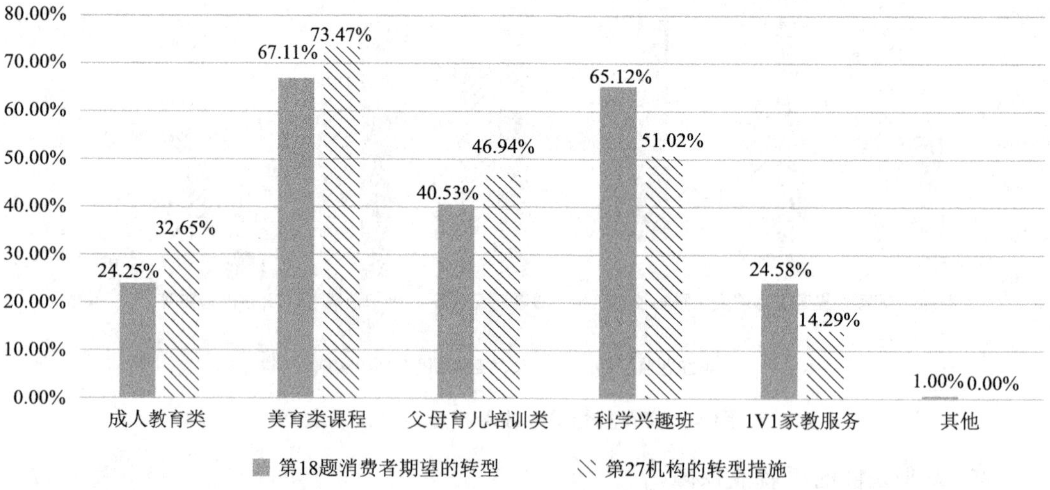

图5 消费者期望的转型与校外机构的转型措施

2. 校内强化课程学习

"双减"政策的关键是抓住课堂,学校要守住教育教学的主阵地。学校的主阵地不仅有第一课堂的直接学习,还有第二课堂的延时教学,以前这个环节相对较弱,放学后学生多数回家或者继续去培训机构学习,今后第二课堂应当尽量满足学生的个性化发展和需求,因材施教,例如可以针对不同的学生布置更符合每个人掌握程度的课后作业。校内的课程若能更科学和完善,也可以很大程度上减少学生课后再补习的需求,需求降下来才能真正治理好校外培训机构的乱象。

3. 校内增设学业托管

尽管国家一直倡导减轻学业负担,但对于望子成龙的家长来说,孩子假期没有补习、没有上兴趣班就是虚度光阴,加之家长受限于工作时间,在课后没有足够时间陪伴和教育孩子,很多时候将孩子送去校外补习班仅仅是为了托管孩子,因此在校内增设学业托管则能满足家长在这方面的需求。如“双减”政策中所要求的：要提升学校课后服务水平，满足学生多样化需求。充分用好课后服务时间，指导学生认真完成作业，对学习有困难的学生进行补习辅导与答疑，为学有余力的学生拓展学习空间，开展丰富多彩的科普、文体、艺术、劳动、阅读、兴趣小组及社团活动。不得利用课后服务时间讲新课。校内采取此种措施能够进一步促进校外培训机构进行改革。

（三）家庭个体层面

1. 父母理应承担核心教育义务

无论是在立德还是启智方面，父母始终是孩子教育的主要承担者。特别是在小学六年的关键阶段，不可将孩子教育的主要希望寄托于外部。根据第10题的调查结果可知，有46.18%的受访者希望通过参加校外培训课程来缓解自己育儿的压力。分担压力是情理之中的事，但家长不应完全依赖机构课程对孩子进行教育，而应在孩子成长的黄金阶段多多陪伴，寓教于乐，肩负起核心的教育义务，为孩子留下一个美好的童年，以便于塑造积极向上的“三观”，并且能够促使校外培训机构的改革。

2. 避免盲目跟风

根据第10题数据，有将近20%的受访者参加课外培训纯粹是一种心理上的不平衡与跟风。担心其他孩子参加课程后有所提升，自己的孩子被落在后面。这种心理上的偏差无形中助长了此前校外培训的兴盛发展。而现在，家长、孩子们应该冷静下来，把握校内学习时间，充分认识自己学习情况，而不是一味地照搬他人的学习方法。这对于促进校外培训机构改革具有一定意义。

3. 提升学习效率

提升学习效率对于孩子来说是至关重要的一环。在“双减”政策发布后，将更多的精力聚焦于课内，把握好课堂的知识点，并在课后自习加以巩固，以形成一个良好的正向循环。不能依赖于课外培训而忽略了课内的学习效率，丢了西瓜捡了芝麻。因此，高效的方式就是提升自己的学习效率，既省钱又省力。这也一定程度上抑制对校外课程的盲目追求，推动其改革的进程。

五、小结

好的教育应该是培养终身运动者、责任担当者、问题解决者和优雅生活者，塑造孩子健全而优秀的人格，能够赢得未来的幸福，造福国家和社会。“双减”政策正是在这样的大环境下应运而生。习近平总书记在全国政协十三届四次会议医药卫生界、教育界委员联组会上指出，教育要“培根、铸魂、启智、润心”，深刻地揭示了教育的使命与价值。进入新时代，特别是“十四五”时期，教育更是成为万众瞩目的焦点。如何推动校外应试培训机构的健康发展，课内课外齐头并进，校内校外协同育人，培育社会主义建设者和接班人，应该聚集更多的社会力量，贡献更多的集体智慧。

参考文献

[1]关颖．“双减”政策下四成行业从业者转行[N]．西安日报，2021-08-18(003).

[2]童彤．着力“双减”实现教育公平均衡发展[N]．中国经济时报，2021-07-26(003).

关于网络治理的研究

——以青年群体为主导的调查分析

张印举　李成蹊①

【摘　要】 在当今社会,网络已经成为世界上为公众提供服务的重要平台和途径。而一个国家的网络发展程度和素质状况也反映了国家繁荣与否。互联网出现后,其用途随时代更迭不断"添枝加叶",从最初的通信、贸易逐渐深入到各个方面,为人们提供极大便捷。与此同时,网络社会也出现了少数不当行为对社会产生了不良影响。对此,党和国家通过政策和法律法规进行规范管理,使网络造福于社会并确保网络社会健康发展。此次调研中,本团队对网络发展历程进行简要概述,通过问卷调查与实地采访相结合的方式对我国网络治理情况进行研究并提出一些具体建议,为未来的发展提供有益参考。

【关键词】 网络发展;政府治理;网络环境

本次调研通过网上问卷调查、实地采访以及参考文献和官方网站资料的方式进行。实地采访方面,小组成员前往北京部分小区、办公场所向大众进行实地交流采访。在线调查问卷方面,团队成员通过微信朋友圈、社区居民群等途径向网友收集相关信息并回收问卷。

一、我国网络发展历程和不同时期的网络问题及治理措施

(一)自我建设:中国互联网的诞生(1989—2000 年)

1989 年 10 月,"NCFC"这一简称在中关村地区横空出世——National Computing and Networking Facility of China,即中国国家计算机与网络设施。这是在国家计委、中国科学院、国家自然科学基金会、国家教委同时配套投资和支持下诞生的高技术信息基础设施项目,属世界银行贷款"重点学科发展项目"的其中之一。

NCFC 项目由中国科学院主持,不仅汇集当时国内诸多专家、学者,同时也联合了北京大学、清华大学许多高精尖技术人才共同参与。而此行目标"简单"而明确,只为搞好 NCFC 主干网和 3 个院校网的建设,为我国后续互联网发展奠定坚实基础。同年 11 月,NCFC 项目成功启动[1]。

时间来到 1994 年,我国 NCFC 项目网络顺利与美国 NSFNET 实现直接互联,达

---

① 本课题指导教师:张印举(北京工商大学马克思主义学院);课题组组长:李成蹊(工商 204);课题组成员:杨海心(工商 202)、廖云帆(工商 202)、张垚(会计 201)、黄雨文(工商 204)。

成了项目最初的目标——中国自建网络与Internet全功能网络连接。这意味着中国最早的国际互联网络就此诞生,也宣告了在我国科研人员的不懈努力下中国终于在全球网络发展的平台上开辟了一席之地。

(二)日新月异:中国信息时代的崛起(2000—2008年)

进入21世纪,也标志着我国信息时代的到来。我国互联网行业迅猛发展,网游、网购等在线服务业规模变化用"指数爆炸"来形容再恰当不过。同时,阻碍和影响网络社会环境的因素也难以穷尽、愈演愈烈,网络发展在此阶段可谓危机并存。

2002年8月,"博客中国"网站开通。这不仅标志着"博客"(Blog)这一新兴的网络现象在中国互联网逐渐浮出水面,更意味着互联网正式进入个体阶段。

2003年5月10日,亚洲最大的网络零售商淘宝网诞生。虽然社会上对"到底是时代造就了阿里巴巴,还是阿里巴巴造就了时代"这个问题争辩不休,但2003年它的出现在中国互联网发展历史上无疑是一个具有历史性意义的时间节点。在不足一年的时间里,其在增量市场快速发展并成为中国网络购物平台的引领者,在自身获得巨大效益的同时也为我国沿海中小企业厂商提供了更多机会。

(三)枯木逢春:中国互联网转危为安(2008—2014年)

2008年后,虽然由于金融危机影响我国互联网行业遭受重创,但在网络社会总体的建设上表现稳定向好。截至2013年3月底,中国网民数量达到5.78亿人,互联网普及率为43.1%,网民规模增长虽有放缓态势但手机网民增势良好[2]。

而在此阶段,我国互联网的宏观发展趋势也在悄然改变。

相关部门认识到,在应对网络舆论时不以认真的态度解决只会使情况更糟糕。2008年6月20日,胡锦涛总书记在《人民日报》社考察工作时,提出要正视舆论"新格局",即在传统的党报、国家电视台之外,关注都市报纸和网络新媒体的兴起。"通过互联网来了解民情、汇聚民智,是一个重要的渠道"[3]。

西方一些专家学者将危机的解决管理办法称为"危机沟通管理",顾名思义,政府要深刻认识到"纸里包不住火"的客观事实,唯有加强已知难以避免的负面情况的信息披露,与公众积极沟通,并争取公众理解和支持,才能在最大程度上降低负面影响的同时还能行之有效地减少流言蜚语及社会恐慌的可能性,这才是危机管理的正确基本对策。国务院新闻办把突发公共事件的舆论引导策略,概括为"四讲",即:尽早讲、持续讲、准确讲、反复讲[4]。

当然,在给予公众在网络上进行舆论发声的同时,群众也要深知"过犹不及"的道理。伴随着"人人传播"特点的新媒体的腾飞,我国社会涌现出一个"新意见阶层"——心系国家时事并习惯在网络上直接表达、宣泄情绪的网民。有"天下第一坛"之称的人民网"强国论坛",聚集了一大批关心中国时政的中文网民,都具有很强的凝聚力。因此,政府在对互联网的管理中,应该注重与能对时事进行评论并作出价值评判的"意见领袖"的沟通,尊重他们为民代言、批评现实、监督政府的权利,引导他们成为和谐网络环境中建设性的力量。

(四)引领风骚:中国互联网的新高度

进入此阶段的中国互联网行业如同站在巨人的肩膀上远眺,不仅拥有了庞大的网民用户群体和极高的互联网普及率,更是依托着我国如基站、光缆、芯片一类硬件设施技术的强化和政府机构职能及政策的完善大步向前迈进。

自媒体行业百家争鸣,自媒体人更是如雨后春笋般地不断涌现,他们用镜头记录着各自的生活旋律,让在乡村直播带货、家中平常人变网红成为可能。

“互联网+”兴起。这一“互联网+传统行业”的崭新概念随着信息技术的发展,创造出更多的发展可能与机会。“互联网+”是互联网行业融入实体经济的开创性实践成果,势必对我国经济模式的优化和经济形态的演变产生巨大的增益效果,为激发我国社会经济实体生命力“架桥铺路”。

在这一新时代、新阶段,各级政府机构和网站平台借助大数据与人工智能梳理自身组织结构中的瑕疵与漏洞,用科技本身去解决科技产品引发的问题[5]。

二、网络治理问卷调研数据分析

本次调研共收回调查问卷118份。问卷涉及访客个人基础信息、日常接触网络的途径、接触网络的时间、认为网络环境存在的问题和我国网络治理的优缺点。发放与分析该问卷旨在了解不同类型的网民对网络治理的一些具体看法。

(一)问卷填写者基础信息

小组面向大众进行了有关网络治理的调查,编制了调查问卷并且进行了实地采访。采访对象男女比例大致为3∶7,有多个年龄阶段,其中18~29岁的成年人占主体地位,职业也是以在读学生为主,受访群众文化程度以本科和大专为主,高中、中专等占小部分。根据调查所得,受访群众接触网络的途径繁杂,社交平台如QQ和微信高达99.15%,其他视频平台、传统媒体平台等也是人们接触网络的重要途径。随着社会科技的进步,网络的不断发展,使得人们更离不开网络,每天与网络的接触时间也在不断变长,此次受访群众中,有1/3的人每天接触网络时间达到了6小时以上。伴随的网络的发展和人们的依赖性,网络社会问题也随之产生,在众多网络社会问题中,诈骗信息高居榜首,其次是恶意营销、不实信息,以及各种网络犯罪行为。在采访中,各个年龄段的受访者都被不同的网络社会问题所困扰。

(二)问卷数据分析

互联网使传统安全威胁和非传统安全威胁更加错综复杂、相互交织。据统计,50%以上的人每天接触网络的时间在4小时以上,网络的使用已经深入人们的生活,成为一个不可替代的工具。尤其是在新冠肺炎疫情爆发后,人们对数字技术和虚拟空间更加依赖,并由此推升了网络安全风险。网络社会存在的问题当中,人们认为发布不实消息谣言出现率的比例过半。在疫情期间,很多营销号利用疫情的标题吸引眼球,制造恐慌。随着互联网越来越便捷,这也给了网络犯罪分子有可乘之机。调查数据显示,70%的人认为网络诈骗是目前网络社会的重要问题。网络诈骗已经成为诈骗之中最为主要的犯罪行为。近几年国家出台很多网络管理的法则和条例,但是仍有人认为效果平平,现状是:网络安全管理工作不到位。尽管国家在这个大数据的时代在有意识地制定相关法律法规,但是由于互联网网民数量的剧增,加上互联网的虚拟性,在控制上就会产生不到位的情况。目前我国网络空间安全领域的法律体系还有待完善。同时,我国的技术创新能力不够强,技术人才缺口大。

从一个普通人的角度来说,应该提升自己的网络安全意识,尽量避免信息泄露,同时配合国家的政策,共同建立一个优良的网络环境。

互联网在治理之前,完全是由其内定规矩与准则进行的,处于无人管理状态,全凭企业与个人的自身素质来做事。根据问卷第7题,发现网络中,最严重的问题是诈骗信息和不实信息,这也是相关部门着重治理的问题。治理之后,有了特定的约束与法律,这也对应了问卷中第8题中高达94.92%的公众选择的治理措施,可以说是规范了互联网的制度,改善了互联网的大环境。相关部门不断在完善修改制度,使其更加全面更加完善,从而保障公民的个人利益,打击制裁不法分子的嚣张气焰,将网络变为绿色地带。问卷第9题,反映有一半的人认为网络治理对于公民的约束力较小,因此这也给我们一个启示,要提高对公民的普及力度,让每一位公民都懂法守法,共同建立网络绿色世界。从企业的角度出发,如第10题,要引导正确的价值取向和凝聚社会力量,规范治理互联网,要求企业遵守规矩,在规矩内依靠互联网获得利益,使市场也变得井然有序,避免之前无人看管、导致乱象横生的现象。企业要积极配合,在互联网时代多为人民谋利益,用自己的技术普及给大众,成为传播的纽带。

根据不同网络平台特点进行治理,从机制、队伍、产品、技术等不同维度发力,多措并举推动网络生态治理取得新进展。有的网站平台抓紧建章立制,弥补制度漏洞,如百度、优酷等逐条对照规定条款修订内部制度、更新用户协议,确保与规定内容衔接对应;有的加强队伍建设,明确责任分工,如搜狐、网易、快手等均成立网络生态治理专项小组,明确网络生态治理负责人,明晰人员责任、强化部门联动,全面高效推进网络生态治理工作;有的立足产品特色,细化落实节点,如阿里、喜马拉雅等针对不同产品、不同服务、不同环节特点,有针对性地制定具体实施方案,持续巩固治理效果;有的不断优化技术手段,提升处置效率,如今日头条、小红书调整算法推荐逻辑,完善色情低俗图片模型库,运用人工智能技术手段,进一步提升审核效率,切实净化平台生态环境。通过中央对大局的把控和各个公司对自身平台的把控,做到严丝合缝。

三、网络治理相关建议及总结

国家应尽快出台以及完善所有相关的市场法律法规,加强市场监督管理检查,依法惩治网上交易违法违规行为。互联网安全行业自律组织成员要自觉充分发挥行业自律体系建设的示范带头作用,完善行业自律行为规范,健全行业自律保障机构,积极开展全国网络安全信息服务公众平台评议、文明行业网站媒体评选等专项活动,引导相关业界依法、诚信、文明办事上网。

树立正确的好网络观,做文明的好网民。网民、媒体是中国特色文化网络媒体文化品牌建设的重要推动力量。加强中国网络精神文明体系建设,把中国互联网文明建成网民共建和谐共享的美好精神家园,需要每位中国网民朋友关心、支持和精心呵护。

要进一步切实增强文化主人翁意识和责任感,真正把中国互联网文化当作精神家园一样来搞创建,既努力做和谐网络共享文化文明建设的主动参与者,又努力做文明健康和谐网络共享文化的主动创造者。

要不断学习提高我国公民线上网络公众职业道德系统文化知识素养,树立正确的当代中国公民网络观、荣辱观,遵守中国网络相关法律法规,坚守公民网络职业道德行为基本准则,规范网上线下网络社交行为,不做任何有损我们国家线上网络经济社会政治文明、有悖我国公民线上网络公众职业道德、损害我国社会各界网络和谐的大小事,积极主动组织倡导、自觉认真贯彻实践文明健康的中国网络公众上网信息生活行为方式和线上网络社交行为。

中国互联网站在巨人的肩膀上不断地发展,同时也在不停地出台各项法规来保障网络安全。从中国互联网发展史来看,互联网是一把"双刃剑",它既能发挥自身的便捷性和灵活性,在维护国家安全和社会稳定方面做出极大的贡献,也能被不法分子用来传播色情赌博等不良信息。针对这个情况,国家也在与时俱进地制定、完善网络治理的法规。根据调查发现,人们对于目前的网络治安并没有完全给予肯定,但这并不能说明国家提出的指导法则是没有用的,事实上它们的的确确解决了很多已存在的隐患。要认清法律的滞后性,但也要相信国家维护社会稳定、网络安全的决心,面对无数新问题,相信这些问题未来一定会得到解决。

参考文献

[1]中国互联网协会．中国互联网发展史(大事记)[EB/OL].(2011-08-11)[2022-08-25]. https://www.isc.org.cn/ihf/info.php? cid=218.

[2]中共中央网络安全和信息化委员会办公室．2008 年中国互联网舆情分析报告[EB/OL].(2014-08-01)[2022-08-25]. cac.gov.cn.

[3]人民网．胡锦涛同网友在线交流:互联网是了解民情 汇聚民智重要的渠道[EB/OL].(2008-06-20)[2022-08-25]. http://cctvenchiridion.cctv.com/20080620/102765.shtml.

[4]百度文库．2008—2013 年我国互联网发展综述[EB/OL].(2009-04-13)[2022-08-25]. baidu.com.

[5]中共中央网络安全和信息化委员会办公室．互联网大事记[EB/OL].(2009-04-13)[2022-08-25]. http://www.cac.gov.cn/2009-04/13/c_126500434.htm.

北京地区高校食堂粮食浪费情况的调研

陆丽琼　罗美玉①

【摘　要】 随着人们生活水平的提高，勤俭节约的传统美德被一些人逐渐淡忘甚至漠视，其中粮食浪费的现象不容小觑。本课题调查研究了北京地区高校食堂粮食浪费的情况，剖析高校食堂粮食浪费的原因、探究相关解决对策。

【关键词】 大学生；高校食堂；粮食浪费；粮食安全

引言

节约资源、减少食物浪费、保障全球粮食安全和可持续发展等理念已成为全球共识。2013年9月，世界粮农组织发布《食物浪费足迹：对自然资源的影响》；2015年联合国大会通过《2030年可持续发展议程》，确立的17个可持续发展目标之一就是采用可持续的生产和消费模式，到2030年，将零售和消费环节的全球人均粮食浪费减半，减少生产和供应环节的粮食损失，包括收获后的损失[1]。粮食浪费是我国粮食安全的重大隐患。2015年，国家统计局重庆调查总队课题组在《我国粮食供求及“十三五”时期趋势预测》报告中指出：据估算，在消费环节，全国每年浪费食物总量折合粮食约1000亿斤，可供约3.5亿人一年的需要[2]。更有统计数据显示，早在2014年我国餐饮业消费总额达到了1万亿元，相当于GDP的10%左右[3]。中国科学院地理科学与资源研究所和世界自然基金会联合发布的《中国城市餐饮食物浪费报告》显示：“据测算，仅2015年中国城市餐饮业仅餐桌食物浪费量就高达1700万～1800万吨，相当于3000万～5000万人一年的食物量”[10]。

我国大学生群体数量庞大，在大学生群体中倡导节约粮食、反对浪费具有重要意义。首先，根据我国第十三届全国人大常委会通过的《中华人民共和国反食品浪费法》规定，节约粮食、反对浪费是公民必须履行的义务，大学生应该知法懂法守法，履行公民义务，减少粮食浪费。其次，节约粮食是中华民族的传统美德，传承这一民族传统美德是大学生的责任和使命。同时，如果能引导大学生群体养成节约粮食的好习惯，树立节约粮食的良好风尚，对于引导全社会节约和减少粮食浪费具有重大意义。根据我们的调查，有63.98%的受访大学生认为食堂粮食浪费会造成资源浪费，49.53%的受访者认为它会阻碍节约型社会建设，影响可持续发展，还有41.77%的受访者认为浪费粮食背离了我们中华民族节约粮食的优良传统。此外，认为浪费粮食会败坏校园风气的受

① 本课题指导教师：陆丽琼（北京工商大学马克思主义学院）；课题组组长：罗美玉（化学191）；课题组成员王桢（化学191）、张文斌（化学192）、胡正涛（化学192）、钱婧（生物技术191）。

访者也占到了 40.37%，还有 35.09%的受访者认为粮食的浪费会造成环境污染，最终会损害人体健康。

一、北京地区高校食堂粮食浪费问卷调研数据分析

本次调查在北京地区 5 所高校发放问卷，主要以线上问卷形式为主，共收到 644 份有效问卷。调查群体为本科在校生和部分研究生，其中男生占比 48.91%，女生占比 51.09%，大一、大二、大三、大四学生占比分别为 15.99%、36.18%、25.00%、15.99%，研究生仅占 6.84%。本次调查显示 87.89%的学生基本在学校食堂就餐，其中每次消费 10～20 元的占 68.32%，就餐方式中 44.72%的学生选择普通窗口（饭菜搭配），30.59%的学生选择风味窗口（地方小吃），20.81%的学生选择自选窗口就餐（称重计价），3.88%的学生选择其他就餐方式。

（一）北京地区大学生食堂粮食浪费情况

餐饮消费是粮食消费的终端消费，中国在餐饮方面的粮食浪费问题甚至比西方发达国家更为严重，而餐饮浪费问题在大学生群体中也非常普遍[4]。调查数据显示，有 51.87%的被调查者在就餐后会剩余一半以上或少量食物，只有 48.14%的被调查者在日常饮食中能够保证大多时候按需点餐、做到光盘（表 1）。

表 1　北京地区部分大学生食堂粮食剩余情况

剩余情况	做到光盘	剩余一半以上	有少量剩余
占比/%	48.14	15.53	36.33

（二）影响大学生食堂粮食浪费的因素分析

1. 学校食堂大锅饭制作等因素导致浪费

高校食堂工作量大，大锅饭的烹饪方式很大程度上影响着饭菜的口味，这是导致食物浪费的一个因素（图 1）。另外，根据我们调查，有 24.84%的被调查者是因为食堂食物存在卫生问题而造成浪费。一般来说，大多数就餐者都认为食堂饭菜相较于外面饭馆的饭菜会更加新鲜卫生。但是，也存在个别高校食堂食物选购质量把关不够、食堂的工作人员个人卫生不合格、食材和餐具清洗不干净等问题，这也是导致食物浪费的一个因素。

2. 食物分量及菜品种类等问题导致的粮食浪费

调查显示，有 43.01%的被调查者是因为食堂的饭菜份量大、吃不了而造成浪费。我国高校学生大多来自全国各地，甚至有部分来自国外，由于饮食习惯不同，高校食堂的菜品口味或者菜单一成不变，不能满足大多数就餐者的需求，这也是出现浪费食物的一个重要因素。

3. 大学生节约粮食的认知和实际执行力不足导致的浪费

（1）个人饮食习惯不合理。一些大学生挑食和不合理饮食习惯等是粮食浪费的一

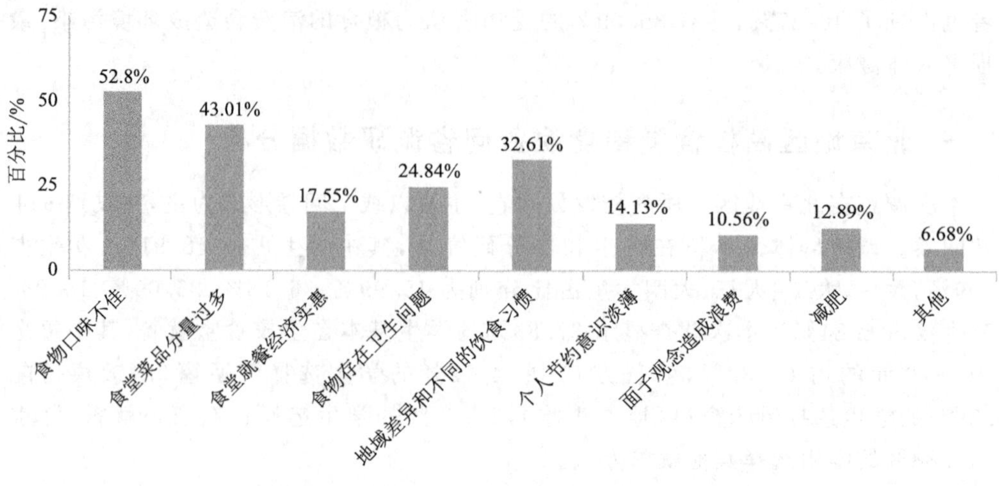

图 1　北京地区部分大学生食堂剩余食物的原因

个因素，调查数据显示，素菜的浪费情况比荤菜的浪费情况严重，数据显示，受访者剩余的饭菜中，主食、素菜、荤菜分别占比 28.88％、28.57％、17.08％；无浪费的占 25.47％。还有 12.89％的被调查者浪费粮食是因为想减肥。

(2)大学生存在不理智消费行为。调查数据显示，有 10.56％的被调查者是出于面子问题和攀比问题，做出盲目的点价格昂贵的菜品、份量远远超出食量的行为。

(3)大学生节约意识淡薄和实际执行力不足。调查显示，有 14.13％的被调查者剩余食物的原因是个人并未意识到自己应该节约粮食、减少浪费，节约意识十分淡薄。其中有 12.11％的被调查者经常会在无意识的情况下超量点餐；17.55％的被调查者是因为食堂就餐经济实惠而不认为浪费可惜；18.48％的被调查者在看见身边的人浪费粮食时不会感到气愤并坚决制止，55.9％的被调查者表示，在看见粮食浪费行为时会进行委婉地劝说，但对他人是否继续浪费并不在意；而 25.63％的被调查者会选择视而不见。这些都可以看出目前大学生节约意识淡薄和实际执行力不足。

二、北京地区各高校关于粮食浪费的治理情况

2020 年北京市委教育工委、市教委联合印发通知，明确提出北京地区各高等学校、中等职业学校要全面遏制校园内“舌尖上的浪费”；2021 年 5 月 27 日在北京市第十五届人民代表大会常务委员会第三十一次会议上公布并施行了《北京市反食品浪费规定》，要求教育部门加强对学校开展反食品浪费工作的指导和监督，将厉行节约、反对浪费纳入教育教学内容，推动学校广泛开展以节约为主题的校园活动和实践体验活动，并且明确规定个人应当遵守反食品浪费相关行为规范。北京各大高校积极响应，纷纷向广大师生发起“光盘行动”系列活动，用实际行动来坚决制止食物浪费行为，培养师生节约习惯，营造浪费可耻、节约光荣的良好氛围。

同时，有的高校推出了小份饭菜的窗口，丰富了分餐供餐方式；有些高校大力支持

学生开展“避免粮食浪费”课题研究，通过深入开展实践调研等方式，积极建设绿色校园，为建设节约型社会贡献自己的力量；有些高校还号召青年学生运用行为心理学研究中发现的“21 天效应”让学生利用习惯逐渐减少在食堂就餐时产生的浪费，最终达到零浪费的效果；有些高校利用经济学中的杠杆作用来引导大学生养成节约粮食的习惯，即差别化提高食堂饭菜的质量和价格，提供一部分较正常价格更便宜一点的饭菜，保证贫困学生的吃饭问题，同时增加高档菜的数量，丰富饭菜品种和质量，来满足经济条件较好的学生需求，这样就能在满足部分消费能力较低的学生群体消费的同时，通过价格杠杆和市场化手段促进消费能力高的学生减少浪费[11]。食堂差别化提高饭菜质量和价格，既可以提高食堂服务的满意度，又可以促使同学们养成节约粮食的意识和习惯，减少食物浪费，从而达到双赢的结果；有的高校放弃了传统的打饭方式，推行大学生自助打饭刷卡模式，以此来降低学生浪费食物的程度。相较于饭菜较固定且可选择性较小的大锅菜窗口来说，自助就餐打破了传统食堂就餐模式，让学生可以根据自己的喜好和饭量选择食物、确定每一种食物的分量，符合营养搭配，既方便又实惠。食堂也可以根据饭菜的受欢迎程度来制作，通过提供高质量的、安全的、多选择性的饭菜，大力推行自助打饭刷卡服务，以此来减少食堂工作人员的工作量，节约成本和原材料；也可以避免因菜量设计单一化而造成的食物浪费。

三、减少大学生食堂粮食浪费的有效对策

2020 年 8 月，习近平总书记更是作出重要指示，指出要加强立法，建立长效机制，坚决制止餐饮浪费行为，培养节约习惯[6]。然而当今社会奢侈之风仍在盛行，大学生身处其中不仅要学会在这种环境下坚守自我，更要自觉担起一份责任，从自身做起，节约粮食，为建设节约型社会贡献出一份力量。同时学校、社会各方面也要采取一系列的方法举措进一步预防大学生食物浪费，营造校园内的节俭之风，让高校充满朴素、节约的气息。

（一）大学生应该增强节约粮食的意识并主动履行节约粮食的义务

维护国家粮食安全、减少粮食浪费是我们每个人的责任，应当自觉成为节约路上的先行者。首先，大学生应当正确看待粮食浪费问题。我国粮食安全问题依然严峻；尽管我们已经迈入小康社会，但是勤俭节约的传统美德不能忘记。我们广大青年要树立浪费可耻、节约光荣的观念。其次，大学生除了要做到严于律己、自觉践行珍惜粮食的好习惯外，对身边的浪费行为也要敢于制止，形成同学之间的相互监督，和身边的同学一起养成节约粮食的好习惯。最后，大学生还应当积极参加学校组织的劳动实践等活动，体验农民的不易，这样有利于大学生知行合一，更好地成为“光盘行动”的实践者[7]。

（二）学校加强相关教育并通过完善各种机制来促进节约粮食

各大高校应重视对大学生进行勤俭节约的宣传教育。问卷调查数据显示，48％的

受访者很少参加或没有参加学校组织的各种节约粮食、拒绝浪费的活动(表 2)。高校在引导学生树立节约意识观念上可以采取进一步的举措。

表 2　参加学校组织的各种节约粮食、拒绝浪费的活动情况

参加活动情况	经常参加	偶尔参加	很少参加	从不参加
占比/%	14.91	37.27	23.13	24.69

1. 开展形式多样、富有乐趣的与节约粮食有关的主题教育活动

利用班会、团日活动等推进“节俭养德”的行动,曝光浪费现象,积极倡导合理、健康的饮食习惯。邀请粮食种植领域的专业人员对粮食的种植过程进行讲座,也可以邀请真正进行过粮食种植的同学分享自己的经验和经历,让同学们更加真实地感受到粮食的来之不易。

2. 学校可以通过微信公众号、横幅、海报、短视频和电视等宣传载体向师生发出“厉行节约,杜绝浪费”的倡议

北京市政府积极响应国家节约粮食的号召,做好表率,在《中华人民共和国反食品浪费法》的基础上结合北京市实际情况,制定了《北京市反食品浪费规定》。与此同时我们的调查数据显示,非常了解或比较了解《中华人民共和国反食品浪费法》的学生占比不到 30%,这说明大学生群体对这类法律法规了解太少,法律法规的警示作用没有得到充分发挥。所以,应当加强节约粮食方面的普法工作。食堂服务中心应当在食堂适当位置增设电视并播放关于节约粮食、减少浪费的公益短片,引导学生树立以“光盘”为荣、以浪费为耻的观念。菜品信息公示方面可以参考美国高校的做法,标明每种食物的营养含量、热量、价钱等信息,这在一定程度上有助于减少学生们的浪费量。

3. 组织部分学生去农村进行实践活动

高校可以定期组织大学生到农村进行社会实践。通过社会实践,让大学生真实体验种植粮食的辛苦并在结束后互相分享自己的收获与感悟,从而使得大学生将节约粮食的观念内化于心、外化于行[7]。

4. 制定科学的奖惩制度,将节约粮食的实际行动与学校评奖评优工作相结合

学校或班级可以定期选出节约粮食的先进个人,并对其给予适当的奖励,比如发放就餐代金券、水果零食等或对其予以表彰并进行宣传,带动周围师生做节约粮食的践行者。同时,也可以依据学校不同的情况采取相应的惩罚措施,例如让浪费严重者参与食堂处理食物残渣的工作、食堂打扫工作等,通过奖惩制度调动起同学们的积极性,让同学们自觉地加入到“光盘行动”中去。

5. 个性化供餐,满足学生的多样需求

食物制做时应当严格做到规范、卫生以减少浪费。食堂服务中心面对学生多地域、不同口味的需求,应当专门设置不同地区的特色风味窗口,有计划地调整菜品口味,可利用假期对食堂厨师进行相关菜系的技能培训。由于学生的饮食习惯和需求不同,食堂需要提供多样化的选择,以此满足学生不同的地域饮食文化需求。在份量上,尽量做到根据学生本人需求提供相应份量的饭菜,更好地满足学生的需求,也能够有效地减少

大学生食物浪费现象的出现[7]。与此同时，各食堂应当考虑到学生消费水平的不同，提供高、中、低档不同价位的菜品，差异化提高菜品的质量和价格，通过增加高档菜品的数量、提高菜品的质量，满足经济条件较好的学生的个性化需求[8]。这样不仅能够减少食物浪费，还能促使学生养成节约粮食的意识和好习惯。

6. 积极创新，打破食堂传统运营模式，打造节约型智慧食堂

智慧食堂可以利用大数据来分析全天各时段的就餐人数，监测峰谷人数分布规律，充分掌握就餐人数的变化趋势，并根据就餐人数的变化动态控制供餐的频度，减少因食物温度变化以及放置时间较长后颜色变化造成的餐饮浪费现象[8]。食堂也可以尝试采用线上点餐、线下取餐的模式，这种“互联网＋食堂”的组合，使学生可以更加灵活地选择自己的就餐时间，食堂管理人员也能根据历史消费统计等大数据去更好地按需灵活备餐，从而减少浪费[9]。

结语

党的十八大以来，习近平总书记在不同场合反复强调“粮食安全”问题，严厉痛斥食物浪费、餐饮浪费现象，原因在于中国粮食安全面临的“紧平衡”状态这一“基本国情”没有变[2]。2013 年以来，“光盘行动”一直在火热进行中，高校食堂餐桌上剩余饭菜现象不容忽视，“光盘行动”是新时代餐饮文化升华的体现方式之一，大学生作为社会的中坚力量，更要在节约粮食这一国家大事上做好表率，争当节约粮食的先行者和倡导者，引领大家形成节约粮食、减少浪费的社会风尚。而且，大学生对饮食的需求不能仅仅停留在不浪费的层面，还要提升到合理搭配、健康饮食的层面，带动整个社会形成健康良好的新风尚。

参考文献

[1]赵伟洪. 节约粮食与反对浪费：新中国保障粮食安全政策演变研究[J]. 江西社会科学，2020，40(11)：28-38.

[2]竹立家. 必须从国家战略的高度深刻认识粮食安全——对习近平总书记关于制止餐饮浪费行为重要指示精神的解读[J]. 理论探讨，2020(05)：5-10.

[3]罗杰. 中国粮食浪费惊人[J]. 生态经济，2017，33(2)：4.

[4]张丹，成升魁，高利伟，等. 城市餐饮业食物浪费碳足迹——以北京市为例[J]. 生态学报，2016，36(18)：5937-5948.

[5]王强，周静. 针对高校食堂餐桌上剩余饭菜的几点思考[J]. 经济研究导刊，2019(24)：193-194.

[6]坚决制止餐饮浪费行为切实培养节约习惯 在全社会营造浪费可耻节约为荣的氛围[N]. 人民日报，2020-08-12(01).

[7]刘爱玉. 大学生浪费粮食现象及对策研究[J]. 公关世界，2021(6)：151-152.

[8]魏健雄，于晓宇. 高校后勤制止餐饮浪费工作的开展及策略实施探究——以大连理工大学为例[J]. 高校后勤研究，2021(5)：3.

[9]麦哲铭，黄昕仪，陈晓宇，等. O2O 模式下高校智能食堂研究设计——以华南师范大学为例[J].

现代信息科技,5(3):6.

[10]俞海,王勇,李继峰,等. 中国"十四五"绿色消费衡量指标体系构建与战略展望[J]. 中国环境管理,2020,12(06):73-81.

[11]刘梦芸,樊琦. 湖北省大学生食堂粮食浪费现状、问题与对策研究[J]. 商,2016(22):1.

新冠疫情背景下，中国共产党社会动员实践与经验探究

王 悦 冯兰轩①

【摘 要】 2021年初，新冠疫苗正式投入大规模接种，为尽快实现“全民接种”、早日构建“防疫长城”，各级政府积极响应，从社交网络、电视新闻、社区文化等多方面渗入进行社会动员，在动员与号召下，接种人数逐渐增多。2021年，政府大力推动《在一起》《最美逆行者》《中国医生》等记录2020抗击新冠肺炎疫情的纪录片、影视片，利用传媒与网络进行动员，“抗疫精神”逐渐深入人心。

【关键词】 疫苗接种；传媒动员；社会动员

2021年1月，新冠疫情大规模爆发一年之后，中国正式启动大规模接种新冠疫苗，截至8月26日，全国累计报告接种新冠病毒疫苗超20亿剂次，完成全程接种的人数达到8.8亿[1]。2021年3—5月，疫苗接种剂次提升4亿剂次，5月底之后，中国新冠疫苗接种剂次平均每个月增长5亿次，疫苗接种规模迅速扩大，几乎全国人民都已经接受了新冠疫苗，并且选择了接种（图1）。

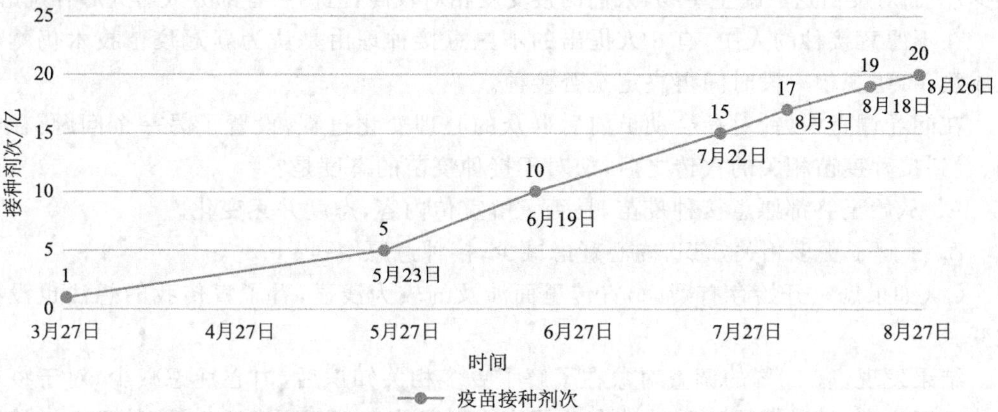

图1 中国疫苗接种剂次数据图（2021年3月27日至8月26日）

（数据来源：国家统计局）

2021年7月9日，由张涵予、袁泉主演的电影《中国医生》上映，该片由武汉金银潭医院抗疫真实故事改编，全方位记录艰苦卓绝的抗疫斗争，最终获得12.65亿元票房。

---

① 本课题指导教师：王悦（北京工商大学马克思主义学院）；课题组组长：冯兰轩（经贸201）；课题组成员：陈思维（经贸201）、曹泽然（经贸201）、唐羽飞（经贸201）、杨奕（经贸201）。

这是继首部抗疫电影《最美逆行》之后再次以抗疫主题上线，在此之前，《在一起》《武汉日夜》《一起走过》等疫情相关的纪录片、系列剧已经在网络上播出，层出不穷的抗疫影视剧一次又一次进入大众视野。

此次调研中，共发放网络问卷208份，其中有效问卷208份。受访者中54%为18岁以下的未成年人，46%为18岁以上成年人；其中79.8%为在校学生，20.2%为非在校学生；覆盖全国一线、二线、三线城市，其中3.37%的受访者正处在中风险地区，0.48%的受访者处在高风险地区。问卷调研于8月28日截止。问卷共设置了18个问题，分为3个部分。第一部分为基础信息部分，主要调查问卷填写者的年龄、地域、身份等信息；第二部分为与疫苗接种有关的调研，主要目的在于了解填写者身边接种疫苗的情况、关注到的疫苗接种动员方式、不同时期对于疫苗接种的不同态度等信息；第三部分重点关注传媒动员方向，收集受访者对于相关节目或影视剧的态度、了解程度，深入挖掘大众对于此类影视剧的态度以及感受。

一、全方位社会动员助力新冠疫苗接种

(一)社会动员成效显著，有效增强公众接种意愿

调查问卷数据显示，在疫苗普及之初，0～18岁的人群中96%的人愿意接种，19～30岁的人群中98%的人愿意接种，30岁以上的人群中85%的人愿意接种(30岁以上数据较少)。面对疫苗这一新生事物，人们的接受度相对较高，但仍然有部分人对此心存疑虑。

在不愿意接种的人中，有8人提出的不愿意接种理由是认为新冠疫苗技术仍然不太成熟，希望观望一段时间再决定是否接种。

在问卷调查中，针对社会动员前后群众的心理变化过程，设置了另一个问题：在听到、看到接种疫苗相关的宣传之后，您对于接种疫苗的态度是？

A. 从始至终都愿意接种疫苗，是否了解宣传内容，态度并无变化。

B. 了解了更多相关知识，内心疑虑减少，接种意愿增强。

C.(如果您一开始存有疑虑)宣传里面涉及的较为浅显，看了宣传我的想法也没有改变。

结果发现，有30%的调查对象在了解了更多相关知识后，内心疑虑减少，对于疫苗的信任度增高，接种意愿增强。社会动员往往可以从方方面面渗透生活，从而在潜移默化中影响大众的心理，对于不愿意接种疫苗的人群来说，相关的知识介绍、专业医务人员的分享会增加他们对疫苗的了解程度与对其安全性的信心，从而增加大众的接种意愿(图2)。

(二)社会动员形式多样，互联网已成为主要途径

社会动员主要有传媒动员、竞争动员和参与动员3个方面。在设置问卷问题之前，先在实践小组内部进行了一次小型访谈，收集了组内成员接触过的疫苗相关内容的宣

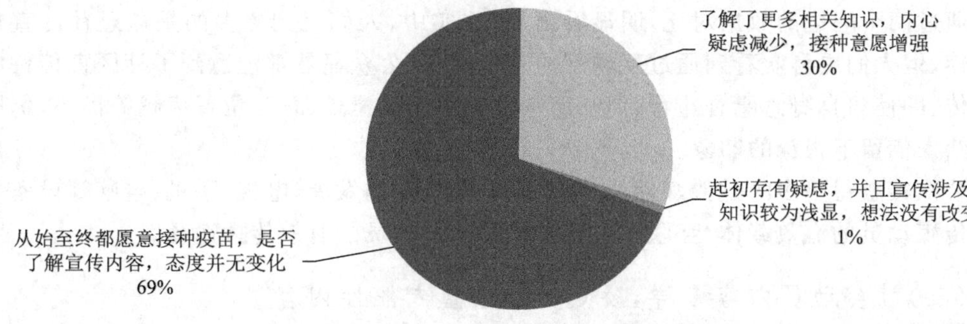

图 2　社会动员前后群众接种意愿变化

传方式以及看到宣传的地点，进行了一定的整合之后，设置了问题调查受访者看到、听到的接种疫苗相关宣传的方式与地点。

调查数据显示，82.69%的人在社区宣传栏看到过疫苗接种相关的宣传，79.81%的人在微信公众号、微博的社交平台的推送中看到过，而疫苗接种点(57.69%)、身边亲戚朋友的宣传(51.44%)、工作单位的宣传(50.96%)以及马路边的标语(44.23%)也占有50%左右的比例，相比之下，互联网和社区是宣传疫苗接种相关内容的两个主要“战场”。

不仅如此，在对受访者进行“您更喜欢的宣传方式”调查过程中发现，57%的受访者更喜欢“微信公众号、微博等社交平台的推送”、25%的受访者喜欢“社区宣传栏”的形式，而更喜欢从“身边朋友、亲戚的朋友圈或聊天中获知”“工作单位的宣传”“马路边的标语”以及“其他”途径获得的受访者仅有18%(表1)。

表 1　受访者最喜欢的宣传方式

宣传方式	微信公众号、微博等社交平台推送	社区宣传栏	身边朋友、亲戚的朋友圈、聊天	工作单位的宣传	马路边的标语	其他
占比/%	57	25	10	4	3	1

当下处于互联网时代，互联网已经深入人们生活的方方面面，微信公众号、微博等社交平台的推送利用了互联网的优点——信息传播速度快、传播范围广。同时，网络推送的内容往往可以做到精准投放，根据用户的浏览数据精确找到需要此类信息的用户，从而达到更好的宣传作用。

人们浏览网页的时间在逐步上升，更多的人会选择从网络获得消息，在浏览网页的过程中，相关的推送更加频繁地出现在大家的视野，对于群众而言，浏览互联网获得相关信息没有成本并且简单易得。如今微信公众号推送、微博账号文章均支持图片、视频等多种多样的形式，丰富的展现形式使得通过此类方式的宣传更加具有趣味性，易读性增强，公众能够更加轻松地从网络推送中获取信息。

社区宣传栏存在于大大小小的社区中，主要由社区物业人员负责，更换方式易操作、内容更新速度快，且大多设置在社区进出口处，人流量较大。利用社区宣传栏的方式进行宣传可更好地覆盖不同类型的人群，具有覆盖率高、成本低、受众人群广的特点。

通过两个问题的数据对比，明显看出：在现实中，人们见到更多的是通过社区宣传栏宣传，但人们更喜欢看到通过互联网的宣传，但是公众显然都注意到了社区宣传栏中的宣传，即使与自身意愿有违背，但社区宣传栏由于其覆盖面广、位置优越等优势，仍旧可以给人们留下很深的印象。

公众接触得更多的是传媒动员，随着互联网技术的发展，电视、手机、电脑等设备都成为传媒动员的有效载体，互联网也已经成为传媒动员的有效传播途径。

（三）社会动员内容多样，公众更加注重专业性内容

同时针对公众接种疫苗的原因、看到的相关宣传的内容以及希望看到的内容3个方向进行了调研，希望可以通过对数据的分析，发现不同年龄段对与疫苗关注点的不同以及公众真正看重的疫苗相关内容。

通过对比不同年龄段的受访者愿意接种疫苗的原因，发现，19～30岁的青年人群有更大比例（92.68%）看重新冠疫苗对新冠肺炎的预防作用，而31岁及以上在这一点的看重程度相对较低（69.23%）。

受访者关注到的疫苗相关的宣传内容中，近80%与新冠疫苗相关的医学知识有关，其次是对大范围接种之后，能够产生的抵御效果的说明以及专业人士的建议，同时还存在着标语、口号和已经完成接种人群的感想。社会动员的宣传内容中绝大多数是更加专业的医学知识，很大程度上有利于人们对新冠疫苗产生更加深入的了解，同时从根源上消除人们的疑虑。

受访者更喜欢的宣传内容同样是新冠疫苗相关的医学知识，公众更喜欢具有极强说服力的专业性强的内容，而对于感想、体会或者口号标语此类形式化的体现并不太喜欢，公众更加注重疫苗本身的实际效用，这有助于公众更加理性地对待疫苗，而不是盲目跟从。

从青年人群对待疫苗大多数从实际功能方面出发，到公众对于疫苗相关宣传更加注重的是专业性强的医学知识，明显体现出公众对待新冠疫苗始终保持着理性的态度，并且愿意了解相关的医学常识，以帮助更好地理解疫苗、接种疫苗。宣传内容上与公众更加喜爱的方向极度贴合，有效提高了宣传效率，真正让公众感受到社会动员是具有丰富内容、较大影响力。

二、官方媒体社会动员正本清源、凝聚民心

（一）主流媒体、学校在社会动员中积极培育学生及群众“大我”的思想格局

根据调查问卷结果显示，在有关抗疫精神的活动方面，大部分人都有观看抗疫相关纪录片、电影方面的经历，还有部分人参与过有关班会、团会、报告会，基本上所有的调查对象都参与过有关活动（图3）。由于此次调查对象大部分是在读学生，可以看出中国应对新冠疫情的动员中，不仅促使如电影、纪录片、新闻等社会主流媒体发挥作用，还

监督学校通过班会、团会等方式弘扬抗疫精神，希望用同心勠力、忠于祖国、仁者爱人、兢兢业业等的抗疫精神孕育出优秀的强国栋梁(图 4)。

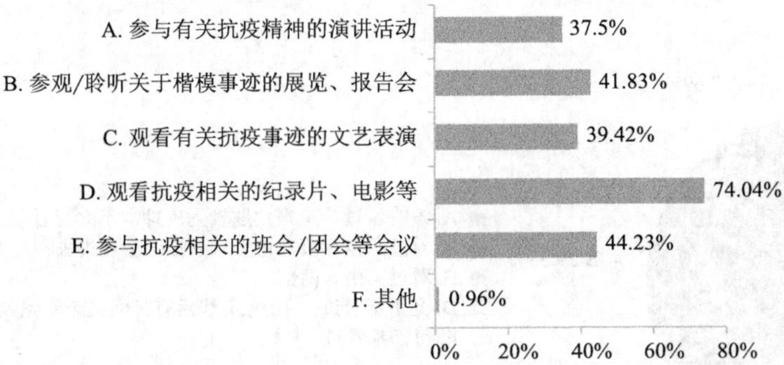

图 3　有关抗疫精神的活动

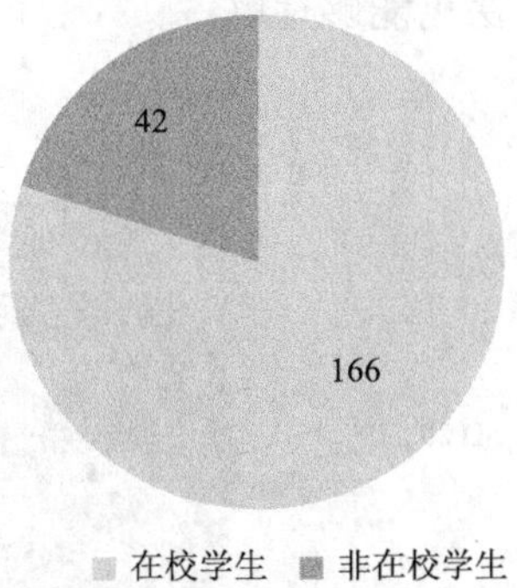

图 4　调查对象身份

虽然调查对象大部分是 30 岁以下的年轻人，但大多数人观看电影、影视剧不是奔着喜爱的演员歌手而去的追星行为，而是希望深入了解疫情、接触更多真实事件并学习抗疫精神(图 5)。这一方面说明了抗疫事件确实具备了引起所有人关注的巨大影响力，另一方面说明新一代中国青年人在经历抗疫事件后有了更加“大我”的思想格局。

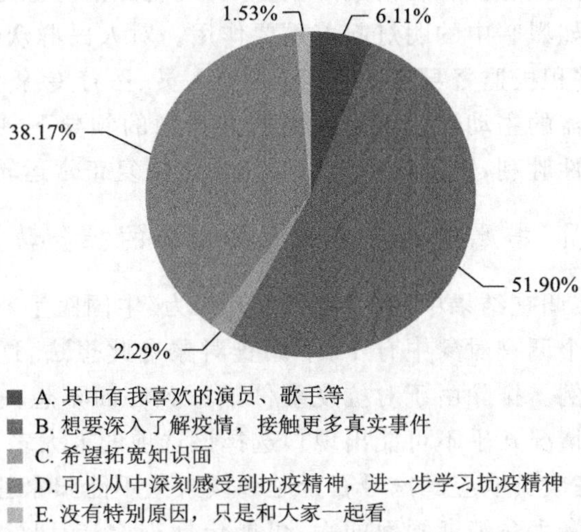

图 5　观看抗疫影片的原因

(二)群众对传媒社会动员有自身的思考与感触

对于《在一起》《中国医生》等抗疫主题影视剧，绝大多数人认为其很有意义且歌颂了疫情中做出贡献的每一个人，并且有近 1/3 的调查对象几乎都看过或者每部都看过，但还有 5%的人提出异议，认为相关节目数量有些多、内容也大多相同，可以适当精简(图 6)。据了解，已播出的较为知名的作品超过 8 部，并且有相关作品仍在创作，虽然每部作品都有各自的侧重点与切入点，但最主要的场景画面几乎会重复出现在每部作品中，对于部分“朝九晚五”较少可自我支配时间的上班族来说，提出可以适当精简的想法也能够理解。

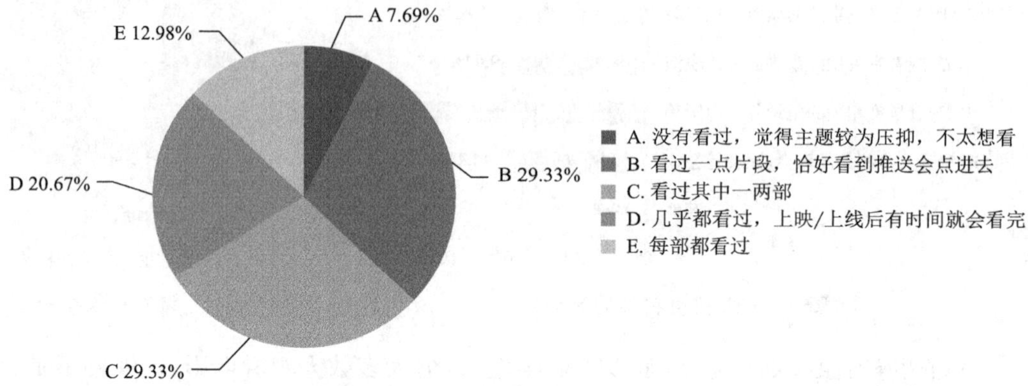

图 6 抗疫主题影视剧的观影体验

看完此类抗疫节目，群众最大的感受是体会到了国家的强大，对政府迅速解决问题的反应产生了极大的安全感。从疫情刚开始蔓延，到现在情况稳定，党和国家作出的各项决策和社会动员都如黑暗中的明灯起着重要作用。对人民群众的动员让我们有了更强的疫情防护意识，并积极监督身边的人；对医护人员、医疗专家和志愿者等的动员则大大增加抗击疫情武器的主动性。正是在中国共产党的领导下，中国人民团结一致取得了防疫抗疫的阶段性胜利，使国民生活以最快速度恢复正常运转。

（三）对医疗人员、志愿者的召唤是至关重要的社会动员

值得关注的是，在调查结果中，有 7.7％的人认为《中国医生》等抗疫题材作品较为压抑，不想看，在 208 个调查对象中有 16 个调查对象有此想法，这并不是一个小数字，说明该情况并不是个例。排除由于对抗疫事件漠不关心而不想去看的情况（由问卷其他选项结果可推测这情况几乎不可能出现），选择该选项的人大多亲身经历过其中的痛苦，其中可能包括家庭成员响应国家号召奔赴一线久久不能归家甚至牺牲的人；可能包括在医院工作目睹太多生命消逝画面的人；可能包括志愿在社区为人民服务却不被配合甚至被攻击的人；也可能是只听过别人说就会感到心痛的人。他们是社会的一部分，是社会艰难之时愿奉献自身能力的一部分，他们积极响应国家号召投身于社会危难之中，是不使众人顿于黑暗的追光者，而他们所响应的社会动员更早于我们，代价当然也更大。“时代的一粒灰，落在个人头上，可能就是一座山。”而他们正是被时代落了“一粒灰”，用责任与坚强扛起了“这座山”，从平凡人成为英雄。我们可以拒绝一次次撕开伤疤去回忆那些伤心惨目的画面，但请一定不要忘记那些画面中为我们拼命的最美逆行者。

参考文献

[1]钟南山．实现全球群体免疫，疫苗接种率至少需达 78%[R]. http://www.cnr.cn/gd/guangdonglueying/20210513/t20210513_525485307.shtml.

关于北京市民热线解决问题与市民满意度的调查研究

王俊峰　曾　晨①

【摘　要】 北京市民热线(12345)不仅为市民解决了“电话难打”“事情难办”等实际问题，也让政府和各行业听到了百姓的心声，为其科学决策提供了重要参考依据。本次调查结果显示，广大市民对市民热线抱有很大期望和信心，对市民热线的服务质量表示肯定与认可。这在一定程度上反映了广大市民对政府的信赖和支持。

【关键词】 北京市民热线(12345)；接诉即办；市民诉求与满意度

一、市民热线的职责与接诉流程

北京市民热线(12345)前身是“市长电话”，成立于1987年，为北京市政府继建立紧急救助服务系统后，着手启动以“同一平台、分布式处理；统一协调、分类处理”为新型管理模式的“非紧急救助服务系统”。北京市以此建立了一套“吹哨报道”“接诉即办”的城市基层治理体系。2020年，北京市民热线办理群众诉求1100万件，环比增长55%。市民热线的设立不仅为市民解决了“电话难打”“事情难办”等实际问题，也让政府和各行业听到了百姓的心声，为其科学决策提供了重要参考依据。

(一)市民热线职责

市民热线以全心全意为人民服务为根本宗旨，以心系群众、服务群众为基本理念，坚持把为群众办实事作为工作的出发点和落脚点，把群众是否满意作为衡量工作的标准。市民热线的工作坚持实事求是、按章办事的原则。对群众反映的各类问题，符合政策规定的，要及时处理，尽快解决；不符合政策规定的，要说服疏导，讲明道理。对受理的来电来信做到事事有结果、件件有答复。

市民热线的主要职责包括：(1)宣传党和政府的方针政策，反映社情民意，协助领导处理社会热点、难点问题。(2)负责受理群众对政府工作的批评、意见、建议和要求，反映社会问题和重大突发事件。(3)负责受理协调解决群众在日常生活中遇到的困难和问题。(4)对全市各区县(自治县、市)人民政府、市政府各部门及公共服务等单位公开电话工作进行检查、监督、指导。(5)负责市长公开电话工作网络的建设发展。(6)负责市长信箱工作和群众来信处理。

---

① 本课题指导教师：王俊峰(北京工商大学马克思主义学院)；课题组组长：曾晨(商务英语系181)；课题组成员：彭湃(西班牙语系181)。

（二）市民热线办事流程

1. 来电登记

市民热线首先接到来电登记应在“市长公开电话值班记录簿”上认真记录来电人姓名、单位、联系电话、来电时间和内容。

2. 来电办理

来电办理中又分为直接办理、转办与重大事项处置。其中直接办理为对于政策规定明确的问题，应当立即向来电人做出解答。转办为对有代表性并产生一定影响的问题，应以电话或书面提交办单形式，转请有关部门限期办理，并告知来电人。重大事项处置即群众电话报告的危害群众生命财产安全的重大、突发事件，应立即核实情况，并按《市政府值班室处置各类突发事件工作制度》处理。

3. 来电反馈

来电反馈包括承办回复与答复群众。

4. 督促办理

（1）对承办单位超过办理时限要求的，市长公开电话值班室及时进行书面督办，限期办结回复。

（2）对办理不认真或没按要求办理的回复，市长公开电话值班室应提出具体要求和意见，责成承办单位重新办理并限时回复。

（3）对涉及多个承办单位在办理过程中意见不一致时，市长公开电话值班室应及时请示领导，按相关领导的批示意见处理。

（4）对群众反映强烈的、突出的热点和难点问题，市长公开电话值班室视情况可直接组织有关部门及新闻单位现场查办。

5. 信息采编

注意收集整理群众反映的热点、难点问题和带有普遍性、指导性的意见、建议，为领导决策提供参考。

6. 通报程序

（1）市长公开电话值班室定期对群众反映问题的交办情况、各承办单位的办理回复情况进行通报。

（2）定期通过新闻媒体对群众反映比较集中和突出问题的办理结果进行公布。

7. 立卷归档

对电话记录、交办回复记录、会议材料、领导批示件和其他具有保存价值的材料要及时立卷归档。

（三）接诉即办

接诉即办为2019年年度中国媒体十大新词语，为政务新词，是指建立群众诉求快速响应机制，街道办事处对职责范围内的事项实行“接诉即办”。街道办事处对北京市民服务热线（12345）、媒体曝光、互联网第三方评估机构等反映的市民合理合法诉求，应当及时受理，属于其职责范围内的，做到接诉即办；对于跨地区、跨部门的事项，负责统筹调度市、区人民政府职能部门及公共服务企业办理。

接诉即办打通了各责任单位的互动渠道，确保群众诉求派发准确、流转顺畅、处置迅速，建成以诉求量分析、类别分析、地域分析、考核排名、城市问题台账、高频事项统计为主题的数据分析系统。

二、北京市民对市民热线的认知、态度的现状

(一)市民对市民热线的认知度

北京市民服务热线(12345)是由北京市政务服务局设立，其目的是为了进一步加强基层治理、建立服务型政府，提高政府的执行能力和人民群众满意度。市民对热线的认知受年龄、职业、教育水平等方面的影响。据调查显示，随着政府的大力宣传，以及对市民反馈问题的妥善处置和解决，市民热线越来越受到市民的欢迎和信赖。本次调研结果显示，性别对各问题选项并无明显参考价值；参与本次调查的22位男性和20位女性共42人中，多数为年轻人，其中绝大部分是学生，该群体中69.4%的人(25人)没有听说过北京市民热线，其中有11.1%的人(4人)对市民热线没有印象，只有19.4%的人(7人)对北京市民热线比较熟悉；从调研结果可以看出，已经步入社会、参加工作的受访者中33.3%的人(2人)非常了解，比较熟悉占50%，16.7%的人对北京市民热线没有印象。由此观之，北京市民热线在校园内的宣传并不充分，有相当一部分即80.5%的学生对市民热线并不了解；市民热线更多的是被已经工作的市民所熟知，很多市民都曾拨打过市民热线，以求相关问题的解决。

(二)市民对热线服务的满意度

在接受问卷调查的42人中，是否拨打过市民热线明显受到年龄因素的影响。学生群体由于接触社会较少，并未完全独立生活，所接触的社会事件有限且需要向政府反馈的情况较少，或因缺乏足够的校园宣传导致学生群体对市民热线的认识不够充分等因素，故而没有拨打过市民热线。随着年龄的增长，在已经步入社会、参加工作的群体中已经有相当一部分人拨打过市民热线，并且所反馈的问题得到了很好的处理，市民热线在这一群体中有着广泛的好评。据调查显示，有9.5%的人曾经拨打过市民热线，但在后台数据中，受调查的学生群体从未拨过打市民热线；在拨打过热线的人员中，对热线的印象普遍较好，其中很满意占75%，其余的25%(1人)表示比较满意，且市民热线的回访率为100%，可以说明市民热线的服务总体上能够解决市民所反馈的问题，回访也足够及时，市民对热线的服务满意度是较高的。

(三)市民对热线职能的了解度

考虑到受调人员大部分都是未拨打过市民热线的学生群体，所以我们提出了多选

题，询问受调人员对市民热线职能的设想，即受调人员认为市民热线应尽哪些职责。调查结果显示：52.4%的人认为热线职责为业务查询、咨询；75%的人认为是投诉；71.4%的人认为是求助；66.7%的人认为是公共服务；57.1%的人认为是意见建议征集；71.4%的人认为是民意调查。可以看出，大部分受访者认为市民热线是一种重要的反馈手段，是向相关部门反映相关现象的渠道。其中比较有意思的是，在选择“求助”一项中的学生占比高达83.3%，占全部学生的69.4%，可见涉世未深的青年学生群体有相应的社会援助诉求。这同样也表明，校园内的学生们迫切需要了解市民热线的相关知识。

（四）市民反馈问题处理情况与市民态度

针对“北京市民热线是否能有效处理问题”的调研问题，在曾拨打过市民热线的受访者中，有6人选择“能够处理，并且已经打电话反映且处理成功过”，这说明市民热线解决问题的成功率受到普遍认可。即使在未拨打过市民热线的受调人员中，83.3%选择“能够处理，但并未打电话反映过”。这表明，大多数市民对市民热线能够解决问题是充满信心的，这在一定程度上也反映出市民对北京市政府是很有信心的。

综上所述，通过调研可以得出如下结论：大部分青年大学生不了解市民热线，但都有寻求帮助的意愿和诉求；拨打市民热线反馈过问题的市民对市民热线服务效率和质量的满意度都比较高，对市民热线比较信赖。

（五）案例展示与分析

1. 案例展示

拆除私搭乱建，改善人居环境：市民反映，丰台区南苑街道警备东路6号某区某栋有一处私搭乱建的铁皮房，希望帮助整治。南苑街道接诉后，城乡管理办工作人员立即前往现场核实情况，现场发现有约长、宽各2米左右的铁皮房。随后，联系社区并约谈建设人，要求限期拆除。目前，已经拆除完毕。市民对处理结果表示满意（微博：北京12345）。

协调维修门禁，消除安全隐患：市民反映，大兴区亦庄镇泰河园三里小区东门门禁以及5号充电桩车棚门禁损坏，无人维修，存在安全隐患，希望及时维修。亦庄镇接诉后，泰河园社区工作人员立即前往现场查看情况，随后，联系物业维修。目前，门禁已全部维修完毕。市民对处理结果表示非常满意（微博：北京12345）。

2. 案例分析

从上述两个案例中，不难看出北京市民热线（12345）所接到并解决的这两个问题，都是与市民生活息息相关的小事。北京市民热线（12345）在接到市民反映后，秉持着接诉即办的原则，接到诉求立即办理，积极反映、立即作为，在第一时间与当事人和社区工作人员进行联系沟通，参与协调并解决了市民所反馈的问题，在确保市民利益得到充分保障的同时又极大地提高了办事工作效率，并且能够对市民进行事件通报与回访，得到了市民的肯定与认可。

三、采访与分析

在暑假期间，调查小组人员有幸采访到了就职于北京市某镇政府的市民服务热线(12345)的工作人员，通过对他们的采访，得到了如下认识：

第一，2021 年 1—8 月，平均每月市民热线反馈案件在 575 件左右，平均每天大概 18～19 件。在市民反馈的问题中，有关城乡建设的问题占比最大，占 24.9%；住房类问题紧随其后，占 21.1%；再者就是物业管理类问题，占 15.5%；然后为环境保护类问题，占 6.5%；其余类型的问题占比过小，便不再一一列出。由此可见市民所反馈的问题，更多的是与其生活息息相关的。

第二，对于市民热线解决市民反馈问题的情况，对于难、急、险等突发事件 2 小时之内处置并反馈情况；对于水、电、气、热等群众基本生活保障的诉求，公共服务涉及民生迫切紧要的问题，24 小时之内处置并反馈情况；对于其他事项，7 天之内处置并反馈情况；对于疑难问题的合理诉求，15 天之内反馈下一步工作措施。

第三，2021 年 8 月，群众反馈案例的响应率为 97%，解决率为 87.5%，满意率为 99.38%。不难看出，北京市民服务热线(12345)的的确确为市民做实事、做好事，得到了广大市民的好评、认可和信赖。

综上所述，通过此次调研发现，市民热线不仅能够及时反馈并协助解决市民的实际问题，而且也对改进政府工作方式、提高政府服务质量、增强政府公信力具有重要意义。广大市民对市民热线的设立是很欢迎的，对市民热线的服务效率和质量是充分肯定、充分支持、充分信赖的。当然，也存在一些问题，比如宣传力度不够，特别是对青年学生群体的宣传有待进一步加强。

北京市垃圾分类困境及其应对路径

——以首都功能核心区①为例

陈晋文　范嘉川②

【摘　要】 随着我国城市化与科技化进程的不断加快以及人口基数的不断攀升，城市垃圾日益增多，如何有效落实垃圾分类具有重大意义。习近平总书记指出："实行垃圾分类，关系广大人民群众生活环境，关系节约使用资源，也是社会文明水平的一个重要体现③。"北京作为中国的首都，而首都功能核心区又是北京市的核心，更代表着全国的社会文明水平。从实际情况来看，首都功能核心区尽管在各方面相较上一年进步明显，但在监督管理、分类运输、垃圾分类的种类、分类意愿与行为上仍存在问题，这4点问题形成了新的分类困境，突破困境已经到了刻不容缓的地步。通过调查，得到首都功能核心区部分居民的垃圾分类基础数据以及大众评价，了解首都功能核心区垃圾分类现状，并在此基础上对垃圾分类现状进行分析，对垃圾分类政策的制定、实施和落实提出有关的建议，从而推进首都功能核心区垃圾分类的有效进行，促进可持续发展。

【关键词】 首都功能核心区垃圾分类；垃圾分类困境；居民分类意愿与行为

本次调研通过网上问卷调查与线下考察相结合，以抽样调查的形式开展调查，并以查找相关新媒体资料的方式进行。线下考察方面，小组成员走访北京阳照胡同、史家胡同等多个具有首都功能核心区特色的居民住地，并进行面对面采访。在线问卷调查方面，小组成员通过微信、微博等平台向首都功能核心区网友发放问卷并收集问卷数据。

一、首都功能核心区垃圾分类现状和困境

北京市于2020年5月全面开展垃圾分类工作，按照《北京市生活垃圾管理条例》进行管理。2021年是北京市全面推动垃圾分类的一周年，这一年来首都功能核心区的垃圾分类取得初步成效。相较于以前，垃圾分类进步明显。在居民意识、分类效果和政策探索上进步突出，同时大多数市民对垃圾分类现状较为满意，且对未来发展很有信心。当然，在监督管理、分类运输、垃圾分类的种类、分类意愿与行为上仍存在问题，这也造成了新的困境[1]。

---

①　首都功能区是指北京市东城区、西城区。

②　本课题指导教师：陈晋文（北京工商大学马克思主义学院）；课题组组长：范嘉川（金科201）；课题组成员姚小康（金科202）、江新涛（国贸202）、辜祖鸿（金科202）、邢宸箫（金科201）。

③　资料来源：培养垃圾分类的好习惯 为改善生活环境作努力 为绿色发展可持续发展作贡献. https://baijiahao.baidu.com/s?id=1635354661244133736&wfr=spider&for=pc.

(一)初见成效

1. 宣传方式多样化,推动广大居民了解垃圾分类

首都功能核心区自5月开始实行分类后,持续开展垃圾分类工作。广大基层组织、工作单位、学校,积极响应北京市垃圾分类政策,在内部开展垃圾分类,同时政府采用线上线下相结合的宣传方式进行宣传。根据小组调查显示,98.41%的市民对垃圾分类了解或略有了解,仅有1.59%的市民表示对垃圾分类完全不了解。可见宣传形式多样化可以提升市民对垃圾分类的了解度。

2. 督促措施多样化,分类效果提升明显

在督促上,各区的督促制度呈现多样性。根据小组调查(表1),目前核心区实行的督促制度有:违规惩罚、积分制、专员监督等方式。北京市在《北京市生活垃圾管理条例》中规定,对未执行垃圾分类的市民处50元以上200元以下的罚款,惩罚制度是垃圾分类的有力保证,将人们的侥幸心理抹除,保证了垃圾分类的进行。其次,专员监督是首都功能核心区最普遍采取的政策,通过督促提升垃圾分类效果。再次,部分地区采取积分制度,靠激励的方法去培养市民自觉垃圾分类的习惯。3种督促制度中,专员监督制度覆盖范围广、效果好,而惩罚制度容易引起矛盾,积分制度存在部分市民不参与的情况。

表1 首都功能核心区垃圾分类督促措施调查

督促制度	专员监督	奖惩制度	积分制度	其他
占比/%	62.75	23.53	25.49	19.61

注:本调查项目为多选题。

多种多样的监督措施促进广大市民自觉参与垃圾分类,越来越多的人参与到垃圾分类中来。截至2020年4月,北京市垃圾投放准确率高达85%,家庭厨余垃圾分出量相较《北京市生活垃圾管理条例》实行前增长了11.6倍。从总体看,作为北京市的核心,首都核心功能区垃圾分类的数量和质量得到显著提升。

3. 市民对垃圾分类满意度提升

首都功能核心区自2020年5月垃圾分类全面开展以来,整体以循序渐进的方式推进,让市民逐渐适应垃圾分类政策,目前核心区内垃圾分类基本成型。根据调查(表2),21.57%的市民对垃圾分类情况表示满意,这些人主要分布于垃圾分类示范小区,50.98%的北京市民对未来发展持乐观的看法,7.84%的市民对分类现状的态度随分类状况而改变。仅有19.61%的市民明确表示对分类现状不满意,他们普遍分布于示范小区以外的其他小区。

从总体上看,80.39%的市民对分类现状相对满意,相较于未全面垃圾分类前,满意度明显提升。

表2 首都功能核心区垃圾分类满意度调查

满意度	满意	正在不断改善	比较满意	很不理想
占比/%	21.57	50.98	7.84	19.61

4. 基础设施基本满足要求

首都功能核心区在基础设施方面相较2019年改进明显,足以适应当前每日垃圾处理数量。配套设施的跟进,促成生活垃圾回收利用率上升到37.5%。截至2020年底,北京现有1275座生活垃圾分类驿站、45座可回收物中转站。预计2021年将推进建设600座生活垃圾分类驿站和137座可回收物中转站,形成垃圾驿站、中转站、处理设施的垃圾分类工作链。

(二)首都功能核心区面对的新困境

通过线上问卷和小组实地考察,发现尽管核心区垃圾分类初见成效,但半数受访群众表示目前仍然存在以下问题:分类无人监管、混合运输、过于简单,居民分类意愿与行为存在一定偏离。在走访调查中,我们发现的这四大问题存在于核心区的各大社区,同时也是引起广大市民对垃圾分类不满意的主要原因。下面将分条陈述这四大问题。

1. 无人监管或监管不足

小组考察期间发现大多数社区存在监管力度不足的情况,甚至少数社区存在无人监管的情况。

根据调查,无论是监管力度不足还是无人监管的现象,归根到底都是社区人手不够所导致的。大多数社区依靠志愿者去充当监督员,这些志愿者大都没有相关知识,同时志愿者数量很少,不能满足时刻有志愿者去监督;有的社区派专人去监督垃圾分类,但因为工作人员较少,值班时间长,同样无法保证时刻有人监管。

2. 混合运输

混合运输现象虽然相对于2020年有所好转,但是仍未杜绝,在走访中发现少部分社区存在混合处理的问题。调查显示80%以上的混合运输都是运输员图省事所导致的,少数是车辆不足导致的。这些行为极大阻碍了垃圾分类的进行,混合后的垃圾不仅给二次分类处理增加了工作量,也降低了市民垃圾分类的积极性,同时也会造成垃圾混合污染。

3. 垃圾分类过于简单

北京市将垃圾分为4类:厨余垃圾、可回收物、有害垃圾、其他垃圾,并严格要求各级单位按照这个标准执行并宣传,但是在小组考察中发现垃圾分类的执行情况与条例规定有一定差异。部分社区只将垃圾分为两类:厨余垃圾和其他垃圾,忽略了可回收和有害垃圾。

导致垃圾分类过于简单的主体有3个:

其一为社区负责垃圾分类的部门。他们的疏忽导致广大市民的分类也较为简单,降低了垃圾分类的效果。

其二为社区居民。居民发现垃圾桶投放存在问题,却不提出,为的是减少自己每天的垃圾分类量。

其三为市政府。少数居民发现垃圾桶投放存在问题并想向上反馈,却发现找不到反馈渠道。

4. 居民分类意愿与行为存在一定偏离

小组成员在结合互联网数据进行问卷数据分析时，发现市民的分类意愿与行为存在一定偏离，在之后走访社区实地考察中证实了这个现象的存在。居民垃圾分类意愿调查数据显示(图 1)，有 84.56％的居民表示愿意进行垃圾分类，仅有 3.6％的居民表示不愿意垃圾分类。但对于垃圾分类行为习惯的调查数据显示，仅有 33.33％的居民能做到每次都将全部垃圾分类。

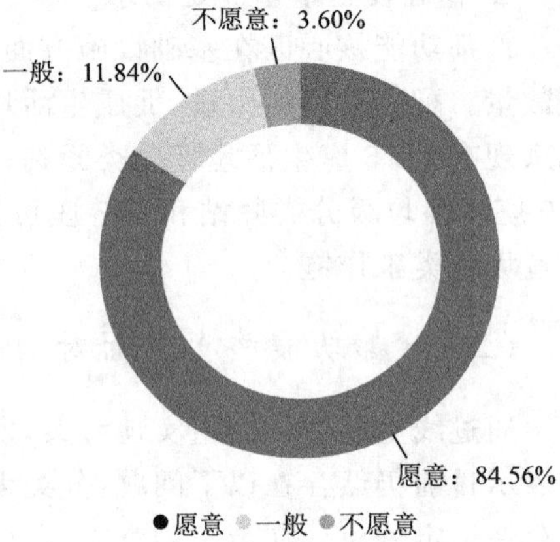

图 1　北京市垃圾分类意愿①

将居民垃圾分类行为与垃圾分类意愿的数据进行比较，可以明显看出，居民分类意愿与分类行为存在一定偏离。

通过走访调查得出结论，造成居民垃圾分类意愿与垃圾分类行为存在一定偏离的原因可以总结为以下 4 个方面：

(1)超半数的居民对垃圾分类回收知识储备不足，这一定程度上造成居民进行垃圾分类不够规范。

(2)大多数居民认为与以前随意投放相比，垃圾桶设置不完善影响居民按规定进行垃圾分类的积极性。

(3)有不到半数的居民缺乏自觉分类的良好素质，如果没有相关制度约束或相关人员管理，就不愿进行垃圾分类。

(4)有少部分居民认为垃圾分类过程太过烦琐，出现懒得分类的心理。

二、进一步改进垃圾分类的建议

针对在调查中发现的问题，小组结合资料和调查问卷，经过讨论和研究，给出一条共性建议和多条个性建议。

(一)关于强化垃圾分类宣传的建议

上述问题产生的原因或多或少都反映了居民和工作人员对垃圾分类认识的不足，而认识不足的根源却来自于宣传力度不足。

首先，应拓展宣传内容。目前，公众在垃圾分类方面已建立一定的环保意识，但仍不足以推动个体将垃圾分类意愿转为行动。对于垃圾分类的宣传该注重对态度提升和价值观的培养。根据全球气候和生态环境的变化，来更深层次地刺激居民的社会责任

① 马璐璐．2021. 图说北京生活垃圾分类实施这一年．数据新闻，www.xinhuanet.com/video/sjxw/2021-01/13/c_1210977630.htm.

感，让居民深刻地认识到垃圾分类对于保护生态环境、节约资源、减缓全球气候变暖的重要作用，通过这种内驱动力来推动居民将垃圾分类意愿转化为行动[2]。

其次，应促进宣传形式的多样性。德国作为最早实行垃圾分类的国家，在宣传上颇具经验，在德国名人会亲自组织有关活动并发表演讲。此外，德国拥有诸如自然保护联合会、拯救未来环境基金等上千个环保组织。核心区可以向德国学习，推动宣传主体的多元化。不拘泥于自上而下的宣传方式，充分调动社会各界进行宣传，鼓励组建有关垃圾分类的社会组织，让群众参与其中[3]。

再次，应当注重学校教育。德国从幼儿园就开展垃圾分类的教育，大学里也有垃圾处理的相关课程和专业。市政府可以效仿德国，将垃圾分类纳入幼儿园至大学的必修课程，并鼓励各大高校开设有关垃圾分类的相关专业，将宣传深化为学习[3]。

（二）关于垃圾分类无人监管或监管不当问题的建议

1. 加大对监督措施落实效果的监察力度

核心区应加强监察力度。首先，市政府可以派出专员考察各区垃圾分类情况，并拍照取证，事后对问题社区提出批评，并勒令其整改。对做得好的社区，予以表彰，并安排问题社区领导到该社区学习；其次，市政府可以再细化责任到人，让每个工作人员明白自己的责任和义务，并知晓渎职后果。对无人监管或监管不当的社区，要严格按照章程对负责人进行惩罚，也可以适当加大惩罚力度，增大违规的成本。

2. 在垃圾站安装智能垃圾分类可回收箱

首都功能核心区可以效仿上海，在人员不足的社区安装智能垃圾分类可回收箱，这种分类箱应具有以下功能：生活垃圾定时集中回收、市民刷卡投放、自动开关门、智能化宣传引导屏、可回收垃圾精准称重兑换积分入卡、积分换物。

后台在数据处理上，可以将所有收运数据纳入垃圾分类管理平台，再通过大数据分析，得出结论，针对结论，讨论解决方案，以此优化决策，精准解决垃圾分类存在的问题。

3. 在垃圾站安装监控系统

首都功能核心区也可以学习上海，在垃圾分类投放点安装监控系统，实现分类投放过程全记录。监控系统可以更好地监督垃圾分类工作，垃圾站内的各个关键位置安装的摄像头能对居民的投放行为、分类质量进行抓拍，并通过数据的不断积累，完善行为分析的准确性。同时在监控系统中嵌入人脸识别，这样居民在投放垃圾的时候，系统将自动保留该居民的姓名和投放时间，方便之后的责任追究。而且监控系统还能实时监控垃圾桶满溢情况，对投递垃圾的高峰期进行统计，及时安排车辆清运。

（三）关于居民分类意愿与行为存在一定偏离问题的建议

1. 根据分类地点不同，提升垃圾分类操作的便利性

居民区可以采用厨余垃圾不出厨房、在楼道内设置专用管道来收集其他垃圾、可回收垃圾和有害垃圾可以采用定时定点投放、到点撤桶的方法。

公共场所可以根据自身作用，推测可能产生的垃圾种类，以此设置对应类型的垃圾桶。

2. 使用更加有吸引力的激励方法

要想激励每一个居民，就要保证激励方式切实有效。可以设置垃圾分类个人账户，并与其消费账户相互关联，给予参与分类的市民消费优惠。这与核心区传统的积分制有所不同，消费是每个人必会去做的事，所以对消费优惠可以充分调动群众的积极性。

也可以效仿德国，实行押金退还机制。当居民购买特定材质的商品时，会加收一定的押金，并在回收该材质垃圾时退还押金。该机制如若实行，将极大地增加居民的积极性。

3. 社区做好奖惩措施

习近平总书记在上海市虹口考察时指出：垃圾分类工作就是新时尚。这正是奖惩制度的最终目的。

社区里应当做好记录和奖罚措施，在居民心中塑造垃圾分类是一种重要的、不可推脱的义务。对表现优秀的，可给予口头表扬或年底红包奖励，并在全市内宣传先进，让全体市民向他们学习，促进垃圾分类成为新时尚。对第一次违反规定的，可以要求他们找空余时间去学习垃圾分类相关知识或者参与社区志愿活动。对于再次违反的，可以对其警告或计入档案。此外，我国可以学习日本，将违反垃圾分类规定纳入刑法，增大违反规定的成本[4]。

在奖励措施的引导下，逐渐形成“我分类，我骄傲”的社会风气，让垃圾分类成为新时尚，成为人们追求的目标。同时，惩罚措施将最大化地保障这股社会风气的形成。而这种良好的社会风气将极大地促进人们的分类意愿与实际行动相互匹配。

（四）关于垃圾车混合拉走问题的建议

1. 垃圾车加装隔层

垃圾车的车斗中可以安装 4 个可以容纳不同种类垃圾的箱子，类似日常生活中的多层柜子。从侧面或后面均可拉开任何一层箱子，分别倒入对应的垃圾，这样可以避免混合运输的发生。

2. 增加运输卡车数量，以实现分类运输

解决混合运输问题，需要的是更多的资金投入，以此来增加运输车的数量。当然，这种办法会增大市政府的支出，所以需要政府在权衡利弊之后，慎重决断。

3. 严格监督管理，处罚违规现象

监督管理在各类问题上普遍是立竿见影的方法，在混合运输的问题上也是一样。政府可以加大监管力度，对混合运输实行零容忍，严格处理违规人员和单位。监管的方式可以采取“分级监督”和群众监督。

首先，可以通过分级监督来遏制混合运输。在互相监督的模式下，会形成较强的威慑力，遏制运输人员混合运输的现象。

其次，可以通过群众监督来遏制混合运输，这在上海早已实施。上海市城管执法局早在2019年便允许市民通过录制视频举报违规行为。在北京,群众遍布城市各个地方,可以形成一张无形的监视大网,无时无刻地监督运输人员的行为。北京市政府可以设计一款类似几年前在北京兴起的APP——"朝阳群众",让群众积极参与其中,充分发挥群众的力量,以此来监督管理北京垃圾分类运输。

(五)关于垃圾分类过于简单的解决办法

1. 社区管理需重视

社区管理部门应在每个社区里设置各个种类的垃圾桶,并在每个垃圾桶的上方绘制与垃圾种类相对应的提示图。同时,核心区的管理部门应当提升监管的力度和对垃圾分类的重视度,加大对垃圾桶种类的管理,做到定期检查和随机抽查,对违反规定的社区负责人从重处罚,责令其整改。对于多次出现垃圾桶种类不达标的社区负责人,可以免去其职务,并记过处分。

2. 鼓励群众监督社区垃圾分类工作

市政府应当明确给出垃圾分类投诉的渠道,并保障市民的信息安全和人身安全。对于举报属实的个人,可以给予一定的奖励,以此鼓励群众监督社区垃圾分类工作。同时市政府可以在每年的年底,开展社区垃圾分类评价工作,并收集相关信息,对评价中指出的问题进行核实,一旦属实,严肃处置问题社区的责任单位。

参考文献

[1]段丽杰,赵宏宇,史选. 基于居民意愿和行动的差异分析破解城市垃圾分类难题——以广州市居民生活垃圾分类为例[J]. 环境与发展,2021,33(01):209-215,229.

[2]康玲,祝铠. 日本、德国垃圾分类管理经验对我国的启示[J]. 中国环境管理干部学院学报,2019,29(06):64-68.

[3]刘晓. 德国生活垃圾管理及垃圾分类经验借鉴[J]. 世界环境,2019(05):23-27.

[4]张尼,姜雨薇. 上海今起执行"最严垃圾分类":个人扔错最高罚200[N]. 中国新闻网,2019.

宁夏北部地区农村垃圾处理情况调研

朱　倩　常乐泉①

【摘　要】 本文针对宁夏北部地区农村垃圾处理现状展开调研。通过对这一地区农村垃圾处理现状的实地调研和问卷调查，发现农村垃圾处理在村民垃圾分类意识、基层垃圾分类制度、相关垃圾分类处理体系等方面依然存在一些问题，报告从基础设施、动员部署、政策宣传、强化机制、督促整改5个方面提出意见和建议。

【关键词】 农村；垃圾处理；生态文明建设

习近平同志在十九大报告中指出，加快生态文明体制改革，建设美丽中国[1]。生态文明建设其实就是把可持续发展提升到绿色发展高度，为后人"乘凉"而"种树"，就是不给后人留下遗憾而是留下更多的生态资产。生态文明建设是中国特色社会主义事业的重要内容，关系人民福祉，关乎民族未来，事关"两个一百年"奋斗目标和中华民族伟大复兴中国梦的实现。党中央、国务院高度重视生态文明建设，先后出台了一系列重大决策部署，推动生态文明建设取得了重大进展和积极成效。

垃圾分类问题与居住环境、人民健康息息相关，垃圾分类处理是维护优美生态环境、健康生活的"关键小事"，也是推动生态文明建设的发展大事。继城市全面推广垃圾分类之后，我国广大的农村地区也开始逐步推进垃圾分类工作。建设生态宜居的美丽乡村，必须解决农村垃圾处理这个难题，而做好生活垃圾分类处理，实现垃圾减量化、资源化、无害化，正是解决农村垃圾处理"最初一公里"问题的良方。把做好农村垃圾分类作为建设生态宜居美丽乡村的有效路径，通过源头治理、宣传引导、日常督查，持续推进农村垃圾分类，不断改善农村人居环境，助力乡村振兴，从而推动生态文明发展[2]。

与城市的垃圾分类相比，农村地区垃圾分类的推进刚刚起步，有很多方面亟待完善。本小组通过对宁夏北部地区农村垃圾分类和处理情况进行调查，分析目前农村垃圾分类和处理现状及面临的挑战，并基于调研提出相应的对策，旨在为建设美丽乡村做出贡献。

一、调研基本情况

调研时间：2021年7月20日至8月5日

---

① 本课题指导教师：朱倩（北京工商大学马克思主义学院）；课题组组长：常乐泉（物流192）；课题组成员：罗杰（物流192）、马志军（物流192）、杨世梅（物流191）、黄仕娇（物流191）、张正琴（经济191）。

调研地点:银川市金凤区

调研方式:发放问卷、走访村民、到村支部查阅相关文件资料

问卷发放、回收情况:小组在 7 月 20 日之前完成了问卷设计,并通过微信朋友圈、微博等社交媒体发放问卷,7 月 31 日回收问卷。发出有效问卷 98 份,回收有效问卷 98 份,问卷有效率 100%。其中 36.7%的受访者为农民,学历为初中或者小学,高中受访者占 40.8%,其余 22.5%的受访者为大专及大专以上学历。由于组员学历原因与农村智能手机普及率的限制,受访者中文化程度极低的人员较少,针对此部分受访者,采用了走访询问的方式。

二、宁夏北部地区农村垃圾处理现状

银川市金凤区属于宁夏北部的农村地区,小组通过实地调研、发放问卷和查阅相关资料文件,初步观察和了解到宁北农村目前垃圾分类及处理的若干情况。

1. 本地垃圾处理及分类状况

据调查,2019 年之前,村子所设垃圾站点为砖砌的固定垃圾池,但因垃圾池分布较少,所以存在乱扔垃圾的情况,同时存在垃圾池长期清理不够干净彻底的情况。此外,垃圾车清理时间并不规律,来的时间不确定,当清理间隔周期长的时候,会出现垃圾已经溢出垃圾池也不见垃圾车来清理的情况。一些地方的垃圾池砌得不够高,西北农村经常刮大风,刮风时一些重量较轻的垃圾,比如垃圾袋、包装盒等会被大风吹得满街道都是,甚至还会被风裹挟到住户的家院中,非常不卫生。2019 年实施新的垃圾池改革措施之后,统一铲除了固定垃圾池,在每个街道口放一个大的可移动的蓝色垃圾铁筐,改善了垃圾清理不彻底的情况,同时在政府的推动下,村委会与相关部门协调统筹管理垃圾车清理时间,在固定的时间清理垃圾,垃圾溢出的现象不再出现。

现在,宁夏北部地区周边乡村的广场、街道、学校等随处可以见到垃圾分类回收的垃圾箱。尽管如此,在调研的过程中还是能够看到垃圾混杂堆放的情况。

农村垃圾类型多,生活垃圾和生产垃圾相比较各占一半,生活垃圾主要有厨余垃圾、旧衣服鞋子、废旧电池、生活污水等;生产垃圾主要有农药瓶、农作物秸秆、工业废水废气等。对于可回收的垃圾,村民们会用废旧物品卖钱,但对于那些回收价值低且回收成本高的垃圾则无法再次回收利用;对于无用有害的垃圾,则采取随意填埋、固定点堆放、露天焚烧等方式进行处理。

调研中发现,在宁北部分农村地区垃圾分类进行得不够彻底。大部分垃圾未经处理,有些垃圾虽有进行分类,但分类后便被随意倾倒,一些用于农作物的垃圾比如农药瓶等,村民们不知道如何处理,经常会将这些垃圾随手扔到地里或者路边,造成了极大的环境污染,影响人们的居住环境。

2. 村民对垃圾分类的认知与实践

通过走访村民,发现村民对于垃圾分类的认知不完善,对于垃圾分类的意识不强。

人们对可回收与不可回收垃圾的认识不足,对可回收垃圾与不可回收垃圾的分类

知识了解甚少。调查显示，只有22%的人表示自己接触过垃圾分类处理的相关知识。

农村生活中垃圾的有效分类处理不当。据调查，在农村的生活垃圾中70.41%为厨余垃圾，23.47%为可回收垃圾（图1），其中明确知道垃圾分类回收处理并总是进行垃圾分类的人只占调查总人数的16.33%，有51.02%的人只是偶尔进行垃圾分类。生活中的垃圾处理设施不足（特别在人口集中区）（图2）。在调查中了解到，在家里附近有设置垃圾箱功能分类的占到62.24%（图3）。

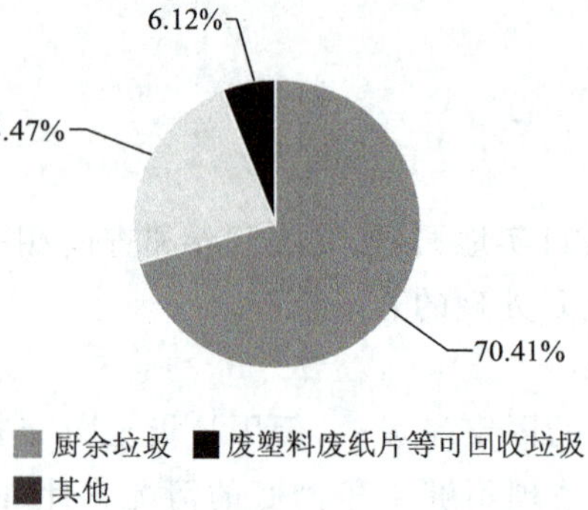

图1 居民家中主要生活垃圾

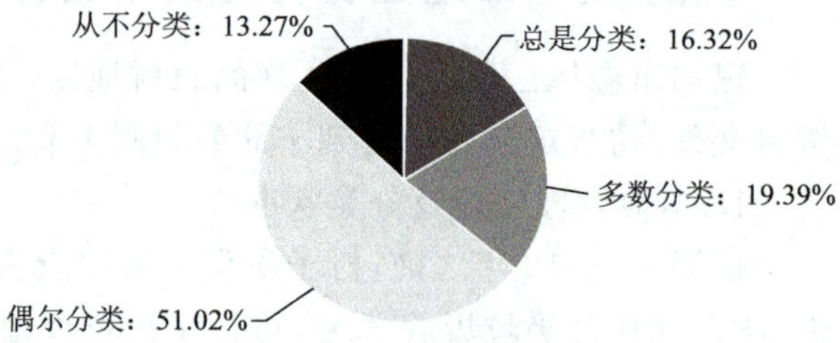

图2 日常垃圾分类情况

政府对垃圾合理处理的宣传有待加强（图4）。54.08%的人表示他们生活中很少看到有关垃圾分类处理的宣传标语，只有22.45%的人表示能看到村委会宣传垃圾分类的相关标语，约23%的居民不了解有关这方面的宣传或者根本看不到这样的宣传。

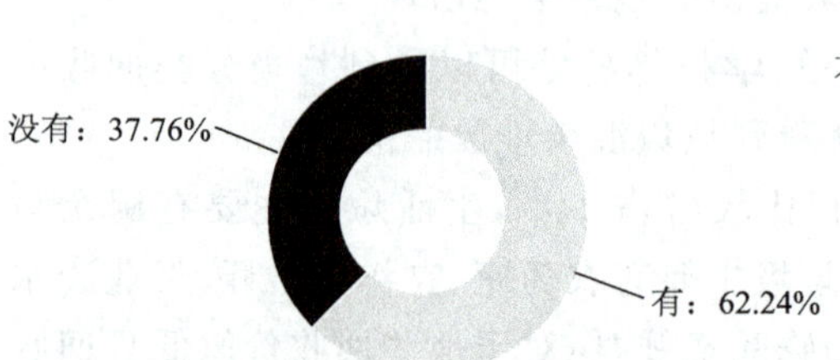

图3 居民家附近垃圾箱有无分类功能情况

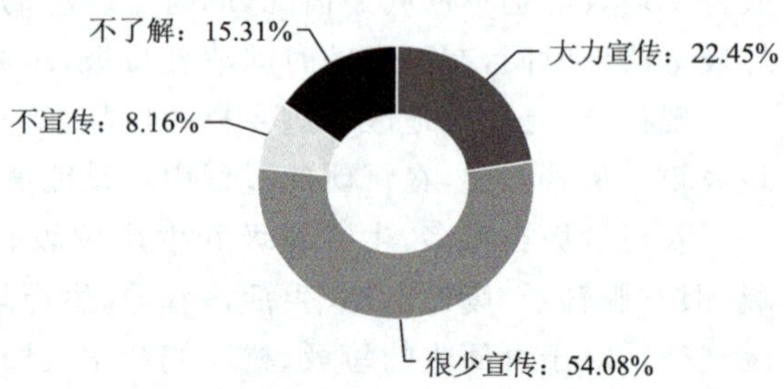

图4 村委会对垃圾分类的宣传力度

总体而言，受访者对本地区目前的垃圾处理情况不甚满意。在5分制的评分机制下，人们对现行垃圾处理方式的评价平均分仅有3.41分，打到5分的仅有17.35%，3分与4分的总和超过60%（图5）。

3. 当地政府推动的垃圾分类相关举措

近年来，在国家大力推进生态文明建设的背景下，银川市①对垃圾处理采取了一系

① 所调查的宁北部分农村所属于银川市直辖。

列有力举措。2015 年，银川市被住建部列为生活垃圾分类试点城市后，建立了资源垃圾、厨余垃圾、有害垃圾、一般垃圾 4 类收集系统，对生活垃圾实施分类投放、分类收集、分类运输、分类处置。2016 年，银川市餐厨垃圾处理工作通过国家验收，成为全国 33 个通过验收的 6 个试点城市之一，并引进了两家尾菜、厨余垃圾处理企业，对全市冷链物流、农贸市场等主要场所产生的湿垃圾收集处置实现全覆盖，将尾菜、厨余垃圾制作成为饲料纤维、有机肥和液态肥。2017 年，西夏区生活垃圾转运站引进了北京甲壳虫尾菜厨余垃圾市场化运行企业，负责西夏区内居民小区、商超及农贸市场厨余、尾菜资源化利用。回收后的厨余垃圾利用高温发酵制作成有机肥料，尾菜进行细分拣、破碎、挤水、烘干后制作成饲料[3]。

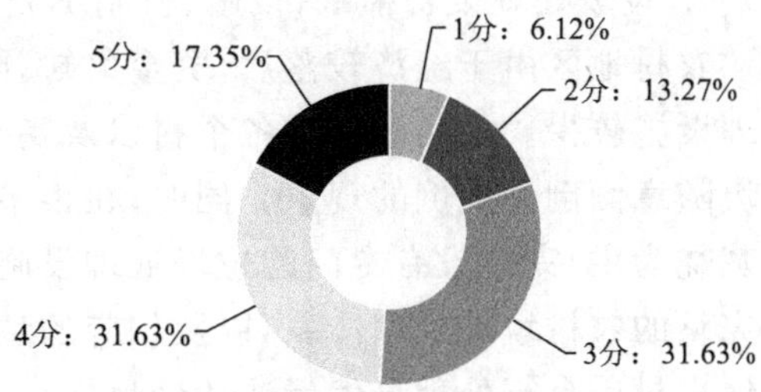

图 5　居民对垃圾处理的满意程度

根据调查，宁北地区农村进行垃圾处理的方式有以下几种：第一，实施集中清运、废物回收等措施；第二，混投后集中处理（焚烧、填埋）。在倡导垃圾分类之后，当地政府采取了一系列措施，比如定期清理截洪沟，保证排水通畅，对填埋库区进行定期消杀，完善场区绿化、环境监测（半年一次）、安装防飞设施等。

三、宁夏北部地区农村垃圾处理及分类：问题与挑战

1. 村民环保意识相对淡薄

根据调研，观察到宁北地区很多村民对于垃圾处理的手段比较简单随意，任意填埋、乱丢乱放等情况比较普遍。大多数村民无法分类处理垃圾，虽然知道政府在街道设有垃圾堆放点，但对于分类堆放垃圾仍然不自觉，很多垃圾处理问题依然存在。

在调查问卷中发现，约 68.37％的居民认识到了垃圾分类的重要性，但是约 20％的居民对于垃圾分类重要性的认识不足。与此同时，很多村民表示无法区分可回收与不可回收垃圾。这说明在垃圾分类中，对于垃圾分类的具体情况和重要性，仍存在认知方面的差距。

部分地区也曾采用过一些措施鼓励人们进行垃圾分类：如宁夏银川市金凤区开展了垃圾分类消费扶贫兑换活动。活动将生活垃圾分为纸板、报纸、塑料瓶、书纸等几大类，每千克分别设置了相应的积分，比如 1 千克纸板可累计 50 个积分、1 千克报纸可累计 100 个积分，100 个积分相当于一块钱，可兑换价值一块钱的农产品。活动通过鼓励机关单位垃圾分类积分兑换扶贫农产品，推进金凤区公共机构节约型机关建设，引导金凤区广大干部职工崇尚低碳环保、勤俭节约的良好风尚。该措施虽然起到一定作用，但是仍具有局限性，仅限于各个政府行政机关来起到带头作用。调查问卷中关于垃圾意识的评分问题显示，在 5 分制的标准上，平均分仅能达到 3.68 分。因此，对于将垃圾分类意识普及大众，仍然任重道远。

2. 垃圾处理设备稀缺，设施、机制不完善

农村地区由于经济较落后，资金欠缺，配套措施供应不足，垃圾箱、垃圾场等配套的处理设施较少。虽然政府在各个村以及街道都设有固定的垃圾堆放点，但是依然存在垃圾随意倾倒和混倒的现象。同时，在很多农村地区，对于垃圾的处理依然是以填埋或者焚烧为主，完全没有专门的垃圾处理设施。因此，只是从形式上设立了站点并没有一套完整的农村垃圾处理体系，以及相应的垃圾处理人员和处理机构及完善的监管机制，单纯靠村民自行处理显然无法达到目标。

针对走访调查到的宁夏中卫市海乐村、思乐村、康乐村，就目前的硬件配置来说，还不具备垃圾分类的条件。首先垃圾筐并不是很多，每个街道口才有一个，大概是七八户人家共用一个，并且不存在垃圾分类的情况，只管把垃圾都扔进去。由于没有配套的资源化的处理站，对垃圾依然进行焚烧或者掩埋处理。

大部分的村民都知道废品回收，像塑料瓶、废纸、废铜铁之类的，存积到一定量可以卖点钱。但是在农村里这种废品回收点不多，而且距离较远，很不方便。所以大多数村民会等到有下乡收废品的"吆喝"才卖。而如今废品回收价格越来越低，很多人并不愿意再积攒废品，又占用地方又不值钱，会出现没用就直接扔了的现象。

3. 地方政府举措推动有待加强

从调查问卷中知悉，约 51.04％的居民认为自己所在的乡镇政府对于垃圾分类的监管力度仅仅是一般，很好的仅占 21.43％，将近 3 成的居民认为乡镇政府的监管力度很差或者根本没有感受到。想要让垃圾分类处理真正深入人心并且行之有效，政府需要有所作为有所推动。在垃圾处理问题上，应由政府主导，深入了解农村垃圾处理的实际情况，提出有效的解决途径，监管到位，村民作为主体，相互配合采取有效整治措施。

4. 相关地方性法律法规不完善

近年来，在治理垃圾这方面，我国相继出台了《固体废物污染环境防治法》《城市生活垃圾管理办法》等一系列法律法规，全面规定了生活垃圾的具体处理过程以及治理设施的建设使用、监督管理，形成了比较完善的法律保障。相比之下，农村垃圾处理的实践和治理相对滞后。2014 年全国人大常委会对《环境保护法》进行了新的修订，增加了关于农村环境保护的规定，要求各级人民政府统筹城乡环保公共措施的建设。这次修订虽然对农村生态环境保护作出了法律性规定，但该法作为环境保护的基本法律，还需要进一步细化落实到农村的垃圾分类治理上。

四、宁夏北部地区农村垃圾分类处理：建议与应对

1. 加大农村地区的环保宣传力度，提高村民环保意识

建议加大对垃圾分类回收的宣传力度，在村里成立垃圾分类回收宣传办公室，负责垃圾分类回收的宣传和指导，做到家喻户晓，人人皆知，使得垃圾分类成为全村人的自觉行为。比如可以印制一些关于生活垃圾分类和弃置方法的宣传单，发给每户居民，让

他们贴在家里明显的位置,来指导居民的垃圾分类。如《中华人民共和国环境保护法》、环保部发布的《国家农村小康环保行动计划》等,让百姓更多地接触环保方面的法律,树立环保意识。宣传部门应将宣传工作做扎实,深入村民家中,普及有关知识,或者定期到各乡镇开展宣传教育主题活动,也可印发宣传材料进行宣传,将出台的有关垃圾处理的政策及法律法规及时更新到政府官网,方便人们查阅学习。通过大力宣传,让人们潜意识里对垃圾处理有正确的概念,让农民对于随意处理垃圾的现象不再视而不见,从一个旁观者转向一个积极主动的监督的实践者。

2. 建立健全相关基础设施和配套机制

应该加大力度在农村地区放置垃圾箱或者设立固定回收点。处理垃圾,必须有充足的硬件设施,政府应划拨一定数额的款项,在农民聚居地区多投放垃圾箱、垃圾桶。并且考虑这些垃圾箱的质量、容量及分类功能等,便于村民分类倾倒垃圾。垃圾箱相距不宜太远,便于丢放也便于处理。针对村民进行垃圾分类的行为,可以建议村民通过不同样式或颜色的垃圾桶/袋来区分不同类型的垃圾,切勿混装。家里可常备两类垃圾桶或两种颜色的垃圾袋,厨余垃圾和其他垃圾分类丢弃,定期对家里的生活垃圾进行分类清理,将生活垃圾分类变成日常家务的一部分。

此外,政府部门应加大资金投入,建立健全相关基础设施和配套机制。不仅要推进村民的垃圾分类,还要有相应的配套设施对分类垃圾进行资源化处理和利用,将垃圾分类真正纳入到循环经济和可持续发展之中。

3. 完善相关法规,加强监督

应该进一步完善与垃圾分类相关的制度法规,形成一套有效的监督和保障垃圾分类的制度法规体系。例如,对破坏环境的团体或者个人可处以相应的处罚措施,让环境破坏者承担相应的行政处罚,接受教育。

在垃圾分类推行中,由相关单位进行跟进和监督垃圾分类工作的推进,及时进行问题和效果的反馈,生活垃圾管理责任人应当做好宣传、指导等工作。由于垃圾分类尚未成为村民的习惯,因此,对于那些不遵守垃圾分类的单位和个人要进行相应的教育,使广大村民尽快养成良好的垃圾分类习惯。

4. 社会各界高度重视,广泛参与

基层政府应该率先做出表率,积极参与垃圾分类。基层干部要将垃圾问题放在心间,多出"实招",真抓实干。与此同时,大力宣传垃圾分类和保护环境的重要性及必要性。政府主动担责,社会广泛关注,多方齐力协力,因地制宜、精准施策,从源头上对垃圾现状进行控制,使垃圾得到真正分类,保护和改善农村生态环境,为美丽乡村建设添彩。

参考文献

[1]习近平．习近平谈治国理政(第三卷)[M].北京:外文出版社,2020.

[2]"绿水青山就是金山银山"在浙江的探索和实践[R].新华网,2015.

[3]垃圾分类,宁夏做好准备了吗[N].宁夏日报客户端,2021.

关于城市共享单车治理的调研

张　娜　周佳慧①

【摘　要】 近年来，中国实现了经济、工业、科技、军事等各方面飞跃式发展，但随之而来的生态问题也备受关注。建设绿色城市、低碳城市是保护生态环境中非常重要的一环。如今，共享单车对城市居民的绿色出行起着非常大的作用，但居民对其的评价却褒贬不一。本文通过分析目前共享单车的使用情况和存在问题，进一步探究共享单车治理方案，为未来城市管理中共享单车的使用和治理提出一些新的发展参考，为绿色低碳城市的建设贡献力量。

【关键词】 共享单车；停放乱象；城市治理

对于现今的城市治理，积极建设绿色城市、低碳城市是必不可少的一项。提到低碳城市，就不得不提到城市中的公共交通建设，公共交通工具的“最后一公里”是城市居民出行采用公共交通出行的主要障碍，共享单车原本就是为了解决这一环所出现的[1]。但是共享单车从最初出现的好评如潮，到现在的乱象频出，发展得并不顺利。

本次调研中小组主要采用了网上发放调查问卷的形式，了解城市居民对共享单车的看法。与此同时，通过搜集有关共享单车的资讯和查阅文献资料，更加全面深刻地了解了我国共享单车的治理以及存在的一些问题，并对这些问题进行分析，最后提出有关建议。

本次调查问卷共发布 109 份，收回 109 份，有效份数 109 份，问卷涉及不同城市中不同性别、年龄的人群。回收的问卷中女性占比为 62.39%，男性占比 37.61%。就年龄层次来说，18～30 岁人群占比 77.06%，18 岁以下人群占比 6.42%，31～50 岁人群占比 11.02%，50 岁以上人群占比 5.5%。

一、共享单车使用情况和乱象及其影响

（一）共享单车使用情况

1. 共享单车使用频率

关于共享单车的使用频率，从问卷的结果中可以看到：占比最大的使用频率是 1～12 次/年，占总结果的 27.52%；其中占比相对也很大的使用频率是 1～4 次/月；而 8 次/周及以上的占比最小，仅占 6.42%；从来不用的占比则为 15.60%（表 1）。

① 本课题指导教师：张娜（北京工商大学马克思主义学院）；课题组组长：周佳慧（自动 191）；课题组成员：郭晴雨（自动 191）、胡佳辰（自动 191）、胡可心（自动 191）。

表 1 共享单车使用频率

使用频率	每周 8 次	每周 3～7 次	每周 1～3 次	每月 1～4 次	每年 1～12 次	从不使用
占比/%	6.42	12.84	13.76	23.85	27.52	15.61

由此可见，当下人们对共享单车的依赖性较弱，每周使用频率超过 8 次以上的占比非常小。然而，这并不意味着共享单车在大多数人的生活中毫无作用。因为从数据来看，从来不用单车的人也相对很少。而且这部分人群中，有很大一部分是因为在校期间不骑单车出行或者一些人有自己的代步工具。

2. 寻找共享单车的平均时间

由调查结果显示，超过一半的调查人群寻找共享单车的平均时间都是在 1～5 分钟；需要 10 分钟以上的占比相对很少，仅占总调查结果的 18.48%；平均需要 1 分钟以下就可以找到共享单车的人群占比最少，仅有 7.61%的调查人群有此"好运"(表 2)。由此结果可以看出，其实大部分人寻找共享单车并不会花费太多的时间，大部分都是在 1～5 分钟这个时间段。这也说明了我国共享单车已经发展得相对很成熟了。但是，从调查结果中也可以看出，仍然有 18.48%的调查人群寻找共享单车的平均时间超过了 10 分钟。

表 2 寻找共享单车的平均时间

平均时间	1 分钟以下	1～5 分钟	6～10 分钟	10 分钟以上
占比/%	7.61	51.09	22.82	18.48

3. 使用后寻找停放地点的平均时间

根据调查结果显示，使用后寻找停放地点的平均时间和寻找共享单车的平均时间存在一些异同点。首先，使用后寻找停放地点的平均时间和寻找共享单车的平均时间一样，都是在 1～5 分钟的占比最多，然而，与寻找共享单车的平均时间相比，1 分钟以下就可以找到停放地点的幸运人群明显增多，占总结果的 39.3%；平均需要花费 10 分钟以上的时间才能找到停放地点的比例也大大减小，仅占总结果的 3.26%(表 3)。

表 3 共享单车寻找停放地点的平均时间

平均时间	1 分钟以内	1～5 分钟	6～10 分钟	10 分钟以上
占比/%	39.13	43.48	14.13	3.26

由此可以看出，相比于寻找共享单车，停放共享单车则相对更节省时间，很少有存在需要很长时间才可以找到停放地点的情况。一般到达了目的地之后，大部分都可以在 1～5 分钟左右停好共享单车，甚至大多数人是在 1 分钟以内就可以找到共享单车的停放地点。

(二)共享单车乱停乱放的问题

1. 共享单车乱停放的情况

共享单车乱停乱放一直是一个让人头疼的问题。之前共享单车刚普及的时候，很多人不爱惜共享单车，也懒得把单车停放到正确的位置，就直接导致了共享单车乱停乱放问题非常严重。然而，在政府有关部门的积极治理下，可以明显地感觉到近几年共享单车乱停乱放问题得到了很大的改善。很多人都会下意识地把共享单车停放到指定的停靠点，不给别人增加劳动量，也让其他需要的人可以更快地找到共享单车，节约了很多时间，城市的市容也得到了很大的改善(表4)。从此次调查问卷的结果中就可以看到，现在的情况已经得到了很大的改善。其中有65.14%的人认为，共享单车没有乱停放的问题或者乱停放的问题不严重。34.86%的人认为共享单车乱停放的问题比较严重或者非常严重。但在此次109位的受访人员中，只有2位受访人员觉得共享单车的乱停放问题非常严重。

表4　共享单车乱停乱放问题的严重性

问题的严重性	没有乱停放问题	不严重	比较严重	非常严重
占比/%	11.93	53.21	33.03	1.83

所以，相对来说，关于共享单车乱停放的问题，已经看到了很大的改变。然而，共享单车乱停放问题依然存在，并且有相当比例的人群觉得这个问题比较严重。

2. 共享单车乱停放问题造成的影响

调查结果显示，88.54%的人认为受到影响，但在可接受的范围内，甚至觉得没有什么影响，11.46%的人表示有很大的影响(表5)。

表5　共享单车乱停放问题造成的影响程度

造成的影响程度	有非常大的影响	影响在可接受范围内	没有影响
占比/%	11.46	67.71	20.83

3. 共享单车乱停放问题带来的具体影响

调查结果显示，大部分人都觉得共享单车乱停放会阻碍交通出行并且有碍城市环境和美观。其中觉得乱停放会阻碍交通出行的比例是67.11%，而有碍城市环境和美观的比例更是高达71.05%。还有44.74%的人认为会阻碍停放汽车或者自己的自行车(表6)。这些影响都占有相当大的比例。

表6　共享单车乱停放问题带来的具体影响

具体影响	阻碍交通出行	阻碍停放汽车或私人自行车	影响城市环境和美观	其他
占比/%	67.11	44.74	71.05	1.32

注：此调查项目为多选题。

二、共享单车乱象成因分析

(一)无法找到共享单车

统计数据显示，有一半左右的被调查者认为问题的原因是区域内投放的共享单车数量少或共享单车为损坏车或是单车乱停乱放(表7)。

表7　找不到共享单车的原因

具体原因	区域内投放太少	找到的共享单车经常是损坏车	乱停放导致单车不在规定地点	其他
占比/%	56.47	43.53	41.18	4.71

注:此调查项目为多选题。

(二)无法在短时间内找到停放地点

对于这个问题,问卷中大部分人认为停放点的设置存在不合理或停放点已满的现象(表8),其中可能包括停放地点距离自己的目的地远、目的地周边基本没有停放地点、存在停放区域大小与需求不符,即目的地附近的单车数量远大于停放地点的位置大小,因而出现单车无法停入,而又不便寻找其他停放点的问题,这些都属于停车点的设置规划问题。与此同时,单车定位不准确所导致的不能停放,仅次于上述原因,并且选择的人数也相差不多,可见这也是出现此问题的重要因素,而这个问题则属于科技问题。这两个问题都是国家以及企业需要重视和管理的。

表8　共享单车找不到停放地点的原因

具体原因	停放地点已停满	停放地点位置不合理	停放地点定位不准确	车锁出现问题	其他
占比/%	33.93	57.14	51.79	14.29	3.57

注:此调查项目为多选题。

(三)车辆乱停乱放

关于车辆乱停乱放的问题,调查结果中体现出了4个主要成因,即找不到停放地点,共享单车企业未引导或未规范、个人道德或交通意识薄弱、发现其他人存在乱放行为自己也进行跟从(表9)。其中认为出现这种问题的原因是个人道德或交通意识薄弱的最多,可见这个问题的成因也反映了部分人素质较低的社会问题。而另外几个原因也在一定程度上反映了国家及企业服务不到位的问题。

表9　造成共享单车乱停放的原因

具体原因	找不到停放地点	共享单车企业未引导或未规范	个人道德或交通意识薄弱	其他人乱放自己也乱放	其他
占比/%	65.14	49.54	67.89	44.95	2.75

注:此调查项目为多选题。

三、共享单车乱象治理的建议

城市共享单车治理是当前十分必要且亟待解决的问题。目前共享单车乱停乱放、私自破坏共享单车，将共享单车随意丢弃、据为己有等现象频频发生，给广大市民的出行带来了麻烦的同时也严重影响了城市的环境和美观。对于如何破解城市共享单车乱象，让共享单车真正做到方便市民，调研小组提出了如下几点建议。

(一)规范共享单车的使用机制

1. 合理设置停放地点，规范停车区域

共享单车乱停放的主要原因之一就是没有规范的停车区域，许多市民也并不明确共享单车的正确停放位置；其次就是共享单车停放位置设置不合理，不能做到便利广大市民，停放到要求位置会很麻烦。小组的调研显示：一大部分人认为应该在人流密集处设置共享单车停放点，相对较少的人认为除少部分不能停放之外，其余都应该允许停放共享单车。

通过对此调研结果的分析，小组一致认为：应该在居民区、地铁站、商场、学校等人流密集区设置共享单车停放处，并且要明确指示出共享单车正确的停放地点。在人流密集区合理增加共享单车的投放量可以缓解在高峰期共享单车不够用的问题。有很多地区并没有明确规范出共享单车的停放地点，导致有很多市民不知道应该把共享单车停在哪里，就会盲目跟风，看别人停在哪里就随之。所以在规范好共享单车的停放位置后，要加大宣传力度，让更多的市民了解共享单车应该停在哪里，避免再出现不知道共享单车应该停在哪里的现象。在共享单车停放处也应该放置警示牌，告诫广大市民合理停车。不仅要规划出共享单车的停车区域，而且要将此区域设计合理，方便广大市民使用，共享单车存在的目的就是方便广大市民，如果不能做到这一点，就失去了它原本的意义[2]。

2. 简便和完善举报机制

调研显示：目前大多数人看见共享单车乱停放是选择置之不理的，但是也有一部分人会选择把共享单车移到正确停放地点，一部分人会在共享单车的小程序上举报和向有关部门反映(表 10)。对共享单车乱停放现象置之不理的原因无异于不了解举报的渠道和举报程序过于复杂。因此，简便和完善举报机制对于解决共享单车乱停放问题是十分重要的。

表 10　遇见乱停放的共享单车采取的措施

采取的措施	试用共享单车小程序举报	向有关部门反映	将共享单车移至正确停放地点	不管	其他
占比/%	19.27	16.51	29.36	62.39	1.83

注：此调查项目为多选题。

仅靠市民的自觉去实现文明使用共享单车是不现实的，还需要社会广大市民的监督。简便和完善举报机制能使更多的市民在发现共享单车乱停放、破坏共享单车、将共享单车据为己有等现象时能够及时向有关部门举报。简便举报机制之后，使公民再向有关部门举报时不用花费太多的时间，减少了复杂的程序。这样就会减少市民因为麻

烦而拒绝向有关部门举报的现象发生，可以在更大程度上发挥市民的监督作用，也可以进一步督促市民文明用车。

小组建议实行奖励机制，当市民遇到违规乱象向有关部门积极举报时，应该给予一定的奖励，比如奖励其一定的信誉积分或者免费骑行的次数等，这样便可以在一定程度上鼓励广大市民在遇到违规乱象时积极向上级部门举报。

3. 完善共享单车 APP 功能

小组认为：目前需要进一步完善共享单车 APP 功能，现在该 APP 功能比较单一，应该继续加大开发力度，给广大市民带来更多的便利。至少具有以下几种功能：

(1)在 APP 上清晰标记出共享单车规定的停车区域，以及显示由所在地到共享单车规定的停车区域的距离及路线。

(2)通过此 APP 能够实时了解共享单车停车区域的共享单车使用情况，这样可以方便使用者及时调整自己的出行方式及出行路线。

(3)该 APP 应该完善举报机制和客服功能，当使用者在使用共享单车的过程中遇到困难时能够及时找到客服反馈，并且能够得到快速及时的帮助。

(4)该 APP 应该具有一键报修功能，当用户发现待使用的共享单车有故障时，可以第一时间向有关部门报告，使共享单车可以在第一时间得到修理，也可以避免其他用户使用到这辆有故障的共享单车。

(二)营造良好的社会环境，提高公民整体素质

1. 加强思想教育，呼吁公民文明用车

要解决共享单车问题其本质上还是要提高公民的自身素质，只有全体公民都能够自觉地遵守共享单车的使用规则，才能够杜绝共享单车的乱象。共享单车减少了广大市民日常出行的困难，市民是共享单车的最大受益者，因此在使用共享单车时，每一位市民都要严格遵守相关法律法规，文明停车，在合理保护自己的合法权益的同时也不要妨碍他人的权益[3]。

2. 加大宣传力度，普及共享单车的使用规则

目前还有一种普遍现象，就是市民不是故意去违背共享单车的使用规则，而是并不知道具体的规则是怎样的。所以这就需要政府和社会继续加大宣传力度，投入更多人力物力，通过多种方式推广共享单车的使用规则，让更多的人完全了解共享单车的使用规则，明确共享单车到底应该停在哪里，应该怎样使用。小组认为可以通过以下几种方式全面推广共享单车的使用规则：

(1)通过互联网积极宣传共享单车的使用规则，现在无论是大人、小孩还是老年人，大多数都可以从网络上第一时间获取消息，所以通过网络去宣传共享单车的使用规则是十分明智的。

(2)通过公益广告、小视频、段子等方式推广共享单车的使用规则，这种方式可以吸引更多的人的注意力，同时也能达到进一步推广的效果。

(3)在学校加强关于共享单车使用规则的教育，学校应鼓励学生通过召开班会、主

题演讲等活动来宣传共享单车的使用规则。

（三）加强法制建设

1. 政府应出台更多的共享单车条例，加大监管力度

当前政府并没有出台关于共享单车使用的完整的法律条例，这就导致一些违规使用共享单车的人钻了法律的空子，不会得到应有的法律的制裁，这也在一定程度上造成了违规使用共享单车现象的蔓延。政府部门应充分发挥其职能作用，积极创建公正的法治环境，加强共享单车的监管和惩处力度，重视共享单车在使用中存在的问题。小组认为：新出台的共享单车的相关法律条例应明确指出偷共享单车、破坏共享单车等行为应该负什么法律责任，对于违规使用共享单车的用户，轻则罚款，剥夺其使用共享单车的权利，重则进行刑拘[4]。

2. 加大普法力度

破坏共享单车、将共享单车据为己有等行为不仅是道德问题，而是违反法律法规的。比如将车锁上，让此共享单车无法被其他乘客使用，这就侵犯了共享单车供应商的财产权。但是很多人是不知道这件事情的，这就导致他们无知地做了许多违反法律的事情。所以要加大普法力度，让更多的人知法懂法，维护良好的社会风气。

3. 对违规使用共享单车者采取一定的惩罚措施

小组认为，应该让共享单车的使用者在 APP 上进行实名认证，并让每名用户拥有一定的信誉积分，当发现用户有违规使用共享单车行为时，就扣除一定的信誉积分，当信誉积分低于某特定的数值时，该用户将不能够使用共享单车。对违反共享单车通行有关规定或违规停放共享单车的行为，公安交警部门、城管部门等有关单位将按职责对违规者进行处罚，并将其违法违规信息纳入个人信用记录[5]。

参考文献

[1]习近平倡导的绿色低碳生活就在你我身边[N]. 央视网新闻. 2020.

[2]李纪才. 人民共享发展成果——学习习近平总书记关于共享发展的重要论述[N]. 学习时报，2016-08-04(A1).

[3]佚名. 提高全民族思想道德水平[EB/OL]. http://theory.people.com.cn/n1/2018/1221/c40531-30480238.html.

[4]朱雷明. 政府如何做好对共享单车的管理[J]. 智富时代，2019.

[5]王秩辰. 共享单车有望“吐故纳新”[J]. 中国经济，2019.

近年来我国秸秆露天焚烧的原因、危害及对策研究

李　金　朱　雪①

【摘　要】 我国作为一个农业大国，每年都会产生大量的秸秆。秸秆作为一种可再生资源，它的价值尚未得到充分利用。人们最普通的方式就是将其进行焚烧，尽管各地严厉禁止焚烧秸秆，可是现实中焚烧秸秆现象仍然屡禁不止。焚烧秸秆危害巨大：影响身体健康、引发大气污染、危害土壤结构、易引发火灾和交通事故等。了解焚烧秸秆的危害，进而探求解决措施意义重大。当前国家非常重视环境保护，秸秆环保处理的前景光明。我们要努力建设资源节约型、环境友好型社会，走可持续发展道路。

【关键词】 秸秆；露天焚烧；危害；环境保护

本次实践调研主要采取的是网上调查方式。网络问卷是由小组成员在朋友圈、QQ空间发送链接和二维码的方式让网友们填写并收回。总填写问卷人数为167人，收回167份，回收率达100%；有效问卷为167份，有效率达100%。

本次问卷主要调查秸秆焚烧的现象及成因、秸秆焚烧的危害和解决措施，目的在于加深人们对秸秆这种资源的理解和认识；揭示秸秆露天焚烧的危害；探求秸秆环保处理之路。

一、秸秆焚烧现象及成因

（一）秸秆焚烧现象

中国作为传统的农业大国，长期以来保持了粮食自给，实现了国家经济和社会安全平稳的发展。每年都大量种植农作物，也因此产生了大量的农作物秸秆。农民对秸秆这种资源的了解不足，认知的缺乏会加大秸秆的处理难度。露天焚烧是一种简单粗暴的方式，也是农民最普遍的处理秸秆的方式。尽管各地严厉禁止焚烧秸秆，可是现实中焚烧秸秆现象仍然屡禁不止[1]。此外，秸秆焚烧不仅会造成空气污染，还会危害土壤结构。秸秆作为一种可再生资源，价值并未得到充分利用[2]。据《2020中国生态环境状况公报》显示：2020年，卫星遥感共监测到全国秸秆焚烧火点7635个（不包括云覆盖下的火点信息），主要分布在吉林、内蒙古、黑龙江、辽宁、山西、河北、山东、新疆、广西、甘肃、河南等地。

---

① 本课题指导教师：李金（北京工商大学马克思主义学院）；课题组组长：朱雪（化学192）；课题组成员：茹子凡（化学192）、兆诗琪（化学192）。

（二）秸秆焚烧的原因

（1）人们对秸秆这种可再生资源的了解不深。通过问卷第3题“您对秸秆焚烧有了解吗？”可以看出，对秸秆焚烧的了解程度，了解一点的占72.46%，不了解的占15.57%，很了解的仅占11.97%，在一定程度上说明人们对秸秆这种可再生资源的各方面信息了解不深，对它的处理方法也是一知半解。相关政府部门应该定期派遣专业人员到重点关注地区进行信息传播，尤其是偏远的山村地区。

（2）随着生活水平的提高，家用电器、煤气、天然气的日益广泛使用，人们对秸秆的需求下降，多数农户基本不用秸秆当柴烧，只剩下“付之一炬”[3]。通过问卷第5题“您觉得农民为什么燃烧秸秆”可以看出，“由于煤气的大量使用导致秸秆的使用量减少”占比33.53%。另外，焚烧产生的草木灰是一种很好的且易得的肥料，没有成本，操作简单且无须大量的人力。

（3）机械收割留茬较高，且农村劳动力的大量转移，致使粗放处理。由于农村大批青壮年进城务工、经商，农忙时农村劳动力以妇女、老人为主，要想将机械收割后的秸秆捆扎搬运离田心有余而力不足，在万般无奈之下只得就地焚烧秸秆。抢收时为防止损伤机器，留的麦茬太高，如果不把麦茬去除，难以插秧。如果不烧会误农时，“三夏”大忙，忙就忙在一个“抢”字上，没有时间和精力再去把秸秆从地里弄出来[4]。

（4）秸秆精细处理的成本太高，且存在短板[5]。比如用秸秆做沼气原料，一个沼气池至少要花费三四千元，让农民望而却步；要么就是回收价格太低，把秸秆卖给那些养牛大户才几分钱一斤。秸秆饲料处理成本高，难度大。另外，加工食用菌基料和沤造有机肥，这些简便易行的秸秆处理方式也都是家庭式、规模小，缺乏统一的组织管理，没有形成规模效益。由于生产力发展水平不平衡，试点的秸秆气化站，用秸秆很少，不能解决根本问题，大面积吸纳秸秆还有很长的一段路。通过问卷第5题“您觉得农民为什么燃烧秸秆”可以看出，“自己处理（粉碎、制沼气）的机械成本太高”占比为71.26%，自己处理，例如粉碎、制沼气等这些处理方法不仅需要成本、专业的技术和场地，还有交通状况也影响秸秆的回收。山地地区、交通落后的农村，将秸秆运回处理地点是有一定困难的。问卷第5题“没人（单位）收购或运输成本太高”占比55.69%，在一定程度上说明了这个原因。

（5）缺乏正确的引导，部分地区宣传不够，监管不强[5]。如今，对于农作物秸秆综合利用，虽然提出了不少解决的办法，但缺乏针对性、实用性、时效性和具体性，大多以行政手段和奖惩措施为主，无人去做秸秆利用的组织、协调和转化工作，只堵塞不开流，导致禁烧工作收效不大。农民找不到秸秆“变废为宝”的途径。原有的其他小麦秸秆加工行业，如草帽、草苫等，也因替代产品的出现而基本淘汰。部分地区宣传力度不够。由于受人力、资金条件限制，秸秆禁烧宣传教育还没有真正深入到农村，农民环保意识不强，没有意识到焚烧秸秆的危害，单靠禁烧不能从根本上解决千家万户秸秆处理的问题。另外，部分地区秸秆禁烧监管力度不强，执法手段也比较薄弱。

二、秸秆焚烧的危害

通过问卷第6题"您认为焚烧秸秆是利大于弊还是弊大于利"可以看出，有高达84.43%的人是支持焚烧秸秆弊大于利的观点，而不论是否支持这个观点，通过问卷第7题，有95%的人知道焚烧秸秆的危害。从数据上来看，焚烧秸秆带来的危害普遍为人所知，但是知道焚烧秸秆危害的科学原因却很少有人真正了解。焚烧秸秆是指用火焚烧秸秆从而进行销毁的一种行为，它带来的具体危害有：影响身体健康、引发大气污染、危害土壤结构、易引发火灾和交通事故等。

（一）影响身体健康

焚烧秸秆会产生氮氧化物、二氧化硫、碳氢化合物及烟尘、碳氢化合物、二噁英和可吸入颗粒($PM_{2.5}$)等危害因素强烈危害人体健康，而其中二氧化硫、二氧化氮、可吸入颗粒物3项污染浓度指数达到高峰值，二氧化硫的浓度比平时高出1倍，二氧化氮、可吸入颗粒物的浓度比平时高出3倍，相当于日均浓度的五级水平。尽管秸秆焚烧并不是雾、霾形成的主要原因，但是焚烧后产生的滚滚浓烟在短期内对生态环境具有非常严重的影响，包括对大气的污染和对人体的伤害等[6]。以秸秆焚烧所产生的$PM_{2.5}$的危害为例：对呼吸系统产生严重影响，秸秆焚烧所产生的各种污染物直接进入人的呼吸道后可以严重刺激和直接腐蚀人的肺泡壁，使人的呼吸道病毒防御和肺机能系统受到严重破坏，肺功能严重受损，呼吸系统敏感症状表现如急性咳嗽、喘息等症状发生率明显增加，慢性呼吸支气管炎、肺气肿、支气管炎性哮喘等症状发病率明显增加，在少年儿童和呼吸系统感染疾病严重患者等易感染人群中更为明显。

（二）引发大气污染

根据调查，有95%的人认为焚烧秸秆造成的最大的影响是对大气的污染。通过问卷第9题"您觉得燃烧秸秆会对大气造成怎样的污染"，有85.63%的人知道秸秆焚烧会产生二氧化硫、二氧化氮、臭氧等有害气体和可吸入颗粒物$PM_{2.5}$，52.1%的人知道会产生二噁英。全国10余个大中城市2015年环境监测数据表明：排除工况污染因素，在秸秆露天焚烧高峰期5—6月和9—10月，湖北、安徽、河南、陕西、江西等地连续多年6月中上旬集中时段出现PM_{10}、$PM_{2.5}$双"爆表"(局部峰值895微克/立方米，达到了严重污染程度)，大气总悬浮颗粒物(TSP)中有机碳、元素碳、钾离子快速上升了8倍，这与卫星遥感监测秸秆露天焚烧火点位置数据相一致，这也说明空气质量的确受到了焚烧秸秆的影响。随着国家加大对环境的重视程度，大气污染物排放量在逐年下降。据《2016—2019全国生态环境统计公报》显示：废气中二氧化硫排放量、工业源二氧化硫排放量、废气中氮氧化物排放量、废气中颗粒物排放量逐年下降。

（三）危害土壤结构

秸秆焚烧影响农作物对土壤养分的充分吸收，影响农作物的产量和质量，影响农业收益[6]。焚烧秸秆对于土壤结构的直接危害主要表现在:第一,严重降低农村土壤排水肥力,致使农村耕地出现贫瘠化,这对农业生产来说是一种巨大的损失。第二,过分蒸发耕地土壤水分,破坏整体耕地土壤墒情,加剧干旱。第三,放火破坏使大量的农田土壤中的微生物活性,致使部分农田土壤板结化。焚烧高温对秸秆土壤土中微生物的生长杀灭抑制作用仍然是显著的,不利于改善土壤结构。第四,影响后茬秸秆作物连续生长,降低秸秆作物后茬产量,不利于后茬秸秆作物幼苗健康生长。

(四)易引发火灾和交通事故

秸秆转化焚烧过程会将秸秆产生的大量悬浮颗粒物快速排放进入大气中,不仅会对城市空气质量健康造成严重污染,还大大降低了大气能见度,并且其发生频繁、分布区域广泛,难以检测,极易引起火灾和交通事故,对附近区域会造成巨大的安全隐患。此外,露天放火焚烧秸秆过程产生的滚滚黑色浓烟,会直接对我国民航、铁路、高速公路的正常交通运营造成潜在安全威胁。机场和高速公路能见度严重下降时还要封闭高速公路,给交通带来严重不便[6]。

三、对于秸秆焚烧的管控建议

(一)加强焚烧秸秆的处罚

通过问卷第14题"您怎样看待对于焚烧秸秆的处罚"可以看出,有76.05%的人认为对焚烧秸秆的行为进行处罚很有必要,17.96%的认为无所谓,5.99%的人认为没必要。焚烧秸秆是弊大于利的一种行为,会造成大气污染、影响交通情况、危害人身安全、破坏土壤结构、引发火灾等,所以对焚烧秸秆的行为进行处罚是很有必要的[7]。《大气污染防治法》第119条规定,露天焚烧秸秆,由县级以上地方人民政府确定的监督管理部门责令改正,并可处500元以上2000元以下罚款。如果焚烧秸秆造成别人的经济损失,危害他人的身体健康,或使公共财产受到损失,还会面临牢狱之灾。通过问卷第16题"您是通过什么渠道了解有关焚烧秸秆的规定"可以看出,通过政府文件和相关会议了解有关焚烧秸秆处罚措施规定的人占29.34%和19.16%,说明政府对焚烧秸秆这一行为还是比较关注的,遵循了国家"绿水青山就是金山银山"的发展理念。

(二)加强秸秆的循环使用

通过问卷第17题"您觉得下列能有效减少秸秆焚烧的措施"可以看出,68.26%的人认为政府一层一层下达指令到村镇、张贴各种海报和宣传单是有效的措施;38.92%的人认为在各个秸秆焚烧的着火点安装监控系统,24小时实时监控是有效的;37.13%的人认为出高价回收,保证能"药到病除";74.25%的人认为因地制宜,找出事物之间的联系,争取做到物质循环使用是有效的。

大部分人还是觉得应该做到物质循环使用,避免造成资源的浪费。合理有效利用秸秆资源，减少农作物秸秆对农田的污染，对建设资源节约型、环境友好型社会具有十分重要的意义。秸秆循环使用的相关措施有：发展草制品加工企业、草代木加工企业、草编业；机械化秸秆还田；秸秆养畜（秸秆饲料化）；培育食用菌（秸秆基料化）；制取沼气（秸秆的能源化）；用作工业原料（例如造纸，作压制纤维木板）。虽然现在农作物秸秆机械化还田技术还不完善，长效机制还未建立，但通过一步一步地优化，一定能够加强农作物秸秆的综合利用，促进农村可持续发展[8]。

（三）加强正确引导，深入宣传，严格监管

通过问卷第 20 题"您认为下列哪些措施能引起人们对秸秆焚烧的高度重视"可以看出，看到焚烧秸秆的行为，大部分人还是会选择上前劝说或举报，但还是有一少部分人不理会这类行为。76.05%的人认为建立相应的奖励惩罚机制能够引起对秸秆焚烧的重视，举报焚烧秸秆行为的人有一定的奖励，会提高人们举报的积极性，更好地遏制焚烧秸秆行为。74.25%的人认为定期到村里或其他地方进行相关知识的传播能够引起人们对秸秆焚烧的高度重视，很多农民燃烧秸秆是因为不知道其危害如此之大，让他们通过学习全面了解到焚烧秸秆的危害后，相信他们也会减少燃烧秸秆的行为。50.3%的人认为直接颁布相关的法律法规是能引起人们对焚烧秸秆重视的措施，国家颁布法律法规后，焚烧秸秆的行为确实在减少，这也是个有效措施。解决秸秆焚烧的办法有很多种，每个地方要因地制宜，切记不可生搬硬套，灵活使用是关键。因地制宜，适合某个地方的解决措施，并不一定适合所有的地方；但是可以找出该方法的局限之处，根据实际调整方法，使之适用于新的环境[8]。除了国家出台相应的措施之外，应提高人民群众的环保意识和对经济效益最大化技术的利用；有相关企业带动人民群众，实现秸秆这种可再生资源的经济化，专业人员的领导，专业技术的培养，让真正的技术走入大众的生活中[9]。

（四）秸秆合理环保处理的前景趋好

通过问卷第 21 题"假如您发现有焚烧秸秆现象，您会怎么做"可以看出，绝大多数群众具有很强的社会责任感，59.28%的人选择进行劝说，若不听劝，再举报；13.17%的人选择直接向相关部门举报。人民群众的积极参与、相互监督是秸秆焚烧管控的有力保障。

通过问卷第 18 题"您对秸秆合理环保处理的前景如何看"可以看出，74.85%的人很看好秸秆合理环保处理，25.15%的人不是很看好。通过问卷第 19 题"您认为政府对秸秆焚烧的重视程度够吗"可知，有 18.57%的人认为政府对秸秆焚烧问题特别重视，55.69%的人认为一般重视，13.17%的人认为不重视，12,57%的人不关注这方面的内容。国家还是比较重视秸秆焚烧问题的，各个地区也在根据自身的情况优化秸秆的环保处理。2020 年，秸秆禁烧管理工作也取得了良好的效果[9]。

自从 2015 年习近平总书记提出"绿水青山就是金山银山"，我国更加重视对环境的保护。坚决打赢蓝天保卫战，严格秸秆露天焚烧管控，继续开展蓝天保卫战，秋冬季监督帮扶。我们要努力建设资源节约型、环境友好型社会,走可持续发展道路。

参考文献

[1]蒙瑞祥．我国机械化秸秆还田技术发展现状及趋势[J].乡村科技,2021,12(8):121-122.

[2]韩忠治,王义杰,韩亦菲．京津冀地区农村作物秸秆焚烧现象的成因与对策[J].山西农经,2017(6):33.

[3]张永春．西宁市湟中区农作物秸秆综合利用现状及改进措施[J].现代农业科技,2020(17):150-151.

[4]杜洋．秸秆焚烧现状和秸秆利用途径探讨及前景展望[J].现代农业,2020(7):90-91.

[5]孙红梅,朱玉梅,周军．关于秸秆焚烧的危害及禁烧对策探讨[J].环境与可持续发展,2017,42(5):93-94.

[6]韩延军．秸秆禁烧的危害及综合利用[J].河南农业,2018(7):35.

[7]杨玉东．关于农作物秸秆综合利用和管控的调研报告——以沈阳市苏家屯区为例[J].环境保护和循环经济,2021,41(2):2.

[8]何媛媛,刘文波,谭福能．文山市秸秆利用现状及发展建议[J].山东化工,2021,50(5):271-272.

[9]贾茵茵．鹤壁市农作物秸秆综合利用现状与建议[J].河南农业,2020(16):18.

网络短视频侵权治理调查研究

余金城　谭立佳[①]

【摘　要】 网络短视频侵权治理是互联网治理的新内容,为中国特色的互联网治理提供了新的要求。近年来,人们在网络中使用短视频的权重日益增高,短视频平台和内容多种多样,网络短视频发展势头正猛。但是,由于人们的网络版权意识淡薄,网络短视频侵权现象严峻,侵权类型复杂多样。互联网是一个由平台企业、使用者、政府等多元主体构成的虚拟空间。治理网络短视频侵权,需要由利益相关方共同参与治理:(1)创作者要提升自身的版权意识,守住道德底线;(2)受众要抵制、举报违规短视频;(3)运营商、平台要加强对网络短视频侵权的监管力度;(4)国家可以从立法到执法出台强化短视频版权的一系列重大举措。

【关键词】 短视频;网络治理;侵权;调查

课题组通过网络发布调查问卷,共发出 110 份,回收 110 份,回收率 100%;有效问卷 110 份,有效率 100%。调研对象以 00 后为主,人数占比为 73.64%;90 后人数占比为 12.73%;80 后、70 后、60 后及以上填写人数占比分别为 5.45%、4.55%、3.63%。女性占比 65.45%,男性占比 34.55%。

一、网络短视频发展势头正猛

(一)网络已成为不可忽视的生活工具

互联网的广泛使用已成为一种趋势。根据中国互联网络信息中心最新发布的《第 48 次中国互联网络发展状况统计报告》,截至 2021 年 6 月,我国网民规模为 10.11 亿人,互联网普及率达 71.6%;我国手机网民规模为 10.07 亿,较 2020 年 12 月新增手机网民 2092 万人,网民中使用手机上网的比例为 99.6%[1]。

如表 1 所示,课题组调查发现,网民每天平均上网时间在两小时以上,31.37%的网民甚至超过 6 小时,这意味着网络已经成为现代生活中不可忽视的生活工具。不管相距多遥远,互联网已将大众构成为一个共同体,并将随着人群所需、社会的发展、生活动态的进展而改变。

---

① 本课题指导教师:余金城(北京工商大学马克思主义学院);课题组组长:谭立佳(光电 20);课题组成员:唐慧敏(光电 20)。

表 1　网民平均每天上网时间

时间	2 小时以内	2～4 小时	5～6 小时	6 小时以上
占比/%	8.82	33.33	26.48	31.37

(二)短视频在网络中的使用权重日益增高

如果说上网是生活中必不可少的一部分，那么刷短视频则成为上网时不可割舍的一部分。课题组发现：上网时刷短视频的人数占 92.73%；不刷短视频的只有 8 人，占比为 7.27%。根据中国互联网络信息中心最新发布的《第 48 次中国互联网络发展状况统计报告》，截至 2021 年 6 月，我国网民规模为 10.11 亿人，互联网普及率达 71.6%；我国网络视频(含短视频)用户规模达 9.44 亿人，占网民整体的 93.4%。其中，短视频用户规模为 8.88 亿人，占网民整体的 87.8%。这一发现从宏观层面证实了课题组的发现：每 10 个用户中，至少有 7 个人在使用短视频产品。

综合表 1、表 2 可知：人们花在短视频上的时间逐渐增多。随着生活节奏的加快，人们可以轻松的时间越来越碎片化，刷段视频正好可以将这些碎片化时间利用起来。而且，短视频具有突出重点、直击人心的特点，因而吸引了越来越多的“消费者”。据统计，从 2020 年初到当前，在使用时长上，短视频紧跟在即时通信 APP、网络视频(不含短视频)之后，排名第三，而且短视频使用时长仍在持续增长。

表 2　网民平均每天花在短视频上的时间

时间	30 分钟以内	30～59 分钟	1～2 小时	3～4 小时	4 小时以上
占比/%	13.73	16.67	39.22	21.57	8.81

(三)短视频平台和内容多种多样

迅猛的发展形势使抖音、快手、哔哩哔哩、小红书等多个平台已将短视频作为主要的盈利发展模式。这一发展模式进而又使这些平台产生了内容多种多样的短视频，具体主要包括：音乐、汽车、旅游、美食、教育、时尚、科技、摄影、动漫、时事等。这些平台使短视频的上网形式迅速走热。丰富的内容让网民从多个方面体验到不同的乐趣。短视频平台和内容的多样化，为不同年龄层的消费者提供了不同的选择。这些因素加速了短视频的发展，使短视频有望占据网络主流。短视频已逐步发展成其他娱乐(网络游戏、网络直播等)不可替代的一种上网形式。

二、网络短视频侵权现象严峻

(一)不被重视的侵权行为

《中华人民共和国著作权法》第二十四条规定了使用作品可以不经著作权人许可，不向其支付报酬的具体情况，但该条同时指出：应当指明作者姓名或者名称、作品名称，并且不得影响该作品的正常使用，也不得不合理地损害著作权人的合法权益[2]。

课题组发现，43.14％的受调查者存在将短视频分享到其他平台的行为，其中有50.98％的人是在没有经过原创作者允许（或是在原创作者表明不能转载）的情况下，对短视频进行传播或分享。这种行为由于没有造成对原创作者利益上实质性的损害，因而没有得到重视。

如表3所示，受调查者声称，刷短视频时，常会遇到侵权的营销号发布的短视频。除视频的原创者外，其他未经允许私自修改文案或者修改原视频重新发布到短视频平台的账号就被称为营销号。越来越多营销号的出现，严重危害了短视频行业。有的营销号炮制文案、谣言，影响网民情绪，还会危害网络秩序。

表3　受调查人员遇到营销号的情况

遇到频率	从未遇到	偶尔遇到	经常遇到
占比/％	16.67	50.98	32.35

（二）侵权行为的类型多种多样

短视频的侵权行为主要有以下几类：

1. 随意转载剪切视频

在短视频中，“××电视剧解说”“××电影解说”“××混剪”等一系列账号经常活跃在大众视野中。这些账号以截取电视剧中的部分片断进行解说的方式，让用户更快地了解整个剧情。这一行为看似方便了广大用户，但是随意剪辑视频从而获得收益的行为，已经侵犯了原创的著作权。

2. 隐蔽抄袭作品创意、文案

各个短视频平台为争夺更多的用户和利益，大量签约原创作者。但是，新想法、新创意的产生并不容易。抄袭他人视频创意、盗用他人文案现象接连出现。原创作者对此精疲力竭，诉讼和维权不及时，导致相关人员没有受到应有的惩罚，这也助长了侵权者的侥幸心理。如果放任短视频抄袭风气蔓延，势必最终威胁到该市场的健康发展。

3. 不合理运用音乐、配音、翻唱

（1）用户从其他音乐APP上下载付费音乐合成到自己制作的短视频中，再将其发布到短视频平台上。大多数用户并不认为这种行为属于侵权行为，然而，通过这种方式下载的音乐只能供个人欣赏和收藏，该音乐的著作权仍归版权方所有。

（2）用户“翻唱”已经发表并有其他歌手演唱的歌曲，包括改编原创歌曲的歌词或者曲调，再发布到短视频平台上。这种改编的歌曲如果用于自娱自乐，并没有发布到相关的平台上，不存在侵权问题；但是，一旦将翻唱（改编）的作品发布到公共平台，就存在侵权的问题。

群众对短视频侵权行为的了解见表4。

表4　群众对短视频侵权行为的了解

短视频侵权行为	随意转移、剪切视频	隐蔽抄袭作品创意	抄袭视频文案	未经允许运用原创作者配音	对电影或电视剧进行解说，做成视频	其他
占比/%	66.36	70.91	57.27	50.00	33.64	10.91

注：本调查项目为多选题。

三、应对网络短视频侵权的治理策略

对网络短视频侵权的治理，需要各方面共同担起责任和义务。互联网是一个由互联网企业、使用者、政府乃至国际组织等多元主体构成的虚拟空间，互联网治理也应当由利益相关方共同参与治理，坚持政府引领、多方参与。

（一）短视频创作者：提升版权意识并坚守维护事实的道德底线

随着短视频的普及，各个年龄层，无论是小学生还是老年人，都有加入短视频创作的机会，而大多数短视频创作者对于“侵权”这一概念并没有很好的认知。短视频创作者维护自己的著作权是防止短视频侵权的第一步。

此外，原创作者也应该遵守自己的道德底线和基本原则。短视频及所配的文案往往带着主观意识，短视频创作者如果发布虚假内容误导大众，将导致大众舆论呈现一边倒的恶化趋势。根据“谁先拍视频谁就是受害者”大众逻辑，某些心怀不轨的人将反映整个事件过程的视频，掐头去尾以混淆事实，这让不少事件中的无辜者遭受到了网络暴力。所以，短视频原创者在维护好自己权益的同时，不能发布虚假、恶意诽谤的内容，这是维护短视频行业绿色健康的前提。

（二）受众：抵制、举报违规短视频

短视频受众有义务维护短视频的绿色安全，抵制、举报虚假新闻、盗取视频、“打擦边球”、低俗恶趣味短视频。

只有网民们齐心协力，共同抵制该类视频的传播，此类短视频的产出才能大大减少。严格自律、文明上网，网民应该自觉远离抵制淫秽色情和低俗信息，同时增强法律意识，自觉遵守道德底线。

（三）运营商、平台：加强监管力度

中国网络视听节目服务协会制定的《网络短视频平台管理规范》规定：网络短视频服务平台要同步建立政治素质高、业务能力强的审核队伍；实行节目内容先审后播制度[3]。作为有监管义务的平台，打击侵权、低俗短视频账号，维护网络秩序刻不容缓。平台对于已经有过不规范操作的账号，应当大力实施监管，直至进行封禁或处罚，适当追究相关人员的责任。同时，在新用户注册时，平台可以加强防侵权的著作权意识宣传教育，以提升网民的整体法治素养。

（四）国家：从立法到执法出台强化版权的重大举措

版权保护政府在行动。近年来，中央网信办等多个部门进行网络安全、清朗网络等治理。2017 年 6 月以来，《中华人民共和国网络安全法》等关于网络治理法律政策文件先后公布。针对短视频对版权保护带来的问题，2021 年版新修订的《中华人民共和国著作权法》，新增“视听作品”类型，对于版权保护更加具体、更加丰富。版权执法部门则不断加强版权执法力度，整治版权市场，维护著作权人合法利益，优化网络环境，共建清朗网络环境。

对于政府加大力度解决短视频频繁侵权、净化网络环境、保护著作权人利益的行动，网络平台应该积极响应，加强平台管理，坚决打击短视频等侵权行为，政府也应积极与平台联合，提升网民网络版权意识（表 5）。

表 5　网民对国家为网络治理做出贡献的了解

网络治理行动	加强法制建设	加强社会宣传教育防范	推进国际执法合作	成立相关监管部门	对相关平台实施制约	其他
占比/%	72.73	72.73	24.55	36.36	37.27	4.55

注：本调查项目为多选题。

四、总结与分析

互联网经济是诚信经济，互联网平台经济要健康有序发展，必须多种举措并举、精准治理，从源头、交易链条等多方面着手，有效打击网络黑灰产业链。网络短视频作为当下网络平台的主打内容，政府只有首先督促违规者进行整顿、改正，才能对其他互联网产业起到一定的震慑、引导作用。

短视频平台承载着社会责任和义务。短视频平台在加强网络空间治理、加强网络内容建设、培育积极健康、向上向善的网络文化方面具有不可推卸的责任。短视频平台应该传播社会主义核心价值观，用优秀的作品滋养人心、滋养社会，做到正能量充沛、主旋律高昂，在为广大网民特别是青少年营造一个风清气正的网络空间方面做出应有的贡献。

自 1994 年接入国际互联网 27 年来，党领导中国人民逐步探索出一条具有自己特色的互联网治理之路。网络短视频治理，基于以往中国互联网治理的智慧，也为其新的发展提供了新鲜经验，并为世界网络治理奉献了中国智慧。

参考资料

[1]中国互联网络信息中心．第 48 次中国互联网络发展状况统计报告[EB/OL].(2021-08-27)[2021-09-02]. http://www.cnnic.net.cn/hlwfzyj/hlwxzbg/hlwtjbg/202109/P02021091552367098 1527.pdf.

[2]中华人民共和国著作权法[EB/OL].(2021-03-09)[2021-08-15]. http://www.ncac.gov.cn/china-copyright/contents/12230/353795.shtml.

[3]中国网络视听节目服务协会．网络短视频平台管理规范[EB/OL].(2019-01-09)[2021-08-15]. http://www.cnsa.cn/home/infomation/dynamic_details/id/68/type/2.html.

法治建设推动革命老区红色旅游产业高质量发展研究

——以《福建省促进革命老区发展条例》的实施为例

吴　穹　王雅茜[①]

【摘　要】　革命老区作为一个特殊的发展区域，在中华人民共和国的创建和发展中发挥了重要作用，在国内具有十分重要的政治意义、历史和现实意义。乡村振兴战略的提出，为革命老区的振兴发展赋予了新的内涵，为其高质量发展提供了明确方向。但是经笔者赴福建龙岩、古田等革命老区深入调研采访后发现，福建革命老区的发展在一些方面仍处于滞后状态，如何有效帮助福建革命老区摆脱落后局面，加快推进革命老区振兴发展，成了当前亟待解决的核心问题。

本文通过分析我国老区发展的总体战略，结合福建革命老区的具体情况，以《福建省革命老区保护条例》的制定与实施现状为重点，在介绍条例制定的背景和目的的基础上，以福建革命老区红色旅游发展现状作为福建老区发展的突破口，论述了福建革命老区红色旅游的发展现状及优势，并在此基础上，深入剖析了革命老区红色旅游资源开发中存在的问题。最后，论文针对改进革命老区红色旅游资源开发中存在的问题提出了针对性措施，以推动福建革命老区经济实现高质量发展、增进福建革命老区人民的福祉。

【关键词】　福建革命老区；乡村振兴；振兴发展；《福建省促进革命老区发展条例》；红色旅游

一、基本概念界定及理论基础

我国革命老根据地也就是我们提到的革命老区或老区，是指土地革命战争时期和抗日战争时期，在中国共产党领导下创建的革命根据地。在战争年代，老区人民养育了中国共产党及其领导的人民军队，提供了坚持长期斗争所需要的人力物力和财力，为壮大革命力量，取得最后胜利，付出了巨大牺牲，做出极大贡献。

福建省老区包括土地革命战争时期的中央、闽浙赣、闽东、闽中、闽南革命根据地和抗日战争时期的闽浙抗日根据地属于现在福建行政区划部分。我们本次实践考察以龙岩、上杭、长汀等一类老区为主，以二类老区古田为辅。

二、《福建省促进革命老区发展条例》

《福建省促进革命老区发展条例》(以下简称《条例》)于 2012 年 9 月 27 日福建省第十一届人民代表大会常务委员会第三十二次会议通过，根据 2020 年 1 月 9 日福建省第

---

① 本课题指导教师：吴穹(北京工商大学马克思主义学院)；课题组组长：王雅茜(法学 192)；课题组成员：吴汇泽(法学 192)。

十三届人民代表大会常务委员会第十四次会议《关于修改〈福建省促进革命老区发展条例〉的决定》修正。

(一)条例产生原因

1. 客观条件

福建省是"老区大省",全省 84 个县(市、区)中有 67 个老区县,遍及 835 个老区乡镇、8432 个建制村,人口 1535 万余人,分别占全省的乡镇、建制村和总人口的 76%、51%和 45%。根据中央党史研究室确认,福建省现有革命老区县 70 个(其中原中央苏区县 37 个),覆盖全省 9 个设区市及平潭综合实验区,占全省 84 个县(市、区,不含金门县)的 83.3%。由此可见,革命老区从地理上占据了福建省的大部分陆地面积,发展革命老区对促进整个福建省的发展至关重要。

2. 政治原因

中华人民共和国成立以来,党和国家始终关心和支持福建省老区建设发展和老区人民的生活,省委、省政府十分重视老区工作,把老区工作"放在心上,抓在手上",出台多项扶持老区加快发展的政策举措。党的十九大报告明确指出:实施区域协调发展战略。加大力度支持革命老区、民族地区、边疆地区、贫困地区加快发展①。

3. 人民群众的意愿

《条例》的出台是老区人民长期以来的心愿,圆了众多老同志的梦,是福建省老区建设发展史上一件大好事、大喜事。根据问卷调查显示,在接受调查的 108 位居民中,有 65.74%的人认为,革命老区最好的保护方式是立法保障,有 60.19%的人认为是宣传教育,有 37.96%的人认为是行政监督,有 2.78%的人认为是其他保护方式。这充分说明《条例》的出台是顺应人民群众的期盼的,有着比较坚实的群众基础。

4. 立法成功经验的指引

2013 年,经过多位全国人大代表和宁夏代表团的努力,扶贫开发法初稿起草完成;2012 年国务院批复《陕甘宁革命老区振兴规划》;湖北、湖南以条例的形式对革命老区发展进行了专门立法:如 2001 年的《湖北省扶持老区建设条例》、2008 年的《湖南省扶持革命老区发展条例》。以上这些对福建省进行革命老区立法,具有重大先导作用和借鉴意义。

(二)条例实施的优势作用

1. 为促进革命老区发展红色旅游提供有力法治保障

笔者以龙岩市为例,将 2011—2018 年的旅游数据进行对比。根据中国区域统计年鉴的数据显示,在 2011 年,福建省龙岩市接待入境旅游人数仅 4.17 万人次;到 2013 年《条例》颁布后的一年,福建省龙岩市接待入境旅游人数已经有所增长,达到 6.14 万人

---

① 习近平:决胜全面建成小康社会夺取新时代中国特色社会主义伟大胜利——在中国共产党第十九次全国代表大会上的报告.http://www.gov.cn/zhuanti/2017-10/27/content_5234876.htm.

次;而到了 2018 年,随着《条例》的实施以及相关部门的大力发展,福建省龙岩市仅仅用了 5 年时间,接待旅游总人数就已经达到了 4607.76 万人次。这充分说明了《条例》的出台让红色革命老区旅游业的发展"有计可施"、有法可依,二者相辅相成,呈现出急剧向好的态势。

2. 人民群众的反馈

从调研中了解到,60.19%的福建当地人表示了解有《福建省促进革命老区发展条例》,39.81%的人表示不了解,可见《条例》的普及度是较高的。并且这其中 75%的受访人表示《条例》对他们所在地区的发展状况改善很大,21.54%的人表示有一些改善但不大,仅 3.08%的人表示没什么改善。

三、福建省革命老区红色旅游发展现状

近年来,随着公众的文化自信心和自豪感不断加强,广大游客更热衷于选择体验长征文化、老区文化等。福建省拥有 9 个全国红色旅游经典景区,涵盖红色旅游景点 46 个。在《福建省促进革命老区发展条例》第十五条第二款中也明确提到:县级以上地方人民政府应当加强红色资源的保护、开发与利用,建设爱国主义和革命传统教育基地、红色旅游景区和线路,打造革命老区红色旅游圈,推进红色旅游产业发展。可见,通过法治建设的方式利用现有优势发展红色旅游,是推动老区发展的亮点与突破口。

(一)福建革命老区红色旅游的发展现状及优势

1. 用法治方式保护老区并取得了初步成效

福建省积极推动革命文物保护的法规建设,修订了《福建省文物保护管理条例》,专列"中央苏区革命文物的保护"一章,在全国首创地方立法之先例;先后出台《福建红色文化保护、传承和弘扬工程实施方案》《福建省革命文物保护利用工程的实施方案》,加强法规建设,健全保障机制。这些条例和管理办法的出台,奠定了依法保护革命文物的法治基础,促进革命文物保护利用工作走上了规范化轨道。用法律手段为红色革命文物保驾护航。无论是笔者在古田会议纪念馆附近的基层警察局采访基层民警时,还是在新泉采访纪念馆讲解员时,均反映景区治安很好,从未发生过损坏革命文物等现象。在调研时也在景点内看到了具体到人的安全责任牌,建立健全了很多软性管理机制。可见,相关管理法规具体且细致,对管理法规的实施也进行了有效监督。

2. 注重旅游从业人员的培训教育

近年来,福建省安排红色旅游专项资金 1500 万元,用于补助全省 50 个红色旅游项目创建提升;开展红色故事讲解业务指导,组织开展全省红色旅游景区讲解员导游员培训班,提高红色旅游接待和服务水平;开展"红色传承 · 福建如你"研学专项行动,推动红色旅游产业蓬勃发展。

在笔者对当地讲解员的采访中,受访的新泉村讲解员表示:成为讲解员需要经历选拔、考试、培训等阶段。笔者在调研时以游客的角度,在红军村聆听了钟鸣老先生的讲

解。他语言丰富生动，讲解极具真情实感，声情并茂。可见，讲解员经过培训后，在对革命老区的红色文化、红色精神内涵充分理解，对讲解词精心设置，如笔者在瞿秋白纪念馆，看到了专门针对未成年人的讲解词。可见，在讲解传承上，当地注意细节，专注于人才的培养。

3. 注重城市红色文化氛围的营造

福建老区发展红色旅游，通过对红色氛围的营造来使游客产生代入感显得尤为关键。通过笔者实地走访后发现，当地在红色氛围的建设上做得十分突出。沿街的商铺的 LED 显示屏上，不仅有店家自身商品或服务的宣传，还具有许多红色元素，生产了特色矿泉水包装，宣扬红色文化。

4. 旅游项目设计上具有参与性和体验性

福建革命老区在发展红色旅游时注重对旅游项目的设计与创新。如福建省三明市大力发展森林康养业，形成清流富锗温泉、明溪生态观鸟、大田睡眠小镇等特色康养产品等；在笔者的实地调研中，也切身在松毛岭体验了如抬担架、运送军粮、长征出征、穿军装等多种新颖项目。

（二）革命老区红色旅游资源开发中存在的问题

1. 景区内部建设方面

第一，部分景区展示设备未真正投入使用。何叔衡纪念馆、闽西历史博物馆等景点都设立了电子导引设备。然而在实地考察中发现许多电子设备都未真正投入使用。景区电子展示设备在实际运用中并不理想，这一问题大大降低了游客的体验满意度，同时说明“数字化游览”的具体实施有待改善。

第二，红色旅游产品同质化问题严重。从宏观方面来看，福建革命老区对红色资源的开发和利用总体上仍处于初级阶段，属于粗放型的低层次开发模式，这造成旅游产品与其他革命老区相同或近似，缺乏自身的特色。在实地调研时，发现即使是在福建各个革命老区之间，也出现了将英雄人物的生平经历以同样的陈列方式展现、在不同的老区展馆重复出现的问题。然而事实上，游客学习领悟红色精神，没必要去多个地区，只集中参观一个有代表性的主要地区就可以了，否则会造成游客的审美疲劳。因此，在发展红色旅游时，急需针对自身产品的特点进行有针对性的特殊定位。

第三，专业讲解人员短缺。上文提到，革命老区注重讲解人员的质量，但福建革命老区红色景区数量多，讲解员人数少、需求大。在调研中，原定行程的“听老党员讲党史”这个游览项目，却因为唯一一位讲解老先生外出而取消。在和导游沟通后笔者发现，村里只有这一位老党员，他因为忙不过来，常常是往返多地，并且需要预约。又如，在何叔衡纪念馆采访当地村支书时我们了解到：何叔衡纪念馆的讲解人员便是镇上的行政人员兼任的。当地专业性从业人员紧缺的情况可见一斑。福建革命老区红色资源的开发需要有素质过硬的专业团队，不仅需要懂老区历史、研究老区红色文化的理论型人才，更需要的是从事文化资源管理和旅游专业的实践型人才。

第四，革命文物保护仍需加强。福建省拥有不可移动革命文物 1657 处，其中全国重点革命文物保护单位19处,省级革命文物保护单位225处,市县级革命文物保护单位773处,一般革命文物保护单位640处;可移动革命文物142581(件/套);全省共登记28家革命纪念专题博物馆(展陈馆)①。不可移动革命文物和可移动革命文物数量均居全国前列。然而笔者在新泉村采访时却发现,村子里的著名景点百年大榕树周围却无任何保护措施,孩子就在榕树上嬉笑玩耍,这对于革命文物的保护是极其不利的。

2. 景区外部环境方面

红色旅游资源的深度开发不单单是对红色资源的发掘、保护和展示,而是以红色资源为核心的全方位综合性的开发,这一过程需要社会各方参与资源的投入形成完整的配套服务于红色资源的基础设施。

第一,景区的交通设施不完善。对于红色旅游而言,首先面临的就是出行交通问题。在此次调查中,约67%的老区居民认为本地交通较为方便,公共交通工具很多。但其中依旧有约9%的人认为出行不方便,道路不够通达。结合在实地调研连城新泉村所拍摄的照片不难看出:某些景区尤其是设在乡村的景区,道路年久失修,有狭窄、路况差的问题。交通状况差不仅导致那些不是跟团旅游、没有大巴车接送的散客无法顺利便捷地前往景区,也严重影响了当地景区的旅游形象和美誉度。

第二,景区周边的基础设施相对落后。福建革命老区红色资源开发往往先注重景点内部的建造,而忽视了景区周边的能满足游客吃住娱购等需求的设施建设。景区周边缺乏环境好、服务质量高的星级宾馆,大多是一些小型的私人宾馆,环境卫生和服务质量相对较差,甚至没有相应的饭店、游客集散中心等。

3. 革命老区红色旅游资源开发中存在问题的解决对策

第一,立好法、用好法。立法上的建议:借鉴其他省份的立法经验,提高立法技术。如广州市人大常委会建立了立法顾问制度和立法专家咨询制度,必要时,还委托社会组织开展专项立法调查,通过调查收集各方面的意见和建议,掌握各种数据,并组织专家进行分析和论证。不容否认,这样制定出来的法律,应当具有更好的科学性、民主性。笔者建议地方立法机关应前期做好立法规划和认真实施立法评估工作,切实了解当地立法需求。同时,应遵循民主立法程序,尽可能让人民群众参与其中。用法上的建议:认真实施立法后评估形成立法绩效考核制度,不能唯立法数量论,而应注意立法意图与立法效果的实现。建议调研组应深入乡镇进行察看,了解该《条例》贯彻落实情况、取得成效和存在问题,并召开由部分县人大代表和镇村有关负责人参加的座谈会,听取他们对进一步实施《条例》的意见和建议,亦可开展执法检查等专项活动,进行立法后评估。

第二,交通改善提升。在实地调查走访中发现,福建省几个主要城市内公共交通尚不完善,其中主要依靠公交车,但车次少,等待时间长,并且大部分公交站台没有能够实时运行情况的电子显示屏,这给出行安排造成了极大的不确定性,这些亟待改善。同时,笔者建议大力推广"哈喽"单车等共享单车平台,在龙岩市中心见到过"哈喽""青桔"

---

① 数据来源:福建省革命文物名录(第一批)。

等共享电动车的设置点，实际体验下来该电动车虽然有还车的区域限制，但是电动车配备有安全头盔，且不需要支付任何押金，当地居民普遍反映搭乘非常方便。

第三，发展智慧景区。随着信息技术的不断发展，智慧旅游大时代正在到来。2020年11月，国务院常务会议确定了支持“互联网+旅游”发展的系列措施，推动互联网、大数据、人工智能和旅游业的深度融合，更好地服务大众旅游的需求。因此，福建革命老区在进行旅游资源开发时，应该着力将传统的景区运营模式转变为智慧管理、智慧营销、智慧服务，实现服务、管理和营销等方面的突破，改善旅游品质和提升游客的旅游体验，全方位打造智慧旅游景区。

第四，加强宣传，提高公民红色革命文物的保护意识。红色旅游资源普遍具有时间近、数量多、分布广、保护难度大等特点。以上文提到的老槐树为例，在这周边生活的居民普遍没有认识到这棵树是具有红色革命文物保护价值的，因此条例中提到的“红色资源保护”首要任务是提高公民的保护意识。红色革命文物资源保护体系的建立需要全体人民的共同努力，单靠某个革命文物保护管理部门是收不到很大成效的。在宣传过程中，可以采用线上线下相结合的方式，线上以教育为主，线下以管理为主，对宣传、管理得力的单位，表现突出的个人、成效显著的公民团体或个人给予必要的物质或精神奖励，以期在社会上迅速形成一个良好的法律保护意识氛围①。

四、结语

福建革命老区的发展，要坚持因地制宜、因地施策的原则，要善于挖掘自身红色旅游的特色优势，做大做强地方产业，形成特色鲜明、竞争力强的发展优势。要发挥政府主导、部门联动、社会参与、个人尽力，凝聚强大的合力，共促革命老区振兴发展。坚持政策创新，落实《福建省促进革命老区发展条例》等地方性法律法规的立法完善与切实实施，争取党中央、国务院及国家部委的政策支持，建立健全有效政策措施和工作机制，形成振兴发展长效机制，实现福建革命老区振兴发展。

---

① 刘建平，伍先福．红色旅游资源的法律保护问题[J]．湖南社会科学，2005(5)：42-45.

网络治理的实践与经验

——以网络空间治理为主要研究对象

徐秀春　刘斯怡①

【摘　要】 习近平总书记指出,“网络空间是亿万公众共同的精神家园。网络空间天朗气清、生态良好,符合人民利益。”[1]为加强网络空间建设,各地区各部门不断创新理念思路,采取一系列重要举措,取得了明显成效。但是网络空间仍存在许多问题,如利用网络宣扬和鼓吹各种错误思想观点等。本文希望通过调查网络治理情况,为政府加强网络空间治理,构筑网络绿色屏障提供现实依据和参考意见。

【关键词】 网络空间治理;中国经验;中国特色

本次调查主要采取非定向问卷调查,主要调查公民对网络治理的了解情况,进一步总结网络治理的经验教训。共发出问卷246份,收回246份,有效问卷246份。此次调查受访者中,学生占60.57%,公务员等从事行政事业工作者占6.10%,教育培训工作者占2.85%,生产工业制造者占4.47%,其他群体占26.01%。10～20岁的受访者占48.37%,21～40岁的受访者占35.77%,41～60岁的受访者占15.44%,最值得关注的是,出现了1名10岁以下的受访者。这表明网络的普及程度越来越广泛,逐渐低龄化。正因为如此,网络空间治理显得越发重要。

一、网络治理的必要性

随着智能手机的普及,网络成为每个人学习、生活、娱乐和社交的主要“栖息地”,潜移默化地影响着人们的思想观念和行为方式。截至2022年6月,我国网民规模为10.51亿,互联网普及率达74.4%,占网民整体的97.7%[2]。

在关于网络治理的做法是否必要的调查结果显示,82.92%的受访者认为网络空间治理是非常必要的,15.85%的人认为是必要的,只有1.23%的人认为无所谓,没必要(表1)。对于近年来的网络治理效果有101人很满意,89人比较满意,36人较不满意,20人很不满意。由此看出网络空间治理仍需加强,面临一定挑战(表2)。

从网络的使用范围和普及程度来看,进一步加强网络空间治理是极其必要的。

① 本课题指导教师:徐秀春(北京工商大学马克思主义学院);课题组组长:刘斯怡(注会201);课题组成员:魏一博(注会201)、夏菁堉(注会201)、周欣宇(注会201)、谢锦琳(注会201)。

表 1　网络治理做法是否必要

必要性	非常必要	必要	没必要	无所谓
占比/%	82.92	15.85	0.41	0.82

表 2　网络治理满意度调查

满意度	非常满意	比较满意	不满意	非常不满意
人数/人	101	89	36	20

二、网络空间治理中存在问题的分析

(一)对受访者自身问题的分析

1. 个人行为

如表 3 所示,77.24%的受访者在网络中会注重个人的形象,尤其是言行举止,而仅仅有0.81%的受访者表示完全不会注意言行举止。这表明为进一步净化网络空间,极少数的网络使用者的个人素质有待提高,而这也需要人民大众的监督与网络规则的进一步完善。

表 3　受访者在上网时是否注意言行举止

是否注意言行举止	一直注意	偶尔注意	不在意	完全不注意
占比/%	77.24	20.73	1.22	0.81

2. 对违反法律规定发布信息的看法

对违反法律规定发布信息的调查看到,面对违规信息,32.11%的受访者表示会举报投诉,2.45%的受访者会与发布违规信息的人正面理论,0.81%的受访者会转载曝光,但非常遗憾的是,64.63%的受访者表示面对违规信息会直接离开,这说明大多数人对网络空间治理的意识仍亟待加强。

3. 受访者对举报渠道的了解情况

调查显示,当网络空间中出现不良信息的传播时,79.67%的受访者会通过平台客服举报,其次是拨打电话举报。因此,当不良信息在互联网中进行传播时,大多数网民还是会选择各种渠道进行举报,没有出现置之不理的态度,网民们还是相信法律会给予一个公正的裁判。这也间接反映了,逐渐将网络空间转变为了一个“有法可依,有法必依”的纯净空间。

(二)对网络空间本身存在问题的分析

1. 平台对垃圾信息缺之管理

在调查中,有 74.8%的受访者表示曾有被陌生人骚扰经历,63.41%的受访者表示曾被迫下载捆绑软件,48.37%的受访者表示网络平台经常会推送色情内容。由此可见，网络平台在处理用户安全问题上依旧存在欠缺，对用户的个人隐私及信息的保密工作不到位，严重影响了用户的上网经历。

2. 网络环境不良好

在调查中，本小组发现，72.76%的受访者认为网络中不健康的信息过多，59.76%的受访者认为网络中诈骗行为严重，89.02%的受访者认为网络中垃圾广告太多。因此，可以说明的是目前网络平台对网络环境没有严格管理，整个网络环境不良好，严重影响了大众的上网。

3. 缺乏法律法规体系

对网络治理相关法规方面，通过调查了解到，有5.69%的受访者对网络法律法规非常熟悉，31.30%的受访者对法律法规比较熟悉，但是，有60.16%的受访者对网络法律法规不了解，更有2.85%的受访者完全不知道有网络法律法规。由此可以看出，在网络法律法规的宣传教育方面还做得不够，大多数网民针对网络空间的法律法规了解程度较低，不能从根本上拿起法律武器捍卫自己的合法权益。

三、网络空间治理的效果

（一）群众反馈情况

1. 近些年来，网络环境有了很大的改善，上网体验更加舒适，但是在群众满意度方面还有提升空间

当调查对网络治理使网络环境变好的满意度时，了解到群众打分平均为73.65分。通过表4看到，其中有101人打了81～100分，有89人打了61～80分，这说明群众对党治理下的网络环境是基本满意的，认为治理工作是合格的。但是在调查中我们也看到有10人打了21～40分，6人打出的分数在0～20分，这也说明，要做到群众满意，仍需加强网络治理。

表4　网络治理使网络环境变好的满意度调查

满意度	81～100分	61～80分	41～60分	21～40分	0～20分
人数/人	101	89	40	10	6

2. 群众对于网络治理方面采取的措施、了解程度有待提高

在对网络治理相关措施了解程度的调查中发现，有3.66%的人认为非常了解，有30.89%的人基本了解，有59.35%的人不太了解，有6.10%的人完全不了解。

结合问卷第15题、16题、17题（通过对3部网络空间治理的法律摘录部分法条内容，让受访者进行匹配选择）的调查，可以看出，受访者对《互联网新闻服务管理规定》《中华人民共和国网络安全法》《互联网社区服务管理规定》这3部法律的了解情况并不是很理想，因此，加强党在网络治理相关政策、法律法规的宣传，应引起有关部门的大力重视。

（二）治理网络空间采取的具体措施

1. 治理网络乱象，净化网络空间

当前，网络环境整体向好，但网络治理仍存在新困难新挑战，对此，国家采取了相应的措施：针对未成年人网络环境的治理，将重点打击"软色情"图文、视频，采用关闭违法账号、处罚违法平台、曝光典型案例等措施，整治网络环境；针对"饭圈"乱象，如粉丝之间的相互谩骂、相互挑衅、在网上发布辱骂性的语言等现象，采取刷量控评、坚决处置职业黑粉、封杀恶意营销账号等手段，净化网络环境；针对过度推送弹窗等现象，有关部门采用加强监管的方式，避免平台推送一些不良信息[3]。

2. 积极推进网络空间治理法治化，加快互联网领域立法进程

一方面，在近年来制定和修订的一系列法律中分别规定了一些与网络信息活动有密切关系的内容；另一方面，相继颁布了一大批有关网络方面的专门立法、司法解释和其他规定。通过了《中华人民共和国网络安全法》，填补了中国关于网络安全方面的法律空白，强化了对网络安全的认识，又起到统领网络安全各领域的作用，是中国在依法治网方面的重大进步。

3. 加强网络正面宣传和网络舆论引导

各级部门加强和改进了对网络正面宣传和舆论引导工作，并将其列入重要议事日程，形成了主要负责领导亲自抓、各职能部门协调配合，人民群众积极参与的良好格局。以北京市为例，2013 年以来，北京市强化主流舆论场的权威信息发布，突出宣传"三个自信"和中国梦，推荐点击"身边的感动"，打造"互联网文化季"，推动开展各种"微公益"等活动，营造了健康向上的网络文化氛围。

（三）网络空间治理的中国经验

"知屋漏者在宇下，知政失者在草野"。对于已经拥有 10 亿多网民的中国，在网络治理方面有着丰富的经验。党的十八大以来，对网络治理及其能力提出要求，通过部署重大决策，实施重大举措，汇聚多方力量，创新治理手段，卓有成效。在党的领导下，网络综合治理逐渐常态化、长效化，网络环境也变得越来越好[4]。

网络治理能力是国家治理能力的重要组成部分。对于网络治理的中国经验主要有以下几点：

1. 坚持政府引领、多方参与，是中国互联网治理的基本方法

互联网是一个由互联网企业、使用者、政府乃至国际组织等多元主体构成的虚拟空间，互联网治理也应是由所有利益相关方共同参与的治理过程。经过长期的探索和实践，中国逐步构建起了法律规范、行政监管、行业自律、技术保障、公众监督和社会教育相结合的互联网治理体系。政府发挥统筹引领作用，制定法律规范、实施行政管理、制定产业政策、明确技术标准等[5]；互联网企业积极履行社会责任，开展行业诚信自律。广大网民踊跃开展监督，参与互联网违法和不良信息举报；网络空间日渐清朗。

2. 坚持创新驱动、互联互通，是中国互联网繁荣进步的重要动力

创新是互联网的基因。发挥制度优势，统揽全局、协调各方，致力于信息领域的重大创新，集中力量开展云计算、大数据、智能制造、物联网、车联网等互联网关键技术的研发和推动，从而使中国互联网经济、互联网文化和互联网服务高速发展。截至2015年底，中国互联网相关上市企业达328家，市值规模达7.85万亿元，约占中国股市总市值的1/4。互联网的技术创新和产业创新也带来了网络用户的快速增长。2008年，中国互联网用户和宽带用户均占居世界第一，用户的普及率也超过世界平均水平。

3. 坚持依法治网、规范秩序，是中国互联网快速发展的有力保障

在制度建设、立法保护、严格执法、公正立法条件下推进网络空间治理法制化是网络治理的首要经验。

积极推进网络空间法治化，加快互联网领域立法进程。《网络安全法（草案）》已经面向社会征求意见，《中华人民共和国刑法修正案（九）》对若干网络犯罪行为作出明确规定，最高人民法院、最高人民检察院出台了相关司法解释，国家网信办制定出台《即时通信工具公众信息服务发展管理暂行规定》《互联网新闻信息服务单位约谈工作规定》等一批规范性文件。同时，依法加强互联网基础管理，打击网络违法犯罪，加强未成年人网络保护，有力地净化了网络生态[6]。

4. 坚持网络主权、反对霸权，是中国参与互联网国际交流合作的根本主张

在互联网时代，一些发达国家利用信息技术优势开展网络监听、网上拦截、植入病毒等方式获取他国机密信息。利用网络社交平台散播煽动性信息，操纵他国舆论。对此，党和国家非常重视网络空间的主权，制定了切实可行的网络空间发展战略，增强捍卫网络主权的能力。习近平总书记在致首届世界互联网大会的贺词中表示，中国愿意同世界各国携手努力，深化国际合作，尊重网络主权，维护网络安全，共同构建和平、安全、开放、合作的网络空间，建立多边、民主、透明的国际互联网治理体系[7]。

5. 坚持共享发展、造福人民，是中国互联网发展的根本目的

截至2020年，中国互联网共享经济市场规模超过9万亿元，互联网正让人民群众的生活服务便捷化、精准化和个性化。最新统计显示，中国96%的政务网站提供网上在线办事服务，基本实现了个人和企业用户需求的全覆盖，政务事项网上全程办事率达73.3%。互联网也成为广大网民表达思想观点和利益诉求的重要渠道，各级政府部门制定出台关系国计民生、社会关注度高的重大政策、法律法规和重大措施前，通过互联网征求意见建议，汇民意、聚民智，调动广大人民群众积极参与国家和社会治理[8]。

四、对继续改善网络环境的建议

调查问卷数据结果以及相关调查研究表明，我国公民对于网络治理采取的相关措施了解甚少。此次问卷显示，接近60%的公民对采取的网络治理措施表示不了解。

为保证网络环境的安全性，加强网络的监管体制，规范网络行为的网络净化策略与具体措施应当尽快实施起来。针对现实中的具体情况，就以下 4 个方面提出相应的治理建议。

（一）加强网络环境法律规定与实施，提高相关法律普及率

如前所述，对互联网法律法规，仅有 5.69％受访者表示非常熟悉，31.33％表示比较熟悉，60.16％表示不太了解，2.82％表示完全不知道。可见，我国公民对于网络环境法律法规了解程度并不是很高，需进一步加强网络环境法律规定与实施，提高相关法律普及率。

（二）有效解决网络环境治安问题

1. 加强网络治安管理机制建设，形成治安格局

网络环境下的治安管理机制需要涉及很多方面的内容，是一项系统化、综合化的工作。相关部门工作人员需要结合网络发展实际情况，让网络发展与时俱进，做到严格治理互联网违法犯罪行为。另外，有关人员还需要将网络环境下的治安问题上升到政治层面，通过相应制度的完善，将网络“虚拟社会”的治安管理工作变得有法可依。同时，需要有关政府人员带头做好相关的公安、文化、新闻宣传、通信管理等工作，明确各个部门工作分工，并设立危机预警干预机制。

2. 完善网络执法机构队伍建设

网络执法机构队伍的人员应当兼备良好的政治素质和专业素质。执法人员作为国家建设发展的重要力量，要求其具有良好的政治品质，在面对网络诱惑的时候要能够抵御住不良诱惑，坚定自己的意志决心。同时，执法人员要精通计算机网络安全操作技术，具备一定的自学能力，能够根据社会形势发展变化选择合适的执法管理方式。

（三）加强网络行业自律以及采取技术监控

1. 加强网络行业自律，杜绝不良信息传播

网络应有自律性行业组织和自律性行业规范。网络治理相关部门应尽快制定有效的网络自律条款，规定一些含有声明、承诺、保证等内容的自律规则和自律规范，并依据条款严厉制裁违规行为，杜绝不良信息的传播[9]。

2. 通过计算机系统构建完善化的网络道德规范体系

通过计算机系统构建完善化的网络道德安全规范体系，能够减少违法犯罪行为。在政策出台时还需要借助计算机网络系统向网民进行宣传教育，提升网民的个人素质。首先，建立健全网络行为监督管理机制。这可以实现对网络行为人身份的有迹可查，同时还要要求网络行为根据自己的真实姓名进行网络登录。其次，宣传发展良好的网络文化。借助计算机应用系统加强对网络行为人的网络教育，帮助网络行为人养成正确的网络伦理道德。

3. 创新网络下采取特定相关手段

相关部门要控制不良信息的快速扩张，创建一个管理系统具有显示这些安全问题分析的功能，在较为受欢迎的网站和聚人气的论坛上施加控制的压力。必须建立互联网上的常规化系统。通过互联网数据中心的支持，计算机系统需要实现“人”和“网络”的对应，能够在网络限制之间实现有效连接，通过虚拟网络社会和实际生活的管理，有效地实现网络的良好运行。

参考文献

[1]周利敏，钟海欣．后斯诺登时代网络安全的全球治理[J]．贵州社会科学，2020(03)：59-67.

[2]丁存霞．新时代网络意识形态安全治理能力现代化[J]．湖北社会科学，2020(01)：158-164.

[3]刘远亮．网络政治安全治理的网络技术之维[J]．中国矿业大学学报(社会科学版)，2019，21(04)：3-13.

[4]蒋丽，张迪．习近平网络安全治理思想及其指导意义[J]．思想理论教育导刊，2017(08)：30-34.

[5]方志红．网络社区文化环境净化及策略探析[J]．南阳师范学院学报(社会科学版)，2009(7)：119-121.

[6]黄楚新，曹曦予．论中国共产党的网络治理领导能力[J]．科技与出版，2021(7)：46-54.

[7]秦涛．法治视野下的网络环境治理[J]．黑龙江省政法管理干部学院学报，2016，03：1-3.

[8]中国互联网信息中心．中国互联网络发展状况统计报告(第 50 次)[EB/OL]．http://www.cnnic.net.cn/gywm/xwzx/rdxw/20172017_7086/202208/t20220831_71823.htm，2022-08-31.

[9]郑振宇．改革开放以来我国互联网治理的演变历程与基本经验[J]．马克思主义研究，2019(1)：58-62.

北京城市交通治理的实践与经验调研

王鲁娜　呼　瑞[①]

【摘　要】城市是现代文明的标志，在现代化建设全局中占据重要地位，城市治理也因此成为国家治理体系中的重要内容。自中华人民共和国成立以来，我国探索并形成了丰富且宝贵的城市治理实践经验，为建设适应国情、符合时代的城市治理道路奠定了基础、指明了方向。本课题以北京城市交通治理为调研对象，深入了解北京城市交通治理的具体情况及现实问题，从制度政策、社会实践等变化中总结经验，同时与其他城市进行比较分析，彰显北京特色。

【关键词】北京市；城市交通治理

中国探索了一条走向现代化同时又能保持自身独立性的道路，有关城市治理的理论与实践是这条道路的重要组成部分。城市交通治理是提升国家及城市治理能力的战略需求和重要抓手，习近平总书记也曾提出要把解决交通问题放在城市发展的重要位置。围绕城市交通问题，制度政策也在不断改进完善。北京作为首都，其城市交通问题极具典型性，北京城市交通治理的实践变化，正是我们国家在不同时期对城市治理不同认识的缩影，也是中国城市治理现代化的历程。因此，通过对北京市城市交通治理的实践和经验分析，也更便于我们去思考如何更好地改善现状。

本次调查主要采取的是网上问卷形式，调查问卷通过网络发送问卷链接的方式让网友们填写并收回。主要围绕受访者所在城市的交通基础情况、政策相关以及他们的体验看法及建议展开调查。共发出调查问卷 164 份，收回 164 份，回收率 100%；有效问卷 164 份，有效率 100%。

一、近年来北京交通政策变迁历程

在北京城市社会经济高速发展的背景下，随着其现代化进程的不断加快，交通拥堵逐渐成为困扰北京城市发展的突出问题，甚至演化为影响城市功能正常发挥和可持续发展的全局性问题。近年来，从交通需求角度出发，通过实施一系列交通管理政策，对交通需求进行合理调节和管理，交通问题改善已卓有成效。以 2010 年 12 月出台的“缓堵 28 条”为界，可以把北京市的交通政策变迁大致划分为以下几个阶段。

（一）起步与探索阶段

政策起步时期：在此时期，北京交通管理政策处于起步阶段，主要以停车管理为主，加

① 本课题指导教师：王鲁娜（北京工商大学马克思主义学院）；课题组组长：呼瑞（应化 191）；课题组成员：张盼（生物 192）、张家园（生物 191）、乔英杰（应化 191）、方飞雨（应化 191）。

大对静态交通的管理力度，实施了停车泊位证政策、停车收费政策等，“以静制动”缓解城市交通拥堵。自2003年起，北京市政府从提升公共交通服务水平和限制小汽车的使用两方面着手，使公共交通的服务质量有了显著提升，可持续化出行方式也颇受关注。

奥运特殊时期：2008年北京奥运会举办期间是北京交通管理政策的标志性阶段，在此严控阶段，实施了包括单双号限行、错时上下班及黄标车停驶等一系列政策，有效应对了奥运期间交通需求总量大、时空分布集中、需求层次多、交通服务标准高的要求。奥运会结束后，常态化的交通需求管理体系逐步建立，进入巩固阶段，采取了机动车高峰时段区域限行与停车价格调整政策措施。

（二）优化与完善阶段

随着社会经济的飞速发展，现有交通综合管理水平难再与高强度的机动车使用、高速度的机动车增量相适应。2010年12月北京市政府出台了《北京市人民政府关于进一步推进首都交通科学发展加大力度缓解交通拥堵工作的意见》[1]，即“缓堵28条”，从“规、建、管、限”4个方面提出28条缓堵措施，包括规章制度方面的措施，包括有提高停车收费、私家车摇号上牌和非北京户口居民上牌限制；建设方面，则重点放在了提高公共交通服务水平上，若干项目将相继落实，例如地铁线延伸，修建新的轨道交通廊道，快速路和单独的公交车道，建立公共自行车系统和更多的停车设施；在管理方面，包括小客车保有量增量调控政策和差别化停车收费政策；限制方面的措施包括了诸如单双号限行、特定地段和特定时间段的交通控制、限制公车的使用等。至此，北京交通管理政策进入优化完善发展阶段。

（三）革新与发展阶段

对近年来北京交通管理政策的发展历程进行回顾和分析可以发现，交通管理政策对于城市交通发展具有重要作用。从城市可持续发展的战略高度看交通管理政策，未来北京交通政策将从粗放手段向精细化方向过渡，从行政手段向经济手段过渡，从单一手段向综合管理措施过渡。目前，北京交通政策在各方面都有新变化：北京2021年将加大对机动车闯禁行、闯红灯、占用公交专用道等各类违法行为的处罚力度；北京摇号措施将关注无车家庭，且更加关注家庭成员多的家庭，让小客车指标的配置更加精准；车辆执行新的车型分类标准及高速公路收费标准；北京市对外省（区、市）机动车交通政策修订：加强移动污染源监管；最大限度减少对过境外省（区、市）车辆的影响，对进京通行证采取分类管理；消减核心区交通压力，综合考虑路网承载能力和优化出行结构。

结合调查问卷，可以看出，尽管一部分受访者不了解具体交通政策，但大部分都认为如今的政策很大程度上能够缓解交通问题，政策的变化也体现出为建设适应国情、符合时代的城市治理道路在不断探索（表1、表2）。

表1　公众对长距离线路进行分段调整政策的看法

对调整的看法	增加换乘次数，可能加重道路拥堵	可以优化车辆资源配置	不了解这个政策
占比/%	18.19	36.36	45.45

表 2 《北京市机动车停车条例》实施后,公众对违法停车执法力度的评价

对执法力度的评价	加强	减弱	无变化	不清楚
占比/%	43.94	1.52	9.09	45.45

习近平总书记提出"国家治理体系和治理能力是一个国家制度和制度执行能力的集中体现"①,政府决策紧密围绕社会实践与经验。如何更好地调控出行需求,更加有效、公平地分配交通资源,将决定着整个交通系统能否可持续发展,间接影响城市治理能否走好中国特色道路。

二、北京交通较其他城市的优势分析

北京作为全国政治中心、文化中心、科技创新中心、国际交往中心,立足全国,放眼世界。城市辐射能力和凝聚能力建设不断增强;联手天津、上海、海港城市,航空、铁路、公路、通信网络高度发达;人流、物流、信息流四通八达,全方位畅通。北京城市的交通建设日新月异。

大城市比起小城市来讲,其优势正在于大城市拥有更多的人脉和机会,因此发展机会更多,这就是人们总爱到大城市谋求出路的原因,但人口的高度聚集又容易引发"大城市病"。北京市这么多年来若干版本的规划中,一直在想办法解决"大城市病"可能带来的种种问题。规划了很多卫星城新城,规划投资建设了多条地铁线路、城市快速道路,规划建设了多个商务区。其核心目的就是为了把过去高度集中造成的城市病通过疏解手段分散到其他需要发展的区域。北京市最有吸引力的区域全部集中于四环之内,四环路以内的交通格局已经很难改变,引导人口迁移和中心城区的改造只能同步进行。一方面,提高中心城区之外区域的吸引力,包括副中心建设、大量的城市郊野公园的建设、地铁的建设等、环球影城之类的大项目建设等。另一方面,提高中心城区已有道路资源的使用效率,比如把部分街道变成单行线,严格进行停车管理,想方设法开设新的道路等。疫情之后,适合单位实际的互联网居家办公方式也可以有效降低出行需求。

回到问题本身,造成北京交通拥堵的原因是多方面的,这些问题在任何一个国际大都市的发展过程中都面临过。北京市也一直在致力于该问题的解决,并通过构建城市圈等方式畅通与周边城市的交通网络。京—津、京—沪高铁快速联通,其开行时速可达200千米,设计时速300千米以上,设北京南站、亦庄站、永乐站、武清站、天津站5站。这条高速铁路运营后,京、津两地可实现半小时通达。同时,京沪高速铁路的始发站也将设在北京南站,设计时速为350千米,从北京出发到上海只需要5小时。还有一条是北京至山海关的京山线,在新南站中转换乘。投入使用后,新南站的运营能力将超越北京站和北京西站。这些方面可以说成绩喜人。

---

① 资料来源:以机构改革推进国家治理体系和治理能力现代化.https://baijiahao.baidu.com/s?id=1638489294107169992&wfr=spider&for=pc.

三、北京交通带给人们的便利与不利

(一)北京交通带给人们的便利

数据调查显示,有 8 成左右的人认为如今出行比过去更方便了。方便主要体现在:公共交通更加普及;交通网密度大,更快捷;服务设施较齐全;价格相对便宜;共享单车兴起,方便短距离出行;支付方式更加多元等,如图 1 所示。

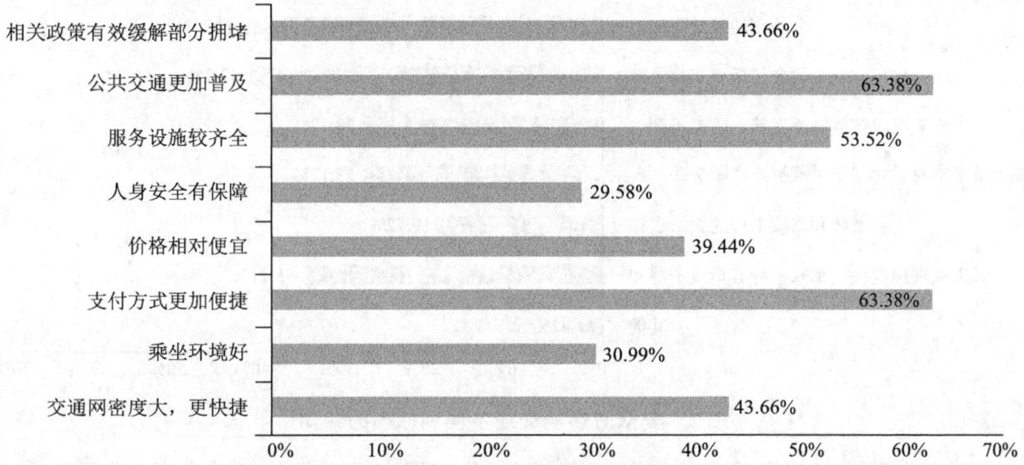

图 1　公众对北京市交通便利情况的评价

关于出行最常用的交通方式,在回收的数据中有 7 成左右的人选择了公交地铁,其可见公共交通在人们出行生活中占据了相当大的比重。近年来北京市为完善城市建设,在公共交通建设上投入了很多,大力推行公共交通服务,既能减少排放,又能适当地减少拥堵,对北京交通有着重大意义。据统计,现今北京公交系统共有约 1200 条线路,并且公共电汽车还在不断拓展、完善线路,其价格低廉,做到了真正地方便人们的生活、改善人们的生活。在北京可以说有人的地方就有公交。2020 年北京全年公共电汽车客运量 18.26 亿人次,日均客运量 498.82 万人次;全年总行程 10.68 亿千米,日均总行程 291.73 万千米;北京公交线路承担着北京地面公交的主体任务,在北京城市公共交通发展中发挥着重要作用。

另外有半数以上的人在“您出行最常用的交通方式”中选择了步行和共享单车/自行车/电动车。近年来北京市倡导绿色出行,鼓励步行、共享单车等低碳出行,一定程度上改善了人们生活的环境问题。科技迅速发展给人们的生活带来巨大变化。随着电子支付方式的兴起,人们用于交通出行的支付方式也发生了变化。关于收费停车,原有的人工收费方式不再适应现在的社会,停车的电子支付变成了不可逆的发展趋势。根据数据调查显示,使用路侧停车缴费的人中,大约 95% 的人都使用电子支付进行缴费。电子支付具有方便、快捷、高效、经济等优势,无疑极大地方便了人们的生活。

（二）北京交通存在的问题

在“交通问题对生活造成了很多不利影响”中，有超过 6 成的人最在意的方面是交通拥堵。其主要体现在交通拥堵严重、时间和经济上有损失、交通事故频发，安全上有隐患等，如图 2 所示。

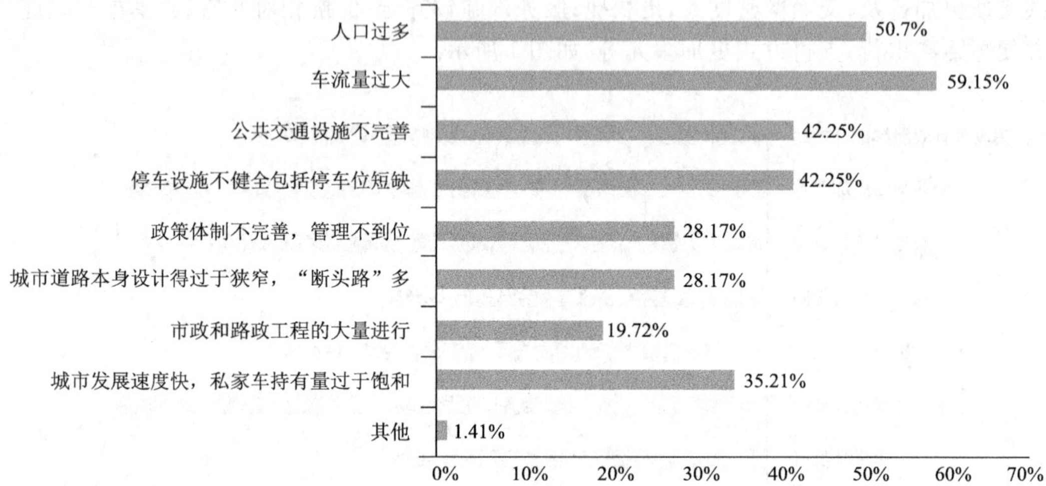

图 2　公众对影响交通不便利原因的认知

随着北京城市的发展和人口的不断增多，北京城市交通拥堵日趋严重，成了一个广泛关注的社会问题，其形成原因复杂且多样。交通管理部门逐年增加公共交通基础设施资源，改善道路环境，限制小汽车的购买和使用，但是效果并不理想。随着北京市政治、经济的发展，常住人口的增加，居民生活水平的提高，交通拥堵情况的恶化已经严重地影响到了居民的生活质量，机动车保有量日益增多，公共交通分担率始终偏低，小汽车出行率的居高不下使得北京交通拥堵治理面临窘境。

交通拥堵是北京交通长久以来的“烫手山芋”，拥堵也造成了严重的时间和经济上的损失。据统计，北京每年交通拥堵带来的直接、间接经济损失高达数千亿人民币，大概占北京 GDP 的 5%。并且由此引发的空气质量、摩擦纠纷等问题也影响了市民的生活质量。道路交通拥堵的原因主要为道路上经常出现翻修、补修的问题，双行道或多行道变为单行，造成堵车，以及停车场太少，现有车辆太多，车辆无处停放，容易随意占道停车，造成通行不畅[2]。

另外，对于“交通事故频发，安全上有隐患”这一问题，交通法规不完善是原因之一。现有交通法应为机动车交通管理条例，无法对行人和非机动车进行管理，行人与非机动车的各类违法行为也易造成事故，责任明确后，机动车司机仍然要先行赔付。这就无法提高行人与非机动车的安全意识，人的安全意识最重要，每人自身要有安全意识。在交通面前不存在强弱，只有杜绝违法才能杜绝交通事故的出现，其中包括行人、非机动车、机动车三方违法行为的杜绝。

四、优化城市交通情况的具体措施

交通是城市的重要纽带，也是为城市发展运送人力、物资的重要渠道。作为城市发展的主要动力之一，交通对生产要素的流动、城镇体系的发展有着决定性的作用。这里针对北京交通与城市发展现状，提出简单的优化改进建议。图 3 表述的是对于改善城市交通提出的建议。

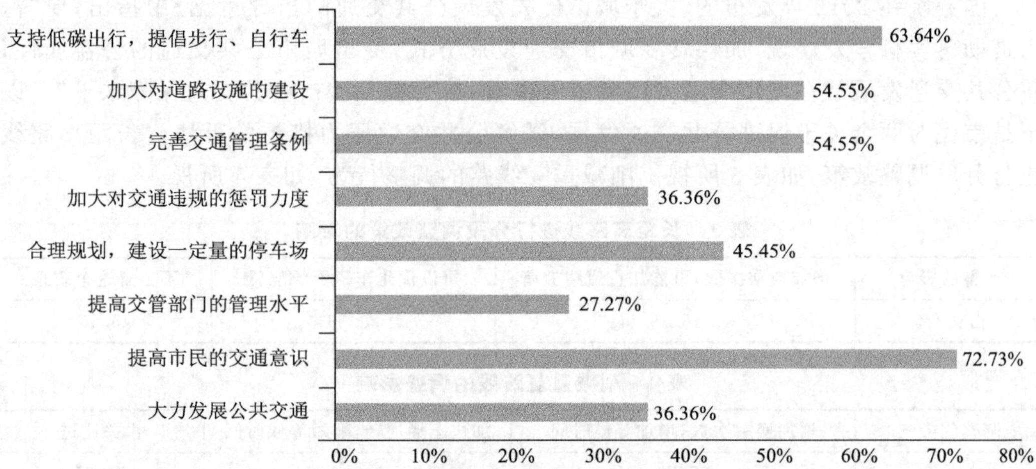

图 3　对改善城市交通的建议

(一)完善政府政策措施

图 4 所表述的是北京市政府为缓解交通问题所采取的措施。其中加大道路交通管理力度，如增派交警协管员等占比最高，为 54.93%；增加公共交通的分流措施，如加开

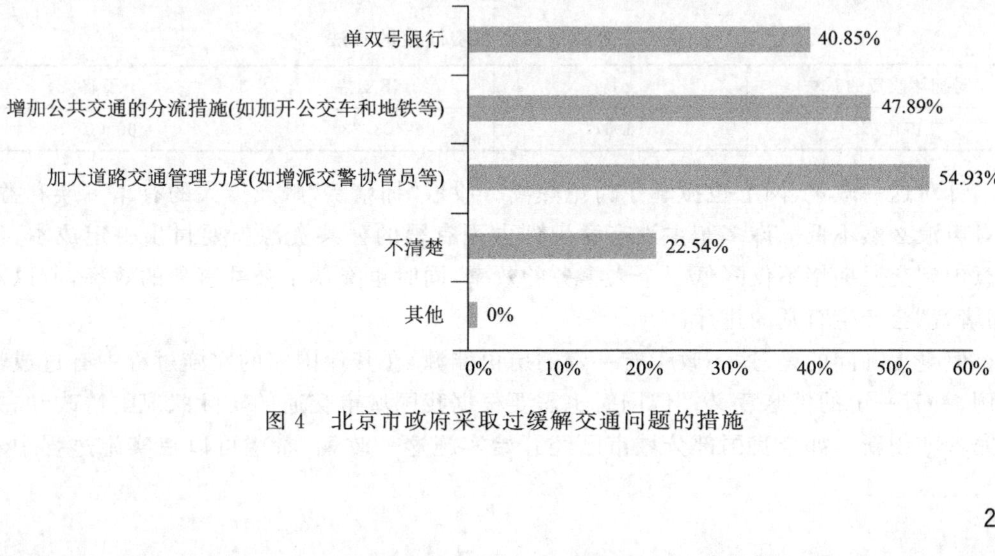

图 4　北京市政府采取过缓解交通问题的措施

公交车和地铁等，为第二项重要措施，占比为47.89%；车辆限行政策为主要措施中的第3位，占比40.85%。政府政策措施是城市交通治理的最重要手段，政府通过规范道路交通行为，进行政策创新，加快推进交通治理现代化进程，为解决道路交通中的难题提供法律保障，增强道路交通的有效管理，提高管理水平，保障道路交通的有序、安全和畅通。

（二）大力发展公共交通

国务院在2012年发布的《关于城市优先发展公共交通的指导意见》中指出，要“深入贯彻落实科学发展观，加快转变城市交通发展方式，突出城市公共交通的公益属性，将公共交通发展放在城市交通发展的首要位置，着力提升城市公共交通保障水平”。以下是市民对两个关于促进公共交通发展、缓解公共交通压力措施的看法。长距离路线进行分段调整政策，如表3所视。削减重复线路的调整行为，如表4所视。

表3 长距离路线进行分段调整政策的影响

调整的影响	增加换乘次数，可能加重道路拥堵	可以优化车辆资源配置	不了解这个政策
占比/%	18.19	36.36	45.45

表4 削减重复路线的调整影响

调整的影响	增加换乘次数，增加等候时间	加快车辆周转，缩短等候时间	没关注过
占比/%	28.79	36.36	34.85

（三）实施拥堵收费政策

表5表述的是人们对拥堵收费政策的看法。大多数人对于这一政策并不了解。交通拥堵费是指在交通拥挤时段，对部分区域道路使用者收取一定的费用，其本质上是一种交通管理的经济手段，目的是利用价格机制来限制城市道路高峰期的车流密度，达到缓解城市交通拥挤的目的，提高整个城市交通的运营效率。

表5 公众对拥堵收费政策的看法

对拥堵收费的看法	支持	不支持	不了解
占比/%	16.67	23.33	60.00

针对这一政策，网上也掀起了讨论热潮。收取“拥堵费”触及庞大的有车一族利益，反对声浪必然不低。许多车主没有意识到占用有限的公共资源就要付出一定成本，没有意识到交通拥堵不仅降低了个人事务的效率，同时也降低了公共事务的效率，所以对“拥堵费”会产生直觉的排斥。

但毫无疑问的是，这一政策有一定的历史渊源，在其他国家的实施过程中有过成功案例，具有一定的借鉴意义。但同时也需要根据我国城市交通的实际状况酌情改动，并且完善和创新。如今我国部分城市已经开始实施这一政策，希望可以在实施过程中不断探索不断改进，进而推广发展至全国范围，为缓解交通拥堵贡献力量。

（四）加大执法监管力度

一方面坚持把规范道路运输行为、净化客运市场经营秩序作为促进行业安全稳定和谐发展的重要载体。深入交通执法一线，对道路运输企业进行实地调研，认真听取群众意见建议，创新执法方式方法，完善行政处罚、行政强制工作流程，不断提高交通运输执法监管能力和水平，努力打造一支高素质的交通执法队伍。

另一方面明确任务分工。结合工作实际，制定专项行动方案，明确工作目标，层层分解任务，层层压实责任，深入推进交通公安联合治超执法常态化制度化，严厉打击“黑出租”、班线客车、包车客运、出租车（含网约车）违法经营行为，依法依规对相关车辆、驾驶人、货运源头单位和道路运输企业实施追踪倒查，优化执法环境，维护道路运输市场秩序。

（五）提高市民交通意识

交通安全离不开每个人的配合，这需要大家一起来努力，不仅仅是交通警察内在的职责，更重要的参与者是广大人民群众。如今，一部分公民在思想上不够重视，认为交通安全理应是交通警察的责任，一副“事不关己，高高挂起”的态度。部分公民从思想深处不重视交通安全，存在不按规定的车道行使、闯红灯、违章停车等一些违反交通法规的行为。更有甚者有“反叛心理”，对交警工作不理解不配合，认为交警“动不动就查车”“开罚单”等，不仅让自己“破财”，还让自己不好过，这就会让警民之间产生误会。

了解各方面的因素之后，当“对症下药”。一方面以预防为主，加大宣传力度。加强学校里的宣传教育，从学生时代抓起，让每位青年学生都具备良好的交通安全意识。各行各业都与交通安全息息相关，充分利用各大媒体，在电视、电台、报纸、网络等媒体进行详细的宣传报道。通过展板在人群集中点进行展示，让群众了解到交通事故带来的危害。另一方面，交警与各行业合作，对交通安全宣传方面做出突出贡献的单位、社区、个人予以奖励。唯有提高公众参与的主动性和积极性，才能够营造良好的社会氛围。

参考文献

[1]王洋．北京市部分拥堵点段交通疏堵改造工程案例研究[D].北京：北京工业大学，2015.

[2]徐冰卓．基于北京的社会经济因素与交通拥堵的关系探究[D].北京：北京交通大学，2020.

新时代生态治理的实践与经验

——以垃圾分类为例

王　东　宋晓宇[①]

【摘　要】 近年来，“绿水青山就是金山银山”的理念深入人心，中国的生态环境得以明显改善，党和政府生态文明建设思想不断推动着美丽中国目标的实现。通过对居民垃圾分类的调研和分析，发现目前还存在宣传不到位、主体责任不清、监管不到位的情况，并结合政策提出相应的建议。

【关键词】 生态治理；五位一体；垃圾分类

党和政府对经济发展与环境保护关系的认识不断深化，先后提出节约能源与环境保护的基本国策、可持续发展战略、科学发展观、建设资源节约型和环境友好型社会。党的十八大以来，对生态文明的认识上升到新的高度，使得我国生态文明建设取得显著成就。

一、五位一体之生态文明建设

党的十八大报告指出，建设中国特色社会主义，总依据是社会主义初级阶段，总体布局是五位一体，指经济建设、政治建设、文化建设、社会建设和生态文明建设五位一体，总任务是实现社会主义现代化和中华民族伟大复兴。报告对五位一体总体布局的阐述是，全面推进经济建设、政治建设、文化建设、社会建设、生态文明建设，实现以人为本、全面协调可持续的科学发展。2012 年 11 月 17 日，习近平总书记在十八届中共中央政治局第一次集体学习中指出，党的十八大把生态文明建设纳入中国特色社会主义事业总体布局，使生态文明建设的战略地位更加明确，有利于把生态文明建设融入经济建设、政治建设、文化建设、社会建设各方面和全过程。

（一）生态文明建设揭示推进生态文明建设的时代依据

党的十八大以来，以习近平同志为核心的党中央从建设生态文明是中华民族永续发展千年大计、根本大计的历史高度出发，着眼新时代我国社会主要矛盾变化，把握我国经济发展由高速增长阶段转向高质量发展阶段的基本特征，坚持人与自然和谐共生，坚决打好污染防治攻坚战，开展了一系列根本性、开创性、长远性工作，揭示了大力推进生态文明建设的时代依据。

习近平同志在党的十九大报告中指出，建设生态文明是中华民族永续发展的千年

---

① 本课题指导教师：王东（北京工商大学马克思主义学院）；课题组组长：宋晓宇（食品 193）；课题组成员：杨若琪（食品 193）、李美婧（食品 193）。

大计；在全国生态环境保护大会上指出，生态文明建设是关系中华民族永续发展的根本大计。这些重要论断充分表明，以习近平同志为核心的党中央从历史维度和战略高度加快生态文明建设的坚定信念和坚强决心。人与自然是生命共同体，人类对大自然的伤害最终会伤及人类自身，这是无法抗拒的规律。中华民族要实现永续发展和伟大复兴，必须尊重自然、顺应自然、保护自然，认识和把握生态兴则文明兴、生态衰则文明衰的文明发展规律，不断夯实中华民族永续发展和伟大复兴的生态环境基石。

推动经济高质量发展要求全面推动绿色发展。我国经济已由高速增长阶段转向高质量发展阶段，高质量发展就是遵循新发展理念的发展。习近平同志指出，绿色发展是构建高质量现代化经济体系的必然要求，是解决污染问题的根本之策①。必须树立和践行"绿水青山就是金山银山"的理念，贯彻创新、协调、绿色、开放、共享的新发展理念。推动经济高质量发展，必然要求全面推动绿色发展、建设生态文明。

（二）描绘建设美丽中国的基本路径

习近平同志在全国生态环境保护大会上强调，要加快构建生态文明体系。这包括生态文化体系、生态经济体系、目标责任体系、生态文明制度体系、生态安全体系五个方面。

生态文化体系是灵魂，提供理念先导、思想保证、精神动力和智力支持。传统工业化道路积累了大量生态难题，中华优秀传统文化孕育的生态智慧可以为破解生态难题、建设生态文明提供有益启示。生态经济体系是基础，是构筑绿色化生态化国民经济结构的保障。践行"绿水青山就是金山银山"理念，建设生态经济体系，必然要求推进产业生态化和生态产业化。目标责任体系是责任和动力，必须守住底线、划定红线、明确上限。习近平同志指出，要守住发展和生态两条底线。只要指导思想搞对了，只要把两者关系把握好、处理好了，就既可以加快发展，又能够守护好生态。生态文明制度体系是保障，是生态文明建设体制机制创新的组织保障和法治保障。我国生态环境保护中存在的一些突出问题，大多与体制不完善、机制不健全、法治不完备有关。因此，应不断深化和推进生态文明体制改革，加强顶层设计，加强科学政绩观建设，加强法治和制度建设。生态安全体系是基石和屏障，是国家安全的重要组成部分。维护国家生态安全，要具备支撑国家生存发展的较为完整的山水林田湖草沙自然资源体系、自我修复能力较强的生态系统和较高的环境生产力，确保国家生存发展所倚重的粮食、水、能源等安全。

（三）丰富发展生态文明建设理论

习近平同志关于生态文明的重要论述，思想深邃、内涵丰富、境界高远，继承和发展了马克思主义关于人、自然、社会辩证统一的思想，从构建人类命运共同体的高度推动生态文明建设，指明了生态文明建设的方向和路径，极大地丰富和发展了生态文明建设理论。

---

① 资料来源：人与自然和谐共生的价值意蕴 . https://baijiahao.baidu.com/s? id = 1602302108585340750&wfr=spider&for=pc.

继承和发展马克思主义关于人与自然关系思想。首先，继承和发展了马克思、恩格斯关于人与自然关系的思想。在对待人与自然的关系上，要求尊重自然、顺应自然、保护自然，揭示自然是一个相互影响的系统、世界表现为一个统一体系；揭示生态文明建设的内在运行规律；牢固树立生态红线的观念，强调在生态环境保护问题上，就是要不能越雷池一步，否则就应该受到惩罚。其次，发展和确立了当代生态文明建设的自然辩证法。如"绿水青山就是金山银山"的著名论断，超越了机械生态中心主义、扬弃了人类中心主义，揭示了人与自然、社会与自然的辩证关系，为推进生态文明建设指明了方向和路径。

从构建人类命运共同体的高度推进生态文明建设。作为世界第一人口大国、第二大经济体，中国搞好生态文明建设，是对全球生态文明建设的有力引领和重要贡献。中国特色生态文明之路，本质上是对传统工业文明的扬弃。中国秉持人类命运共同体理念，积极推动实现联合国2030年可持续发展目标，将应对气候变化作为应尽的国际义务，在气候变化谈判和气候治理行动中展现出诚意、决心和智慧，体现出强烈的大国担当。

二、生态文明建设下的垃圾分类

创造优美的生态环境，一个极其重要的方面就是要形成节约资源和保护环境的生活方式，而进行垃圾分类投放则是其中的关键环节。

垃圾处理是世界性环保难题，传统的垃圾处理大多采用填埋的方式。随着社会经济的发展，垃圾越来越多，如果全部采用填埋的处理方式，就要占用大量的土地资源，并且有些有害垃圾会对我们的生活环境造成严重污染。这样，地球上能够使用的资源越来越少，垃圾正逐步威胁着人们的生存空间。很多人说垃圾是危害健康的"毒品"，其实垃圾只是放错地方的资源，它们也有重新利用的价值。垃圾分类处理是拯救地球资源的有效方式。垃圾分类收集可以更快实行废品回收和资源循环利用，大大减少垃圾处理的数量。

（一）相关政策

近几年来，推进垃圾分类的步伐明显加快。2016年12月，中央财经领导小组会议专项研究普遍推行垃圾分类制度。2017年初印发的《生活垃圾分类制度实施方案》则明确46个城市先行实施生活垃圾强制分类。

2020年5月21日全国两会在北京召开，医疗公共卫生建设、涉港草案、垃圾分类的推进等方面都是两会的重要议题。多位代表和委员就垃圾分类的现状和问题提出了宝贵的建议。

垃圾分类工作已经在全国试点推行，在一些城市也已经全面开展。上海、浙江、湖南、江苏等地的垃圾分类已经取得初步效果，相关经验值得总结推广。按照部署，到2022年和2025年，我国的垃圾分类工作要实现阶段性目标。为实现这两个目标，有必要针对现实中各地存在的共性问题，采取针对性的制度措施加以解决。

如火如荼的垃圾分类推行即将迎来法律护航。2020 年 6 月 25 日提交第十三届全国人大常委会第十一次会议审议的《固体废物污染环境防治法(修订草案)》中,提出推行生活垃圾分类制度。这是生活垃圾分类首次被纳入国家立法当中。

自 2020 年 7 月 1 日起,上海市将实施《上海市生活垃圾管理条例》,对于未将生活垃圾分类投放的个人可处以 50～200 元的罚款;在 5 月底召开的北京市十五届人大常委会第十三次会议上,北京市人大城建环保委员会建议,尽快修改完善《北京市生活垃圾管理条例》,依法推行垃圾强制分类,对违反垃圾分类规定行为设定相应罚则[1]。

(二)具体措施

1. 单独投放有害垃圾

居民社区应通过设立宣传栏、垃圾分类督导员等方式,引导居民单独投放有害垃圾。针对家庭源有害垃圾数量少、投放频次低等特点,可在社区设立固定回收点或设置专门容器分类收集、独立储存有害垃圾,由居民自行定时投放,社区居委会、物业公司等负责管理,并委托专业单位定时集中收运。

2. 分类投放其他生活垃圾

根据本地实际情况,采取灵活多样、简便易行的分类方法。引导居民将"湿垃圾"(滤出水分后的厨余垃圾)与"干垃圾"分类收集、分类投放。有条件的地方可在居民社区设置专门设施对"湿垃圾"就地处理,或由环卫部门、专业企业采用专用车辆运至餐厨垃圾处理场所,做到"日产日清"。鼓励居民和社区对"干垃圾"深入分类,将可回收物交由再生资源回收利用企业收运和处置。有条件的地区可探索采取定时定点分类收运方式,引导居民将分类后的垃圾直接投入收运车辆,逐步减少固定垃圾桶。

垃圾分类关键还得循序渐进。从"你是什么垃圾"的网络段子,到"吃饭 10 分钟,分类半小时"的日常吐槽,再至"干湿垃圾"的品类之争,可见垃圾分类是一场从理念到行动的全方位变革,需要付出相当的认知、沟通和执行成本。分摊垃圾分类的制度成本,只依赖志愿者短时间的提醒远远不够,单靠强制手段集中推行也不现实。让参与主体更加多元、更加广泛,才能更有效果。比如,厂家可以在商品包装上添加垃圾分类建议;再比如,将垃圾分类的理念浸润到教育当中等。

任何一项公共政策的施行,都需要一个臻于完善的过程。重点在于,如何能够在这个过程中尽量减少群众的困扰、降低转型的成本。2008 年北京奥运会前夕,北京地铁开始实行安检,这也是世界上第一次在城市地铁道路上进行安检。10 多年过去,从奥运的特事特办到变成常态保留,地铁安检已经成为百姓的日常生活的一部分。如今不断改善和提升工作效率的北京地铁安检,用 10 年检出 116 万件违禁品的成绩,为公众树起一条安全保障线,更培养出了坐地铁配合安检的日常习惯。可见,任何政策的推行都需要规范和完善,任何习惯的养成都要靠自发和自觉。

垃圾分类不只是一个文明意识的问题,更是一个基层治理的命题,既需要细密周全的考虑,也需要灵活人性的执行。从上海到全国各地,有经验也有教训,有掌声也有怨言。比起简单的通知和要求,规范标准统一、更多主体参与才能营造出可持续的氛围[2]。

三、垃圾分类问卷调研数据分析

本次调研总共回收调查问卷102份。问卷涉及居民个人基础信息、对垃圾分类的满意程度、现如今垃圾分类的问题以及如何更好地实施垃圾分类等问题。发放与分析该问卷旨在了解不同类型的市民对垃圾分类的具体看法，并为垃圾分类政策的实施提供建议。

（一）问卷填写者的基本信息

在本次问卷中，人群各年龄段均有涉及，18～30岁的填写者占主体，为72.73%，31～50岁的填写者占13.64%，50岁以上的填写者占13.63%。对于调查群体的学历，绝大多数人都受过高等教育，其中有81.82%的人是本科及以上的学历，18.18%是初中、高中及中专学历。

（二）垃圾分类的问题

在问卷填写中，有45.45%的人认为垃圾分类治理情况有待提高，有27.58%认为推进情况一般，剩余26.97%认为推进情况较少。认为生活垃圾分类工作开展非常顺利的仅占4.55%，有68.18%认为工作开展比较顺利，认为不顺利的占27.27%。

垃圾分类进展不顺，有以下几个原因：

1. 宣传问题

有54.55%的人只知道一些垃圾分类的相关政策，全知道的仅占27.27%，还有18.18%不知道相关政策，但很希望国家普及。有59.09%认为宣传方式缺少创新，效果一般。人们多数通过电视、网络等媒体了解垃圾分类的知识，还有报纸、学校教育、社区开展活动等其他渠道了解相关知识。

2. 垃圾分类责任主体不清

有86.36%的人认为垃圾分类的主体是居民个人，认为主体是社区的占77.72%，50%的人认为政府部门是主体，18.18%的人认为是企业或经营业主。垃圾分类的主体责任不清，就会导致相关政策发生偏差，对推进垃圾分类产生不利影响。

3. 监管措施不到位

有86.36%的填写者认为垃圾分类监管措施不到位。虽然在垃圾分类处理政策出台后，国家已经开始逐步进行相关法律法规的出台和应用，但是从整体上来说，仍旧存在较多法律的漏洞和问题，需要进行进一步的完善和改革，才能够更好地发挥法律的重要作用。相关管理部门的垃圾分类管理体制并不健全，日常的管理工作开展较为被动，无法充分发挥管理制度的重要约束作用。

4. 其他原因

有54.55%的人认为垃圾分类激励制度不完善；54.55%认为对资源回收企业扶持力度不够，36.36%认为政府主导作用有待提高。

（三）居民提出的建议

有超过80%的人认为如果能发挥小区和物业的作用，在市场投入相应的配套设施，并科普垃圾分类的知识，愿意每天进行垃圾分类。也有一定的居民希望政府制定有关垃圾分类的奖赏制度和将垃圾分类知识纳入九年义务教育中。

四、关于进一步推进垃圾分类的建议

结合问卷分析结果，对于如何更好地推进垃圾分类，让垃圾分类深入人心，我们提出如下建议。

（一）建立完善的管理机构和相关措施

在垃圾分类推行中，应当明确相关部门的工作职责，避免“多头管理、分工不明”的问题，由相关单位进行跟进和监督垃圾分类工作的推进，及时进行问题和效果的反馈，社区、学校应当做好宣传、指导等工作。政府应建立完善公众监督和反馈渠道，对于那些不遵守垃圾分类的单位和个人进行相应的处罚，以促使广大市民尽快养成良好的垃圾分类习惯。同时对于能很好地进行垃圾分类的人给予奖励。

（二）有序推进垃圾分类工作

在垃圾分类工作推进的前期，应当以由易到难、由简到繁、逐步递进为基本原则，优先保证居民在日常生活中可以分辨出常见的有害垃圾、可回收物，以利于后端处理与利用，暂时不清楚所属类别的可以先按其他垃圾投放，因为与其他垃圾对接的处理设施是容错能力较强的焚烧发电厂或卫生填埋场，可以最大化减少垃圾的浪费。同时，政府应拓宽可回收物回收渠道，加强回收可回收垃圾。

（三）加强垃圾分类宣传工作

垃圾分类工作贵在人人动手参与，重在公民的意识和习惯逐步养成，公众对生活垃圾分类的知晓度、认同度、参与度的提升是推动垃圾分类工作开展的根本。政府应广泛开展垃圾分类的宣传、教育和倡导工作，使居民树立垃圾分类的环保意识，阐明垃圾对社会生活造成的严重危害，宣传垃圾分类的重要意义，呼吁消费者积极参与垃圾分类。同时教会消费者垃圾分类的知识，使消费者进行垃圾分类逐渐成为自觉和习惯性行为。

从学校入手，将垃圾分类相关知识纳入九年义务教育，帮助儿童从小树立正确的环保及垃圾分类理念，形成积极的环保和公德意识，掌握正确分类的基本知识和能力。同时，对高校的垃圾分类知识宣传更不能落下，高校应积极组织学生通过讲座、社团等活动开展垃圾分类知识学习和宣传。

从社区入手，社区定期举办垃圾分类相关知识竞赛、公益演出等活动，以进一步推进垃圾分类知识的普及，将垃圾分类思想渗透居民生活，慢慢将垃圾分类形成习惯。社区还可以通过居委会招募志愿者，经培训合格后协助居委会向居民分发宣传手册、讲解正确的分类方法以及垃圾分类普及的好处等相关知识，同时可以通过和居民近距离交谈，及时了解公众视角下垃圾分类工作推进过程中存在的问题，并向相关负责单位反馈。

（四）完善配套设施相关建设

政府在出台垃圾分类的相关政策时，还要完善配套设施的相关建设，提高垃圾收集转运能力，避免“前端分类投放，后端混合运输”的现象。应合理地进行转运站服务范围区域规划，实现环卫车辆运行线路的实时最优选择，同时改造或增设垃圾分类回收的设施：可将一个垃圾桶分割成几个隔段或建立几个独立的分类垃圾桶。垃圾分类应逐步细化。垃圾分类搞得越细越精，越有利于回收利用。可以用不同颜色的垃圾桶分别回收玻璃、纸、塑料和金属类包装垃圾、植物垃圾、生活垃圾、电池灯泡等特殊的垃圾[3]。

参考文献

[1]陈秋喜．2020 年垃圾分类政策及现状分析[R]．2020-01-08．
[2]潘家华．开辟生态文明建设新境界[N]．人民日报，2018-08-22(7)．
[3]宋琳琳．中国共产党生态文明建设的基本经验研究[J]．党史征文，2021(6)．

“绿”——西海固生态治理分析

张彦琛　姚　楠①

【摘　要】 现在的西海固山花烂漫，绿树成荫。然而改造治理前的西海固环境问题十分严重，例如土地盐碱化、土地荒漠化、水土流失、草场退化等，干旱和洪涝也一直影响着西海固的发展。改造后的西海固环境问题得到大幅度改善，收集相关数据后通过 excel 处理对比，可以看出“五河共治”使得水资源质量明显上升，六盘山国家天然林保护工程、三北防护林工程让西海固森林覆盖率直线上升，封山禁牧、退耕还林等一系列措施让西海固的生态质量逐步变好，不再是一片荒芜。通过生态与经济相结合，西海固人民摆脱了贫困，走向了依靠生态发展经济的道路。西海固的生态治理不仅仅是宁夏回族自治区对西海固的重视，也是党中央对西海固生态改造的高度重视。

【关键词】 西海固；环境问题；生态治理；实践经验

一、西海固基本概况

西海固是对宁夏回族自治区南部山区的一个笼统的称呼，这个区域包括 6 个县。2001 年，地级固原市在此设立，辖区面积 11300 平方千米。固原地区地形以山地、高原为主，海拔在 1248～2955 米。固原市包含两种气候区，分别是中温带半干旱区和中温带半湿润区，由北至南，以原州区为分界线，均体现明显的大陆性气候特点。雨季集中在夏季，有冬寒长、夏暑短、雨雪少的特点，年降雨量少至 300 毫米。

二、改造前的西海固

进行生态治理前的西海固生态环境脆弱，自然灾害频发，被联合国粮食开发署称为世界上“最不适宜人类生存的地区之一”。

灌溉方法不当和封闭地形排水不畅导致土地盐碱化严重。西海固主河是清水河，其水质含盐量、矿化程度高，不适宜饮用和灌溉。如用其灌溉作物，水中的盐分会侵入土壤深层。因常年干旱，平均蒸发量约 2000 毫米，盐质随水分蒸发到达土壤表层，危害植物根系。

土地荒漠化严重。西海固地处西北，深居内陆。与海洋间有山脉阻隔，水汽不易到达。温带大陆性气候，全年干旱少雨。土质疏松的地面在没有植物保护下，受到风速大且降水集中的影响，造成风沙和流水侵蚀。同时与人类活动息息相关。据史料记载，明

---

① 本课组指导教师：张彦琛（北京工商大学马克思主义学院）；课题组组长：姚楠（金融工程 201）；课题组成员：杨正忻（金融 203）、王依依（保险 201）、冯靖雯（保险 201）、陈晔（金融 201）。

清时期便存在过度樵采、开垦、放牧。近代交通建设时对生态环境保护不当和工农业用水不当也是此地荒漠化严重的原因。

水土流失也严重。农牧业20世纪70年代"向山坡开荒要粮"热潮和80年代实行农村生产责任制导致大规模开荒和超载放牧，忽略了环境承载力。在基础设施建设方面，"八五"期间，横穿固原市的宝中铁路、312国道六盘山公路改建等大型项目破坏植被面积34.65公顷，造成水土流失91.92万吨。

草场退化问题严重，成因为：过度放牧、土地不合理利用(开垦地表平坦且地下水位浅的优渥草场)。截至2000年，盐池县耕地总量达9.3万平方米，比1981年增长了45.7个百分点，其中旱耕地面积达8.8万公顷，比1981年增长了39.2个百分点[1]。

生态环境问题还伴随着自然灾害的发生。

西海固常年干旱，降水量不到300毫米。固原、盐池、海原、同心四县最严重，不但破坏草原和森林的植被，而且使河流断流。

西海固的降水集中在夏、秋两季。土质疏松和地面坡度大，使此地水蚀分割出了塬墚峁地貌。地表植被缺乏降低土地吸收水分的能力，大量降雨积存在地面引发洪水。

西海固以受自然灾害影响大的农牧业为主，工业仅有农副产品的初级加工业，第三产业更是滞后，因此经济波动幅度大。其资源、环境、人口之间的矛盾日益严重。苦于维系生存，重男轻女多胎生育现象盛行，导致了人口激增。泾源等县1998年人口自然增长率高达17.32‰，高于全国近10个千分点[2]。西海固地区人口超载达38万～128万人[2]。此外，政府资金用于救灾，教育经费不足，使人口文化素质落后，西海固青壮年文盲占25.3%，远超全国15.9%的平均水平[2]。据西吉县调查，全县有低智能或没有劳动能力的人口3.1万人，占总人口的7.3%[2]。缺少受教育的青壮年阻碍了西海固社会发展[2]。

三、改造后的西海固

(一)绿——环境

几十年前素有"苦瘠甲天下"之称的西海固，如今竟然获得"塞上江南"的美称。几十年间生态治理始终贯穿着西海固的发展，习近平总书记高度重视西海固的生态治理，3次踏访西海固。

相关资料显示，西海固的森林覆盖率由12.8%增长到25.1%[3]，单固原市到2018年，森林覆盖率就从12.8%增长到25.1%[4]。据相关资料，西海固在2018年前后几年内森林覆盖率平均每年提高2个百分点[5]。

对比2016年和2020年宁夏回族自治区环境公报可知：2020年，固原市和中卫市综合指数排名位于前两名。固原市综合指数同比变化率空气质量变化有所改善，而西海固所在的六大县，除了隆德县外，其他几个县空气质量均有所改善。2016年，固原市和中卫市环境空气质量优良天数比例位居全区前二。

以下针对西海固清河、葫芦河、渝河、泾河、茹河“五河共治”工程，根据《地表水环境质量标准》中水域功能与标准分类[6]，据宁夏回族自治区环境保护厅公开的相关数据可知:2016 年 1—12 月五河总体地表水质数据，按大概趋势预估西海固地区水文水质数据，得出如下散点图。

图 1 至图 15 数据来源:2016 年宁夏回族自治区地表水环境质量状况月报。

清河三营地域的河流污染严重，二十里区域维持在中度污染程度，泉眼山区域 2016 年绝大多数处于Ⅰ类或Ⅱ类水质，水质较好，污染较轻(图 1)。

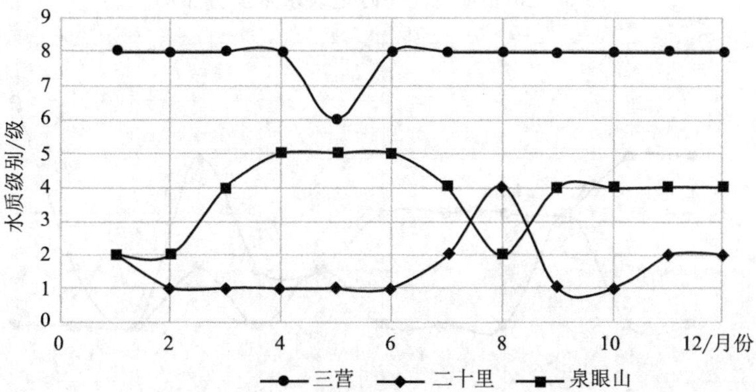

图 1 2016 年清河每月地表水水质分布图

葫芦河 2016 年前半年处于中度污染及以上状态，后来逐渐好转(图 2)。

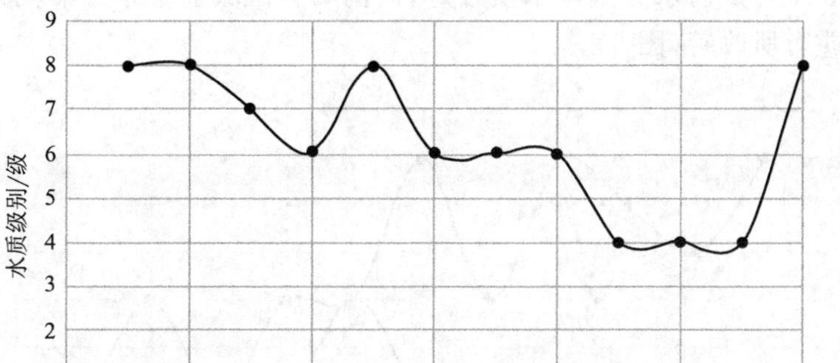

图 2 2016 年葫芦河水每月地表水水质分布图

渝河 2016 年整体处于水质偏好状态，上游峰台前半年水质污染较为严重(图 3)。

泾河 2016 年龙潭水库以及弹筝峡水质等级虽然波动较大，但是总体较好，污染不太严重(图 4)。

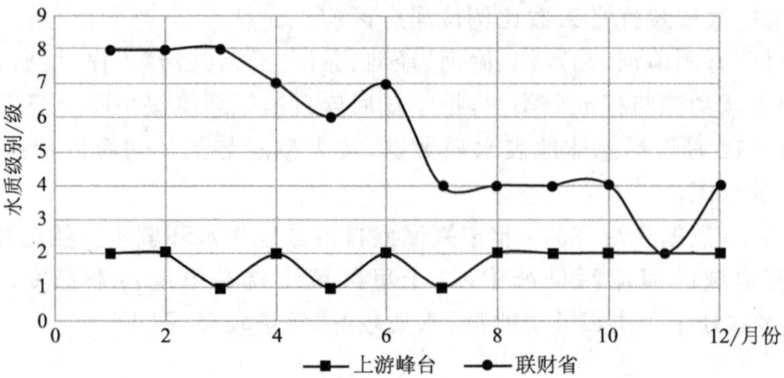

图 3　2016 年渝河每月地表水水质分布图

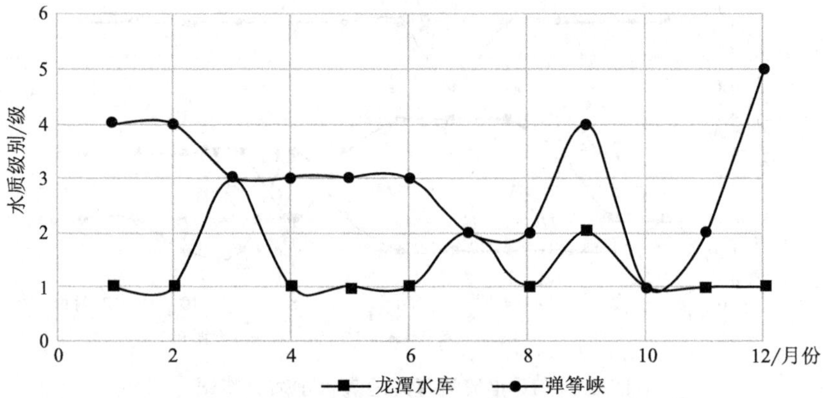

图 4　2016 年泾河每月地表水水质分布图

茹河 2016 年乃家河水库整体水质较好，而沟圈省区域前半年污染较为严重且不稳定，但后期水质有所改善(图 5)。

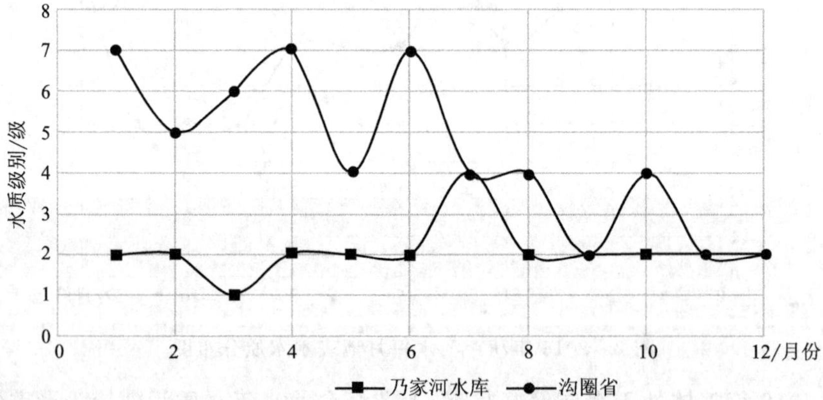

图 5　2016 年茹河每月地表水水质分布图

根据宁夏回族自治区环境保护厅 2017 年至 2021 年 6 月的地表水环境质量状况月

报中的相关数据(部分缺失数据根据整体数据,合理选取数据填入)做出散点图,并根据整体数据分布以及 excel 作出 2021 年后半年水质预测。以下各图中横坐标为 2017 年至 2021 年 6 月各月份,记为 1,2,3……54(如:2017.1 记作 1,2017.2 记作 2);纵坐标为各水质对应的等级。

三营市界断面水质整体趋势趋向平稳,水质略有变好,且整体走势保持稳定,根据图 6 可以简单预测 2021 年之后水质大体处于 4(IV 类水质),并且在未来几年整体水质等级会处于下降趋势,水质变好。

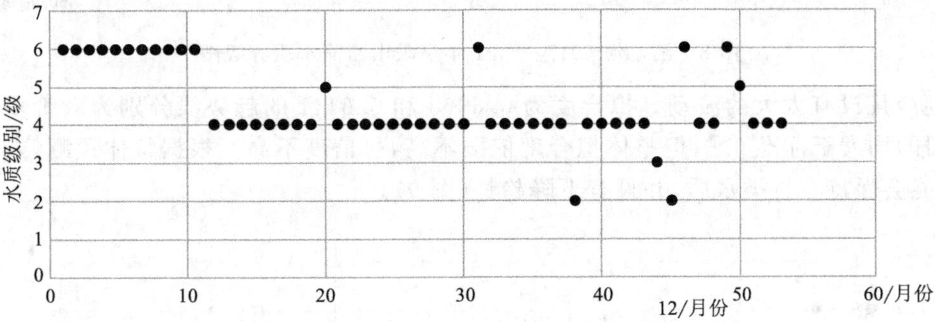

图 6 清水河 2017—2021 年三营市界断面水质等级图

二十里铺断面整体分布不如三营市平稳,水质变化不稳定,但也尽量保持在等级 2(Ⅱ类水质),总体水质较好,但略有变坏趋势。未来几年整体水质应该会保存在Ⅱ类水质左右(图 7)。

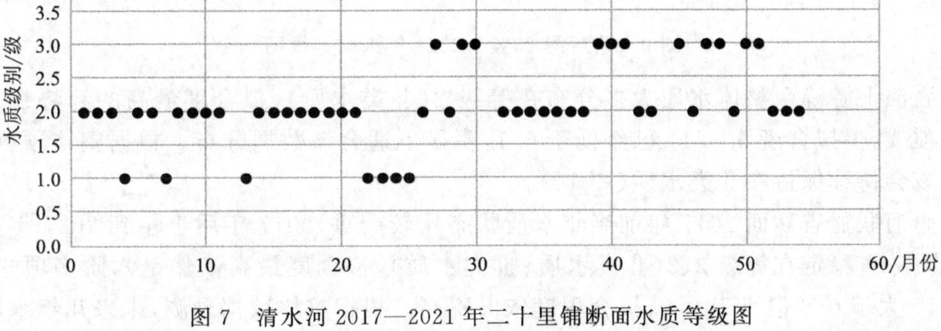

图 7 清水河 2017—2021 年二十里铺断面水质等级图

泉眼山断面整体水质波动较大,总体水质等级维持在 2、3、4(Ⅱ类水质、Ⅲ类水质、Ⅳ类水质),水质整体不差,根据 excel 可得拟合度最高的为指数型趋势,但拟合度仅有 0.0919,远远低于标准 0.6,所以该趋势线可以忽略不计。对于未来几年水质预测,大体应该在Ⅲ类水质上下(图 8)。

葫芦河水质在 2017 年整体变好,2018—2021 年整体分布在等级 2、3(Ⅱ类水质、Ⅲ

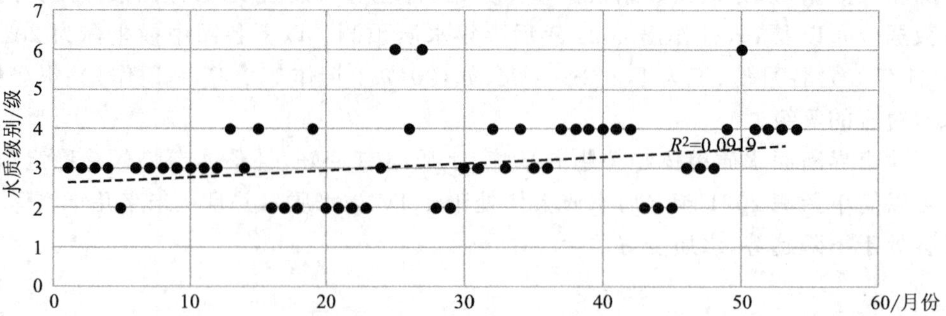

图 8 清水河 2017—2021 年泉眼山断面水质等级图

类水质)且没有太大的波动。拟合度为 0.6965 和 0.6441 的趋势线分别为六阶多项式和乘幂,均大于标准 0.6,但整体拟合度依旧不高,可信度不高。根据整体预测,未来几年可能会保持在Ⅲ类水质,并且有下降趋势(图 9)。

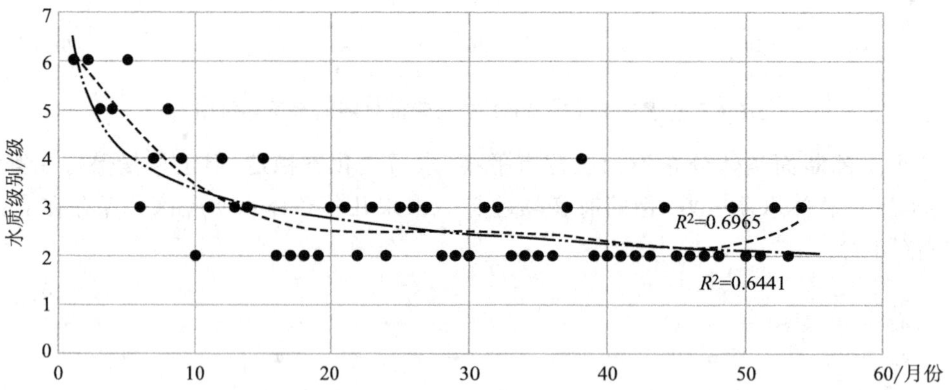

图 9 葫芦河 2017—2021 年水质等级图

渝河上游峰台整体水质大多分布在等级 2(Ⅱ类水质),拟合度最高的趋势线是六阶多项式,但拟合度 0.0817 已经低于 0.1,明显不适合该数据分布。根据整体预测,水质应该会持续保持在Ⅱ类水质(图 10)。

渝河联财省断面 2017 年前半年水质状态比较严重,2017 年后半年到 2021 年前半年水质一直稳定在等级 2、3(Ⅱ类水质、Ⅲ类水质),拟合度最高依然是六阶多项式,且 0.6817 大于 0.6 但小于 0.9,拟合程度依旧不高。根据整体数据预测,未来几年水质依旧会保持在Ⅱ类水质、Ⅲ类水质(图 11)。

泾河龙潭水库断面 2017 年至 2021 年 6 月整体水质都在等级 1、2(Ⅰ类水质、Ⅱ类水质),整体水质呈优良状态且稳定。由图中拟合度最高的六阶多项式趋势线可知 0.082 低于 0.1,拟合程度过低。根据数据预测,未来几年水质会保持在Ⅰ类水质、Ⅱ类水质(图 12)。

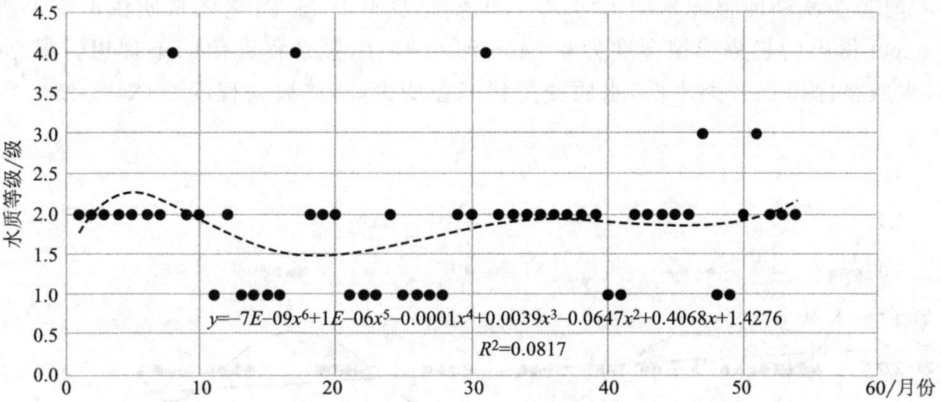

图 10　渝河 2017—2021 年上游峰台断面水质等级图

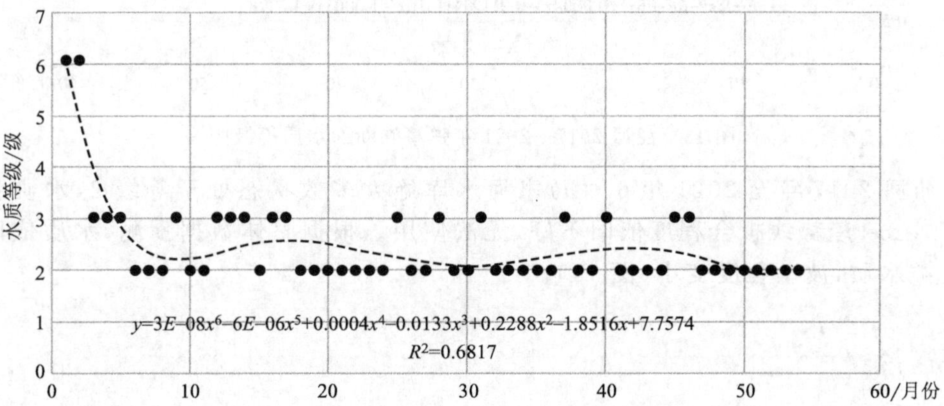

图 11　渝河 2017—2021 年联财省断面水质等级图

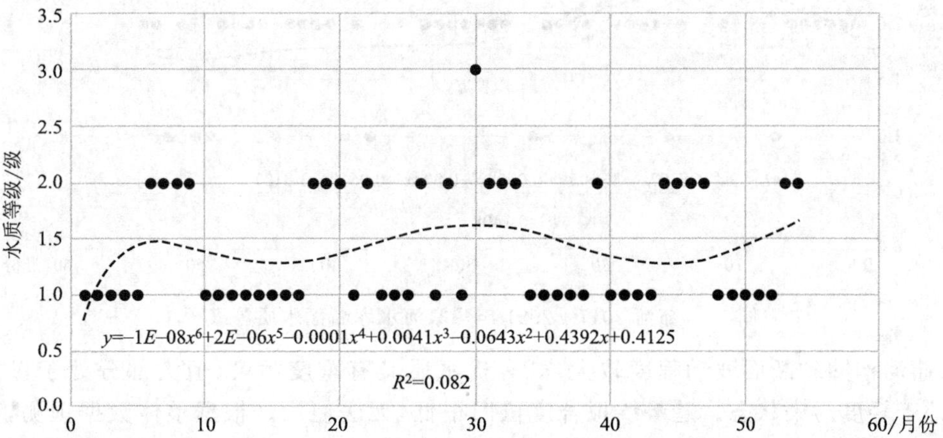

图 12　泾河 2017—2021 年龙潭水库断面水质等级图

泾河弹筝峡断面整体水质为等级 2，水质呈良好状态，但整体水质依旧有些波动，根据 excel 得出的趋势线拟合度为 0.0404 河 0.4329，拟合程度依旧不理想。根据整体预测，水质将保持在Ⅱ类水质，水质变差状态会变少，整体波动程度变小（图 13）。

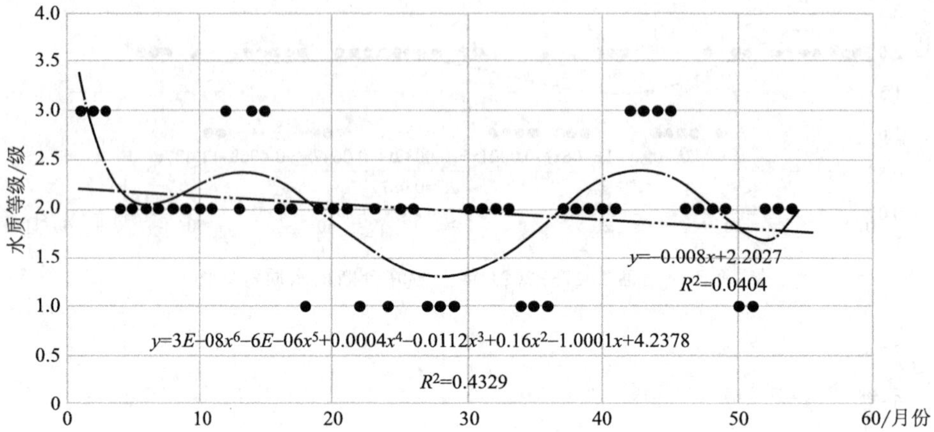

图 13 泾河 2017—2021 年弹筝峡断面水质等级图

茹河 2017 年至 2021 年 6 月乃家河水库绝大多数状态处于等级 2，水质状态良好，excel 趋势线拟合程度依旧不好，无法使用。根据整体数据预测，水质依旧保持Ⅱ类水质，波动程度变小（图 14）。

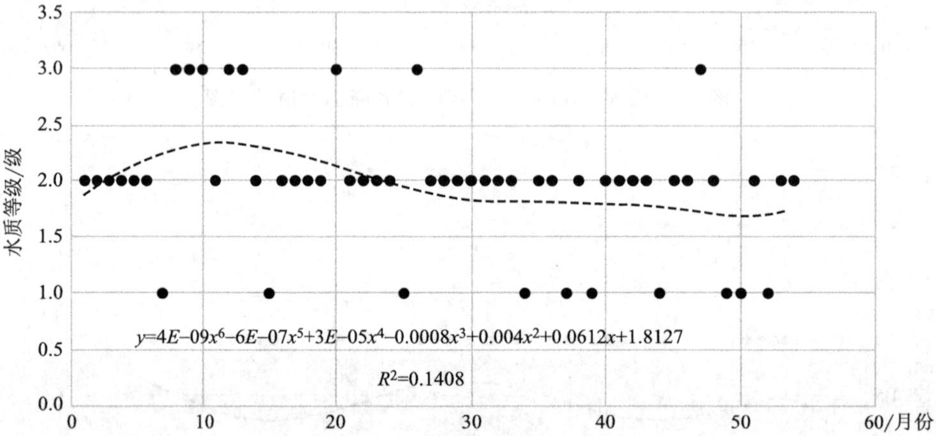

图 14 茹河 2017—2021 年乃家河水库断面水质等级图

茹河沟圈省断面波动程度较大，既有优水质又有重度污染，但大部分处于Ⅳ类水质，处于轻度污染状态。趋势线拟合度依旧很低，无法使用。根据整体数据预测，整体水质会变好，逐渐转为优良水质（图 15）。

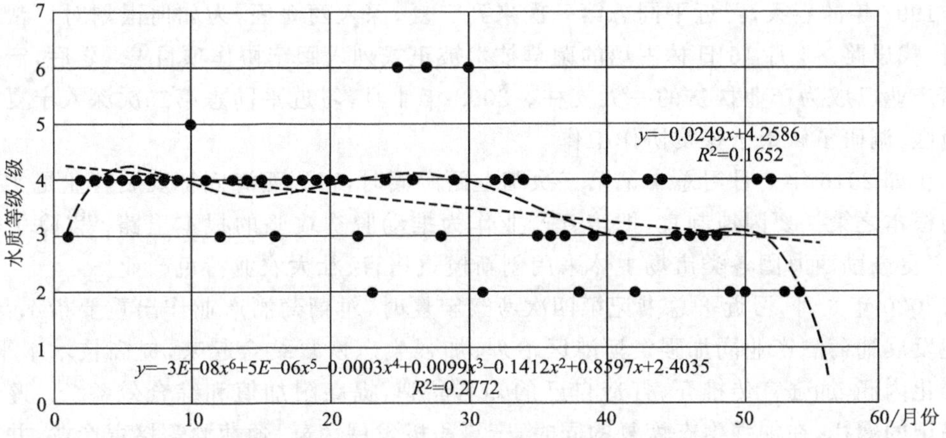

图 15　茹河 2017—2021 年沟圈省断面水质等级图

以上水质等级划分见表 1。

表 1　水质等级表

水质等级	对应水质等级
Ⅰ类水质	1
Ⅱ类水质	2
Ⅲ类水质	3
Ⅳ类轻度污染水质	4
Ⅴ类污染水质	5
Ⅴ类重度污染水质	6

(更为细分的水质等级一律按相应程度划分到各自等级，如：Ⅰ类优水质划归于Ⅰ类水质，Ⅱ类良好水质归于Ⅱ类水质)

固原市水资源生态治理成果显著，五条主要河流水质都在Ⅲ类水质及以上的比例大大提高，早在 2019 年比例就已经达到 80%，在 2019 年渝河治理受到中央环保督察办公室通报表扬，西海固通过统筹水资源生态保护、水资源利用、水资源产业三者统一，“保、治、用”三效合一最大化利用水资源达到“1＋1＋1＞3”的综合治理效果。

通过分别对五大河 2017 年至 2021 年 6 月水质数据的搜集和处理以及相关预测，五大河在这几年水质都在逐渐变好，除了部分河流的部分断面波动较大外，整体走势变好，并且预测大部分河流水质保持这几年治理后的水质等级，大多为良好状态，其他河流预测也在变好。

(二)绿——经济生态

如今，经过了 20 多年建设，无数西海固贫困家庭的命运从此改写，曾经“苦瘠甲天下”的西海固发生了翻天覆地的变化。

1997 年的春天,习近平同志第一次来到宁夏,深入西海固,为如何谋划对口帮扶做调研、找思路。4 月 16 日林占熺的菌草技术被正式列入闽宁协作项目①。之后,宁夏食用菌产业已成为产业扶贫的一大支柱。2008 年 4 月,习近平同志第二次深入宁夏西海固地区,调研了解闽宁扶贫协作工作①。

正如 2016 年 7 月习总书记第三次踏上西海固时,寄语西海固:"发展产业是实现脱贫的根本之策。要因地制宜,把培育产业作为推动脱贫攻坚的根本出路。"①除了种植业,宁夏鼓励西海固各类市场主体采用创新模式培育、壮大农业特色产业。

2020 年 6 月,习近平总书记第四次考察宁夏时,对葡萄酒产业作出重要指示:宁夏要把发展葡萄酒产业同加强黄河滩区治理、加强生态恢复结合起来,提高技术水平,增加文化内涵,加强宣传推介,打造自己的知名品牌,提高附加值和综合效益①。遵循习总书记的嘱托,在加强生态恢复的同时,宁夏积极发展菌菇、葡萄酒等培育产业,并且成为贫困群众 80%以上的收入来源②。

根据固原市统计局显示,宁夏固原市地区生产总值 2020 年相对于 2019 年同比增长 5.6%,2019 年相比 2018 年增长了 19.47 亿元;而人均地区生产总值,2019 年为 25886 元,相比 2018 年增长了 1342 元,固原市的产业发展显而易见(表 2)。培育产业不仅仅得到了普及,而且结合了先进科学技术,成本低、效率高②。

表 2　2016—2020 年固原市地区生产总值统计

时间/年	2016	2017	2018	2019	2020
生产总值/亿元	238.93	270.33	303.61	322.66	352.46

产业的高智能化,带动了生产经济,节约了资源;而生态发展又为产业提供更好的环境,提供更多的发展空间。西海固的扶贫政策,生态和产业相辅相成,逐渐实现共赢,人民的生活水平越来越好,脱贫攻坚成果显著。

(三)绿——生态移民

为了解决西海固地区"人口增加—开垦土地—破坏生态—贫困—人口增加"的恶性循环问题,1997 年 4 月,习总书记第一次来到宁夏西海固,实施一项重大工程"吊庄移民",让生活在土地贫瘠的西海固群众,搬迁到贺兰山脚下的黄河灌区①。这一措施,让原先的土地得以喘息,搬走的人民得到发展。

在过去近 40 年里,宁夏累计有 123 万贫困群众实现易地搬迁,挪出"穷窝子",拔掉"穷根子",移出了"活路子",从根本上解决了"一方水土养活不了一方人"的问题。昔日的干沙滩终于变成了金沙滩。

---

① 资料来源:《瞭望》第 31 期,新闻周刊在权威栏目"治国理政纪事"专栏刊发报道《习近平情系西海固》.

② 资料来源:西海固换了新模样:https://baijiahao.baidu.com/s?id=1673173757714440052&wfr=spider&for=pc.

特别是近年来，西海固将35万生态移民的迁出区土地全部收归国有①，目前已完成生态修复182万亩，让精华殆尽的土地休养生息。西海固的生态移民遵循科学发展观，实现了产业、环境、人口的可持续发展，曾经不适宜人生存的地方，在党的政策下发生了巨大的改变，将不可能变成了可能。

四、当代中国生态治理实践经验

2005年8月15日，时任浙江省委书记的习近平在浙江湖州安吉考察时，首次提出了"绿水青山就是金山银山"②的科学论断。这一科学论断也是党的十八大以来我国生态环境治理方面不断取得新成绩的一个重要规律。

中华人民共和国成立初期，我国重视对工业的发展，使得环境问题被忽略，以至于当时许多地区的经济发展是以牺牲环境为代价进行的；但如今国家逐渐认识到，在快速发展的同时对自然环境造成了严重的破坏，环境问题已日渐严重，如何及时拯救环境危机成为当下重中之重的问题。

西海固地区的生态治理过程是中国特色生态治理的一个典型范例。西海固坐落在宁夏回族自治区南部山区，由于当地特殊的地理位置和气候条件的影响，导致当地生态环境较为恶劣。20世纪，为了响应经济发展的号召，缺乏科学技术指导的当地群众盲目以"自然资源换取经济收入"的方式过度开采药材、过度放牧，加之随后的鼠灾虫害，一系列的行为让西海固地区本就不容乐观的生态环境迅速恶化。

当地环境的急剧恶化引起了政府的高度重视，当地政府决定对这种生态恶化趋势进行遏制，帮助类似西海固这样生态环境脆弱的地区重新建设自然生态平衡，其中森林、河流等是西海固生态治理的重点。

1982年，"三西"扶贫开发计划在西海固开始实施植树造林、退耕还林、封山禁牧等重要环保措施。这些政策实施后，西海固地区森林覆盖率逐年攀升，原本常见的荒漠化、沙尘暴等问题也不断减少。之后，政府又于2017年在西海固地区启动"五河共治"项目，积极促进了山水河田生态一体化建设；"五河共治"项目启动后，该项目所在湖区域水质得到不断优化。此外，对于一些难以在短期内调节的人地矛盾，政府部门通过有计划地组织生态移民的举措，大大减轻了土地压力，使得已经贫瘠的土地能够"休养生息"。

生态环境的恢复有力保障了当地的经济发展，为人民提供了丰富、稳定的经济收入来源。生态环境的转良也使得西海固从一片贫瘠荒凉的大漠转变为有着如画美景的塞上江南。

在地区生态治理中，治理的相关部门要结合实际把握重点、难点，充分运用各种因地制宜的政策措施和自然保护工程，建设长效生态保护的生态治理措施，将"绿水青山就是

---

① 资料来源：绿染西海固——宁夏西海固生态建设及修复见闻．http://finance.sina.com.cn/roll/2016-09-07/doc-ifxvqefm5741095.shtml.

② 资料来源：2005年8月24日，习近平以笔名"哲欣"在《浙江日报》头版《之江新语》栏目中发表《绿水青山也是金山银山》短评．https://m.gmw.cn/baijia/2021-08/15/35081701.html.

金山银山”的环保理念植入每个公民的心中，让环保、生态治理成为公民的共识。

生态环境和经济社会发展是相互作用、相辅相成的，这两者相互都是不可或缺的。经济建设需要生态环境适中的资源，但却不能过度依赖生态给予的资源，恶劣的生态环境必然会给经济社会建设带来阻碍。“绿水青山就是金山银山”已经成为当代中国生态治理的重要理念。

参考文献

[1]祁茹．目前宁夏盐池草场退化状况原因分析[J]．安徽农学通报(上半月刊)，2009，15(11)：121-122.

[2]李陇堂．西海固地区自然灾害对可持续发展的影响[J]．青海环境，2001，11(2)：51-54.

[3]佚名．绿染西海固——宁夏西海固生态建设及修复见闻[EB/OL]中国文明网．http://images1. wenming. cn/web_wenming/xj_pd/yw/201609/t20160907_3664505. shtml.

[4]刘霞．固原林草覆盖率达73%[EB/OL]. http://www. greentimes. com/green/news/cxlh/lhby/content/2018-08/10/content_388822. htm.

[5]肖天．西海固5年来森林覆盖率平均每年提高2个百分点以上[EB/OL]．中工新闻．http://news. workercn. cn/32843/201808/30/180830045136992. shtml.

[6]国家环境保护总局．地表水环境质量标准：GB 3838—2002[S]．北京：中国环境出版集团，2002.

无"污"不"治"

——以山东省烟台市水污染治理为例

杜　凡　王阳阳[①]

【摘　要】 水资源是基础性的自然资源，也是战略性的经济资源。水污染的治理是生态文明建设的重中之重。经调查发现，目前水污染情况较以前有所减缓，但仍然普遍存在水污染治理时间较长、治理效率低、公众对水污染治理了解较少且参与度低等问题。针对以上问题，本次调研提出了解决问题的思路。

【关键词】 水污染；治理

本次调研采用实地调研与问卷调查相结合的方式进行。在实地调研中，分别走访了当地的水库和污水处理厂，从水源地和最终污水处理两方面考察了解当地水资源治理状况。问卷调查主要通过社交媒体发放，参与调研的对象共266人，受调查者年龄绝大部分集中在18～30岁，占比60.53%，共计161人；其次是18岁以下的受调查者，占6.02%，共计16人；60岁以上受调查者占4.89%，共计13人。受调查者所在城市有26个，大多数分布在经济、公共管理都较为先进、发达的省市，例如山东、广东、北京等地，也有如甘肃、宁夏、贵州等经济、公共管理都欠发达的省(市)，所调查城市有一定代表性。

在本次调查中，将水污染划分为生活用水污染和生活区域周边水域(河、湖、海)污染两类。

一、水污染情况

(一)生活用水污染

调查结果显示，大部分受调查者认为自己饮用的生活用水未受到过污染，仅有32.71%的受调查者认为自己的生活用水受到过不同程度的污染(表1)。针对生活用水受过污染的居民，对其"污染频率""污染趋势"进行了进一步的调查。

调查显示，在该群体中，一半以上的居民认为自己的生活用水污染频率一般、极低(偶尔)，6.9%的居民认为自己的生活用水经常受到污染，有4.6%的居民认为自己的生活用水受污染非常频繁(表2)。

---

① 本课题指导教师：杜凡(北京工商大学马克思主义学院)；课题组组长：王阳阳(食品20中外)；课题组成员：槽梓靖(食品20中外)、孙子豪(食品20中外)、常晨旭(食安201)。

表1　生活用水是否受到过污染

受污染情况	是	否
占比/%	32.71	67.29

表2　生活用水受污染的频率

污染频率	偶尔	一般	经常	频繁
占比/%	32.18	56.32	6.90	4.60

对该群体进行的污染趋势调查中显示，认为自己的生活用水受污染趋势增大和降低的居民所占百分比大致相同，前者甚至比后者多出4.6个百分点。近几年自然灾害频发，疫情使得各项工作进程建设减缓，也包括水污染的治理进程，若上述几项调查无误，则在水污染的治理上，仍然需要多下功夫(表3)。

表3　生活用水受污染的趋势

污染趋势	增大	降低	不变
占比/%	45.98	41.38	12.64

（二）生活区域周边的河、湖、海污染

我们首先调查了居民周围是否有河、湖、海。

如表4所示，绝大部分(233人，占比83.83%)的居民附近有水域(河/湖/海)；另有少数居民周围并未有水域。

表4　居住地周围是否有水域(河、湖、海)

是否有水域	有	没有
占比/%	83.83	16.17

针对附近有水域的居民，调查了该水域是否曾经被污染。

该项调查中，认为自己所住区域附近水域受到污染、与未受到污染的居民持平(表5)。结合年龄数据占比(18～30岁的居民占绝大多数)，小组认为，过去十几年，甚至几十年，我国水源质量状况并不太理想。

表5　居住地周围水域是否被污染过

水域污染情况	污染过	未污染过
占比/%	53.81	46.19

二、水污染治理情况

在之后的调查中，分别对两类受调查者(即“附近水域受到过污染”与“未受到过污染”的居民)进行了调查研究。

(一)对水域未受到污染居民的调查研究

调查显示,绝大多数居民(97.09%)认为,在这样的生活环境下,自己的生活很舒适,另有2.91%的居民认为自己所在区域的经济对于水源质量的依赖性比较大(表6)。

表6　居民生活舒适度和经济(旅游业、种植业、养殖业等)对水源质量的依赖程度

依赖程度	生活舒适、依赖性较大	生活舒适、没有依赖性	生活不舒适、依赖性较大	生活不舒适、没有依赖性
占比/%	78.64	18.45	2.91	0.00

在此调查基础上对于这个问题,可以猜测到另一个可能的角度,正是因为其经济发展对于水源质量依赖性较大,导致该地相关部门较为重视其水域质量,所以其周围的水域质量未受污染。随之而来的自然是经济的进一步发展和依赖,由此达到了良性循环。

(二)对水域曾受到污染的居民的调查研究

由表7可知,3/4的居民认为附近的水域已经治理好了。更加值得一提的是,有14.17%的居民表示,自己附近受污染的水域仅仅用了不到一年的时间,便取得了显著的成效,乃至成功。但是,仍然有1/4的受调查者表示,自己附近受污染的水域至今仍然没有治理好。在此调查中,该数值不大,但是将此数值放置在更大的基数范围时,便成为一个显著问题。

表7　受调查者认为治理好污染水域所用时间

治理时间	1年以内	1～4年	4年以上	还未治理好
占比/%	14.17	35.00	25.83	25.00

在烟台的实地调研中,走访了当地的门楼水库和套子湾污水处理厂。水库主要有两类污染处理措施。

一是对于物理污染,进行拦筛,设有拦污栅以拦截垃圾污染物,并会在水库表面出现固体垃圾时,用网将垃圾网至一处,人工驾船进行清理。

二是针对化学污染,若是存在于表面,则封闭该区域进行处理;若是水库整体污染,则打开闸门向下游泄洪。

污水处理厂的污水治理措施包括:(物理处理)污水→粗格栅→进水泵房→细格栅→曝气沉沙池→初次沉淀池→(化学处理)生物池→二次沉淀池→排放;中途废气处理后排空。

对治理水污染时的其他措施展开了调查研究。

例如,在“对于公众思想思维的启发”“对于水污染相关情况及知识的普及情况”“对于公众治理水污染积极性的调动”等方面作了进一步调查。

调查显示,只有36.67%的居民不了解水域污染的处理方式,63.33%的受调查者大体知道处理方式,更有居民提出了问卷中未包含的处理方式(表8)。

表 8　受调查者对该污染水域治理方法的了解程度

治理方法	控制污染源	沿河植树，保持水土	减少污水污染度	加强环保意识	其他治理方法	不清楚具体方法
占比/%	52.50	40.83	43.33	45.83	1.67	36.67

注：此调查项目为多选题。

调查显示，只有28.33%的人知道所在城市的污水处理厂在哪里，高达68.33%的人明确表示自己并不清楚（表9）。

表 9　受调查者是否清楚所在城市污水处理厂的位置

是否清楚	不清楚	清楚	所在城市没有污水处理厂
占比/%	68.33	28.33	3.34

由此可见，在“启发公众思想思维”“普及水污染相关情况及知识”方面，虽取得了较为显著的成就，但仍然停留在较为浅层的层面。

调查显示，大部分居民只是关心程度高，但参与程度较低。由此可见在“对于公众治理水污染积极性的调动”方面仍需继续下功夫，争取让更多的居民关心并且付之实际行动（表10）。

表 10　受调查者是否关心或参与过水污染治理

是否关心或参与过水污染治理	非常关心并且参与过	比较关心但没参与过	不关心
占比/%	8.33	77.50	14.17

三、水污染治理的影响

调查显示，91.12%的居民表示自己的生活在水污染治理成功后更加舒心了；70%的居民表示水污染的成功治理对当地的经济有很大的促进作用（表11）。调查印证了习近平总书记“绿水青山就是金山银山”的科学论断。

表 11　好的水源对居民生活和社区经济发展的影响

对生活和经济的影响	生活舒心，促进经济发展	生活舒心，对经济影响不大	促进经济发展，对生活影响不大	对生活和经济都没什么影响
占比/%	65.56	25.56	4.44	4.44

四、居民对于水污染治理的评价

汇总来看，群众迫切的期望涉及如下方面：一是尽快治理好身边的臭水沟，恢复水质，使河沟清澈，鱼虾可见；二是希望加大对捕捞的管理，严厉打击违法捕捞的行为，恢复湖塘生态群落。

在对门楼水库的走访中了解到，水库为保障用水质量，进行投放式养鱼，投放鱼类有鲫鱼、草鱼两种，采用上、中、下三层生态养鱼模式净化水源。不准用网箱养殖，打鱼时只能架船用网捞，且对定期打捞鱼量有所管控，水库管理所采取的措施正与受调查者的期望相契合。

数据显示，绝大多数群众(183 人，占比 68.80%)认为在所有的生态环境治理中，水污染治理的成功是特别突出的成就。但依然有 27.06%的群众认为，在所有生态环境治理中，水污染的治理相比其他生态环境治理表现平平；甚至有 4.14%的群众认为这个表现并没有其他的治理那样突出。

对这几个数据进行了进一步的交叉分析，调查水污染的治理情况与居民态度的关系。数据如图 1 所示。

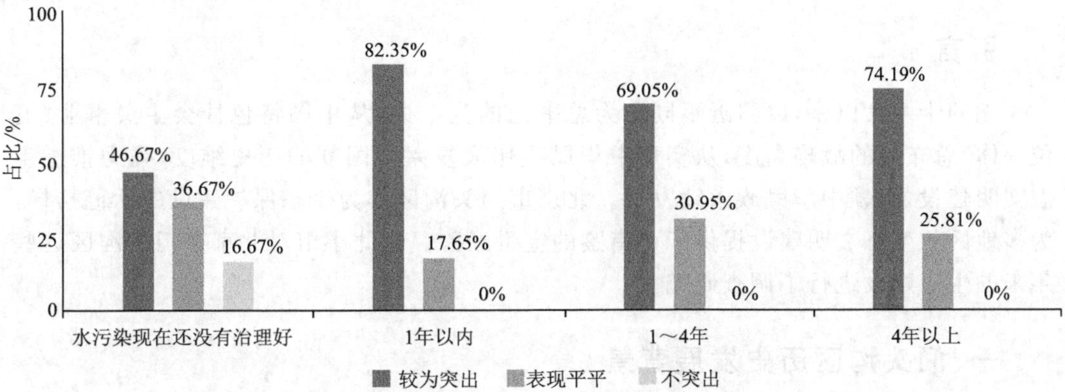

图 1　水污染治理情况与居民态度的关系

由此可以得出以下结论：

一是认为水污染治理成就相较于其他生态环境治理成就并不突出的居民，大多来自于周边仍存有水污染的地区。

二是认为水污染在一年以内即已经治理好的居民，对水污染治理的赞同度最高，超过 80%的居民认为在水污染治理方面的成就十分突出。

小组讨论后一致认为，这些数据是非常符合常理的，想要获得群众认可，想要满足人民群众日益增长的美好生活的需要，自然就要做为民服务的事，把人民最关心的问题解决好。综上所述，得出以下调研结论：

一方面，水污染治理绝非一日之功，受中国地理环境与人口因素的影响，加之自然灾害频发，各项工作因疫情滞缓等原因，在治理水污染方面，仍有许多任务待完成。另一方面，加强对公众的宣传教育。受人口基数庞大、老旧思想根深蒂固等因素的影响，人们对其生态治理关注度不够。对有关水污染的宣传内容不仅要有深度、有含量，更要用大众喜闻乐见的方式去传播。

京西佳境——门头沟区二十年生态治理实践与经验

赵慧杰　王华雷[①]

【摘　要】门头沟区被生态环境部授予第四批国家生态文明建设示范市县的称号，为北京地区乃至全国范围内都提供了非常重要的指导作用。本文主要对门头沟区的生态环境治理的落实情况展开研究。包括门头沟区历史发展背景和门头沟区具体生态治理政策两大方面。

【关键词】门头沟区；生态文明治理；习近平生态文明思想；科学发展观

引言

党的十八大以来，以习近平同志为总书记的党中央，从中国特色社会主义事业“五位一体”总布局的战略高度，从实现中华民族伟大复兴中国梦的历史维度，强力推进生态文明建设，引领中华民族永续发展。北京市门头沟区作为生态保护建设的示范榜样，为多地区的生态文明建设提供了可借鉴的宝贵经验。为此小组对北京市门头沟区近些年来的生态建设进行了调查研究。

一、门头沟区历史发展背景

(一)门头沟区历史地位概述

门头沟区隶属北京市，是具有历史文化和优良革命传统的老区，经历了多个朝代的历史变迁，直到1958年定名为门头沟区至今。在2020年10月，门头沟区被生态环境部授予第四批国家生态文明建设示范市县的称号。门头沟区蕴藏着丰富的矿产资源，主要有煤、石灰岩、耐火黏土、花岗岩、大理石等，称得上是“乌金遍地下、百宝满山川”。门头沟煤矿的储藏面积近700平方千米，占门头沟区总面积的一半，是中国五大无烟煤产地之一，这为门头沟区经济发展提供了能源支撑。

中华人民共和国成立后，门头沟区曾被命名为“京西矿区”，原北京矿务局的八大煤矿中的六大矿都分布在门头沟(图1、图2)。那时，每天运输煤炭的车穿梭不停，由此可以看出门头沟区在北京经济建设和繁荣发展中的贡献。但煤炭的开采和使用造成了严重的空气污染，随着首都建设的不断加快，工作重心和经济结构也在不断地调整。

---

① 本课题指导教师：赵慧杰(北京工商大学马克思主义学院)；课题组组长：王华雷(广告191)；课题组成员：徐昊星(广告191)、何瑶(广告191)、徐振琪(广告191)、强泽伟(广告191)。

图 1　位于门头沟的矿场

图 2　煤炭开采图

（二）门头沟区生态建设背景

2001 年，北京市委、市政府将门头沟区确定为首都西部生态涵养区，同年开始对门头沟的小煤窑进行整治。通过半年多的努力，基本堵塞了小煤窑的私开乱采现象，使环境和生态建设得到了极大改善。

2007 年，门头沟区被国家科技部列为“国家生态修复科技综合示范基地”，不断强化生态林建设和保护、永定河生态治理、永定河流域湿地自然保护区建设等生态修复工程。

2011 年，门头沟区建设“一湖多园、五水联动”的城市水系景观和园林绿化体系，滨水山城形象初步显现。2016 年，门头沟区成为国家可持续发展实验区，并大力实施了永定河生态修复。

到 2016 年底，全区森林覆盖率、林木绿化率分别达到 41.18%、64.27%。2017 年，新一版北京城市总体规划的批复实施，赋予了门头沟区“首都西部重点生态保育及区域生态治理协作区”“首都西部综合服务区”和“京西特色历史文化旅游休闲区”三大功能(图 3、图 4)。

图 3　永定河水系景观

图 4　门头沟城市景观

2017 年底，推进老城新城“三位一体”景观体系和海绵城市建设，全区彩色树种分布面积达 25600 亩。遍布门头沟区浅山、深山、景区，形成了初具规模的彩叶观赏带，彩色景观景点基本形成，大大改善了山区生态环境，丰富了市民休闲观光的内容，推动了山区经济社会发展，受到社会各界的欢迎。门头沟区不断加强生态文明建设，高标准打造京西绿色屏障，持续拓展绿色生态空间，加快首都西部重点生态保育及区域生态治理协作区建设。

二、门头沟区生态治理政策的具体实施办法

(一)科学发展观在门头沟区的落实

1. 科学发展观的内在要求——生态文明建设

生态文明是指人类在改造和利用客观物质世界的同时，不断克服由此所产生的对自身的各种负面影响，积极改善和优化人与自然、人与社会以及人与人之间的关系，建设有序的生态运行机制和良好的生态环境所取得的物质、精神和制度方面成果的总和。生态文明建设是科学发展观不可或缺的重要组成部分，科学发展观强调以尊重和维护生态环境为主旨，以可持续发展为依据，以未来人类的不断发展为着眼点，强调人与自然相互依存，相互促进，和谐共生。生态文明建设是科学发展观的内在要求和可持续发展的前提条件，只有正确处理人与自然的关系，处理快速发展和可持续发展的关系，才能实现又快又好的发展。因此，深入贯彻科学发展观，大力发展生态文明成为我国的重要战略之一。

2. 以科学发展观为指导，建设人文科技绿色城市

自科学发展观提出以来，全国各地着力建设生态文明，实现绿色发展，为构建资源节约型、环境友好型社会增砖添瓦。2004 年，是北京绿化建设的丰收之年，也是北京绿化建设具有里程碑意义的一年，掀开了首都绿化建设的新篇章。绿化水平显著提高，城市面貌也有了很大的改变，共植树 240 万株，铺草坪 209 万平方米，新增绿地 3855 亩，改善原有绿地 4335 亩。

2007 年底，中共中央在十七大报告中明确提出建设生态文明，标志着中国社会主义文明建设又跨入一个新的时代。2008 年，北京市提出以“坚持科学发展，建设人文北京、科技北京、绿色北京”为实践载体，以科学发展观为指导，建设人文科技绿色城市，着力破解首都发展难题。北京市加大防治空气污染力度，空气质量有了显著改善。2008 年 10 月，北京市共获得 24 个达标天，空气质量一级 8 天，二级 16 天。达标天数占 77.4%，比近 8 年同期平均多 5 天。北京市委、市政府不断深化对“坚持科学发展，建设人文北京、科技北京、绿色北京”的认识和思考，全面推进首都经济社会可持续发展，致力于把北京建设成为绿色城市。

3. 加快西部地区转型发展，建设门头沟绿色发展新区

党的十六大以来，在科学发展观的指导思想下，门头沟积极响应北京市政府生态治理的政策，在生态治理方面交出了一个令人满意的成绩单。通过深入贯彻科学发展观，北京市发生了巨变，取得了历史性成就。首钢外迁转型，门头沟区 270 个煤矿全部关闭，千年小煤窑开采史终结，“高污染、高耗能、高耗水”的小化工、小电镀、小铸造、小石灰、小水泥全部被淘汰，门头沟区告别了“黑白黄”(图 5、图 6)。但是，由于“关停并转”的强制措施，门头沟全区的财政收入年不过几十亿元。东与西、南与北、城与乡的发展

不平衡是北京市面临的重大难题，推进协调发展成为首都新的奋斗目标。

图 5　永定河地区治理前(左图)后(右图)对比

图 6　门头沟城区环境治理前(左图)后(右图)对比

为了实现均衡发展，北京市发布《关于加快西部地区转型发展的实施意见》，明确提出，逐步将西部地区打造成为生态友好、功能协调、经济繁荣、人文和谐的京西绿色发展新区。

随后，永定河在“四湖一线”工程的支持下重新焕发生机，而搬迁后的首钢在 8.63 平方千米的土地上建设出绿色低碳的“新首钢高端产业综合服务区”(图 7)，曾经的“煤都”门头沟也加快转型建设“首都西部综合商务区”。

图 7　首钢工业文化园

(二)习近平生态文明思想在门头沟区的落实

1. 习近平生态文明思想概述

党的十八大以来,在习近平生态文明思想指引下,我国生态环境保护发生历史性、转折性、全局性变化,生态环境保护全面加强,污染防治攻坚战阶段性目标全面完成,生态环境质量明显改善,人民群众对生态文明建设的获得感、幸福感、安全感不断增强。

习近平生态文明思想主要有"十个坚持"①:坚持党对生态文明建设的全面领导,这是生态文明建设的根本保证;坚持生态兴则文明兴,这是生态文明建设的历史依据;坚持人与自然和谐共生,这是生态文明建设的基本原则;坚持绿水青山就是金山银山,这是生态文明建设的核心理念;坚持良好生态环境是最普惠的民生福祉,这是生态文明建设的宗旨要求;坚持绿色发展是发展观的深刻革命,这是生态文明建设的战略路径;坚持统筹山水林田湖草沙系统治理,这是生态文明建设的系统观念;坚持用最严格制度最严密法治保护生态环境,这是生态文明建设的制度保障;坚持把建设美丽中国转化为全体人民自觉行动,这是生态文明建设的社会力量;坚持共谋全球生态文明建设之路,这是生态文明建设的全球倡议。

党的十八大报告提出,必须树立尊重自然、顺应自然、保护自然的生态文明理念,把生态文明建设放在突出地位,融入经济建设、政治建设、文化建设、社会建设各方面和全过程,努力建设美丽中国,实现中华民族永续发展。这一深刻论述在北京引起强烈反响,大家纷纷表示要率先实践生态文明建设要求,努力建设美丽北京②。

2. 北京市关于生态治理的统一要求与举措

党的十八大以来,北京市在大气污染治理和水环境治理上下大力气,全力打好蓝天保卫战、碧水攻坚战,不断加强生态文明建设的战略定力,努力探索一条以生态优先、绿色发展为导向的高质量发展新路子。

2013 年 2 月,北京首都城市环境建设委员会将生态环境列为今年的首都环境建设任务重点工作,市发改委等多部门齐出手从空中到市民身边,设立三条"防护带":外围"过滤带"、空中"净化带"、身边"防护带",立体防控 $PM_{2.5}$ 等污染③;2014 年 7 月,北京市法制办公布《北京市水土保持条例(送审稿)》,划定水土保持生态红线④,将崩塌滑坡危险区、泥石流易发区、生态公益林、湿地、绿道郊野公园等纳入城乡总体规划的禁建

---

① 资料来源:以习近平生态文明思想引领新时代生态文明建设 . http://theory. people. com. cn/n1/2022/0826/c40531-32511927. html.

② 资料来源:十八大北京团代表热议生态文明建设 建美丽北京 . http://www. gov. cn/gzdt/2012-11/13/content_2263583. htm.

③ 资料来源:北京力推生态环境建设 三条"防护带"防控 $PM_{2.5}$. http://www. gov. cn/gzdt/2013-02/28/content_2341540. htm.

④ 资料来源:北京划定水土保持生态红线 . http://www. gov. cn/xinwen/2014-07/14/content_2716993. htm.

区、限建区范围，截至2018年7月12日，北京市正式印发生态保护红线，生态治理方案进一步落实；2016年6月，北京市政府常务会审议通过《北京市生态环境监测网络建设方案》，为发展首都生态环境监测网络提供了重要指导；2017年11月，北京发改委计划分四步走，进行永定河治理和生态修复，到2025年重现永定河秀美宜人生态走廊，初步形成"流动的河、绿色的河、清洁的河、安全的河"；2020年5月，北京成功办结首例检方支持生态环境损害赔偿磋商案，生态环境损害赔偿制度落到实处①。

党的十八大以来，北京在生态治理领域，既有习近平新时代生态文明思想的指引，又有一系列具体可行的方针政策与条例，同时更有大量落实与行动的实践，在北京市范围内生态治理四面开花的基础上，各个区县也针对辖区内的不同生态问题，出台了各具特色又行之有效的条例并切实落实到行动，在不同的生态治理领域成了典范。

3. 门头沟区全面落实习近平生态文明建设

作为北京市的生态涵养发展区，门头沟区作出了在全区创建国家生态区的决定。主要目的就是以创建国家生态区为载体，加快实施"生态立区"战略，大力推进全区生态建设，不断转变经济增长方式，努力实现区域经济社会全面、协调、可持续发展。

创建国家生态区，门头沟区具有资源、人文、区位等多方面的资源优势。在自然资源方面，全区98.5%的面积是山区，北京第一大河永定河纵贯全区，由群山、绿野和水系构成的综合生态系统，对首都北京发挥着重要的生态屏障作用。在人文资源方面，形成了以永定河文化为统揽的历史、民俗、宗教等诸多底蕴深厚的流域文化，是都市人群休闲度假和观光旅游的理想地区。在区位条件方面，门头沟区地处长安街的最西端，是北京空间布局"一轴"与"一带"的西部连接点，对首都的生态环境具有重要影响。

为了加快完成全区创建国家生态区的目标，加快实施"生态立区"战略，大力推进全区生态建设，不断转变经济增长方式(图8)，努力实现区域经济社会全面、协调、可持续发展，门头沟区作出了一系列的决策和措施，并且已经颇具成效。

图8　门头沟区新型农村

① 资料来源：修复生态 北京成功办结首例检方支持生态环境损害赔偿磋商案. http://www.gov.cn/xinwen/2020-05/17/content_5512385.htm.

(1)建设高起点的生态目标体系

门头沟区通过 4 年到 10 年的努力,逐步把门头沟区建成生态系统良性循环、自然资源充分利用、绿色经济特色明显、人与自然和谐共处的国家生态区。通过开展国家生态区、环境优美镇(街道)、生态村(社区)创建活动,分两个阶段把门头沟区建成国家生态区。

第一个阶段重点创建国家生态示范区。从 2005 年起到 2008 年,门头沟区利用 4 年的时间,在生态环境建设的重点领域和关键环节取得突破,使全区 50%的村、镇、社区、街道,分别达到生态文明村、环境优美镇、生态社区和环境优美街道考核标准。第二个阶段全面创建国家生态区。从 2009 年到 2015 年,用了 7 年时间,使全区 80%的村、镇、社区和街道,分别达到生态文明村、环境优美镇、生态社区和环境优美街道考核标准,使全区整体达到国家生态区考核标准,门头沟新城整体达到国家环境模范城市考核标准。

(2)建设高效益的生态产业体系

以煤炭、矿山和砂石为代表的矿业经济一度是门头沟地区发展的主导产业。这种以资源开采业和传统制造业为主导的单一产业结构,造成全区产业大多质量低、效益差,高新技术、新型工业和现代服务业的发展严重不足,缺乏一批真正具有较强市场竞争力的支柱产业。

针对以上不足,门头沟区深入推进绿色富民、建设高效益的生态产业体系。推动传统农业向高效生态农业转变,加快发展绿色经济。引导石龙工业区加快推进体制和机制创新,充分发挥其在推进区属工业优化升级中的辐射带动作用。加快关闭落后生产企业和传统采矿业,到 2010 年已经把不符合市级标准的采矿业全部关闭(图 9)。

(3)建设中心多元整合模式的红色旅游创新模式

红色旅游是红色与旅游的有机结合,红色文化是内涵,旅游是形式。红色旅游是文化旅游的一个分支,是文化旅游在特定历史条件下形成的一种特殊文化旅游类型。游客通过参观、游览和体验,传播红色文化,依次促进经济、社会发展。

门头沟作为北京的两条红色旅游线之一的构成部分,景区内红色旅游资源丰富、类型多样、分布相对集中,区域性强(图 10)。

图 9　门头沟区整治后的矿山

图 10　八路军冀热察挺进军司令部旧址

党的十八大以来，门头沟市积极推动红色旅游模式创新，形成了以红色旅游为中心，“绿色旅游”“古色旅游”“休闲旅游”等为多个发力点的中心多元整合模式，充分结合资源、市场、文化、政府四大要素，促进了门头沟红色旅游的发展，扩大产品内涵，从单纯的观光旅游转向休闲、体验等多功能，实现了红色旅游的可持续性发展。

三、结语

“绿水青山就是金山银山”。改革开放 40 年，在“三个代表”重要思想、科学发展观、习近平生态文明思想的指导下，建设首都良好生态环境，实现人与自然和谐发展，北京市在环境可持续发展的各个方面做出了不懈努力，生态建设取得了巨大的成就。

门头沟区作为北京市生态建设的重要区域，不仅为北京也为全国的生态建设提供了方案和经验。生态建设是一项巨大而系统的生态工程，门头沟的生态建设任重而道远，使其在未来引领北京乃至中国的绿色经济发展并非一朝一夕，还有很长一段路要走。为把北京建设成为人文、科技、绿色城市，应不断推进自然生态恢复和环境保护，深入推动生态涵养区生态保护和绿色发展，加强生态环境保护，营造绿色生活氛围，推进全面协调可持续发展。相信未来通过我们的共同努力，一定可以实现“天蓝、水清、土净、地绿”的美丽北京建设目标，建成生态北京、绿色北京、宜居北京。